中公新書 2654

藤尾慎一郎著

日本の先史時代

旧石器・縄文・弥生・古墳時代を読みなおす

中央公論新社刊

はじめに

ＮＨＫの大河ドラマのなかで人気の高い時代は戦国時代や幕末維新期だという。織田信長、豊臣秀吉、徳川家康、西郷隆盛、大久保利通、坂本龍馬、勝海舟といった個性あふれる英雄たち自身に魅力があるのはもちろんだが、舞台が時代と時代の移行期であることも人気の高い要因の一つであろう。

室町時代から江戸時代、江戸時代から明治時代へと向かっていく時代の移行期は、言い換えれば、現政権の衰退によって混乱した国や社会を安定させるため、新しい権力を模索した英雄たちが活躍した時期である。

時代の移行期には、廃れゆく古い時代と新たな時代の両方の要素が混じり合う。はじめのうちは古い時代の要素が色濃くみられるが、次第に新しい要素のほうが強くなり、やがて逆転する。そして最後は古い要素が目立たなくなり、新しい時代の要素一色になる。

どの時点で新時代に入ったのか、どこで線引きをするのかは研究者によって異なるが、戦国時代や幕末維新期の場合は、江戸幕府の成立や明治新政府の誕生で移行期は収束して、新しい時代に入るというのが日本史の世界の定説である。つまり、新たな公権力の出現という政治的な指標をもって新しい時代のはじまりを認定するのだ。

では、本書が対象とする古墳時代以前の時代ではどうだろうか。これらの時代には、誰しもが認める公権力はない。旧石器時代は土器の出現によって縄文時代に、縄文時代は水田稲作のはじまりによって弥生時代に、弥生時代は前方後円墳の出現によって古墳時代に切り替わるとされてきた。

しかし考えてみれば、土器の出現は窯業《ようぎょう》史上の画期であり、水田稲作は経済的な画期、前方後円墳に至っては墓制《ぼせい》・祭祀《さいし》上の画期である。しかも、こうした指標は、幕府の成立や新政府の成立とは異なり、西暦何年に始まったとか、出現したとか、正確な年代を決めることはできない。なぜなら文字や文献のない時代の話だからだ。考古学者は、遺跡や遺物などの考古学資料をもとに、新しい時代がいつごろ始まったのかを推定しているのである。当然、いつごろという言い方には一定の時間幅がどうしても生じてしまう。

たとえば水田稲作のはじまりを例に挙げよう。日本で最初に水田稲作を始めたのは、佐賀から福岡にかけての玄界灘沿岸地域の人びとであるが、水田稲作が北海道と沖縄を除く九州・四国・本州全体で始まるまでに、七〇〇年近い歳月がかかっていることがわかっている。

つまりこの七〇〇年ものあいだ、本州・四国・九州には、水田稲作を始めている人びとと、まだ始めていない人びとが、同時に存在していたことになる。この七〇〇年間のどこで縄文時代と弥生時代の線引きを行うのか、今でも研究者のあいだには複数の考え方がある。

もう一つ例を挙げてみよう。筆者が高校生だった一九七〇年代の日本史教科書には、「東日本の縄文人に比べて、食うや食わずの生活をしていた西日本の縄文人は、コメを知るとあれよあれよという間に、まるで神の手に導かれるように水田稲作を始めた」と書いてあった（大意）。九州北部で水田稲作が始まってから関東地方で始まるまでの差は二五〇年とされていた。

しかし先述したように、今では移行期は七〇〇年程度続いたとされている。七〇〇年と聞いてもピンとこない読者もいるかもしれないが、室町時代から現代までの時間に相当する。足利尊氏が室町幕府をひらいたころに九州北部で始まった水田稲作が、ようやく現代になって鎌倉で始まるようなものだと言えば、イメージがつかめるのではないだろうか。

これだけの時間を要したことを鑑みれば、おそらく各地の縄文人が水田稲作を始めた理由もさまざまであろうと予想される。少なくともかつて教科書に載っていたように、西日本の縄文人が食うや食わずの生活をしていたからコメづくりに飛びついたということではないのではないか、と推論してもよさそうだ。

以上のように、公権力の誕生という政治的な指標で明確に次の時代に代わることがわかっている七世紀の飛鳥時代以降に対して、政治的な指標がない古墳時代以前の時代は、紀元前何年から何時代と明確に決められない。だからこそ、新しい時代が始まる原因を知るための手がかりとして、移行期研究が非常に重要になってくる。研究者にとっても魅力の尽きない時代なのだ。

本書は、日本の先史時代を、移行期という視点から通史的に考えるものである。軸となるのは、旧石器時代から縄文時代、縄文時代から弥生時代、弥生時代から古墳時代への移り変わりに関する考察である。

本論に入る前に、序章では旧石器・縄文・弥生・古墳時代の特徴を考古学研究者がどのように決めて、時代を分けているのか、時代区分の方法についての説明から始めてみよう。

目次

本文DTP 市川真樹子

序章

先史の時代区分

考古学ではこう考える

平成三一（二〇一九）年四月一日一一時四一分、メディアを通じて重大な発表があった。後に「令和おじさん」としても有名になる、菅義偉官房長官（当時）による新元号の発表である。平成三一年は四月三〇日で終わり、翌日から令和元年五月一日になるという。

読者のほとんどは、二〇一九年五月一日をもって、平成から令和へと元号が代わるということを、当然のこととして受け止めたに違いない。そしてそれは、日本国内、正確に言うと日本国政府の施政権が及んでいる範囲内においてのみ適用されるということも。ここでポイントは、元号はそれが適用される範囲内ならどこでも同時に、すなわち一瞬（時刻）のうちに代わるという点である。こうした点をふまえて、以下では「時代の移行」について、より深く考えてみることにしよう。

1　時代とは何か――Age/Era/Period

時代

元号に似た用語に「時代」がある。時代の定義はさまざまだ。先ほどみた平成や令和のように、元号を単位にして時代と呼ぶ場合もあるし、江戸時代や奈良時代のように、幕府や朝廷という統治機構によって治められていた期間を単位とする時代もある。後者の場合、たとえば江戸時代は一六〇三年に江戸幕府が成立してから、一八六八年に明治政府が成立するまでの約二六〇年間を指していることを私たちは知っている。

では、統治機構が成立する古墳時代以前の「時代」は、どのように決められているのだろうか。

先史・原史と原始

私たち考古学者は、日本の歴史は旧石器時代から始まると考える。だが、文献史の世界では、日本史のはじまりについて、もう少し短く限定されている。

文献史では、飛鳥時代以降は歴史時代（history）と呼ぶのに対して、それより前は原史時代（protohistoy）、さらに前は先史時代（prehistory）と呼ぶ。直訳すると、先史時代も原史時代も「歴史の前」。つまり「歴史ではない」ということだ。

考古学者にとってはなんとも失礼な、と思わずにいられない話であるが、語源がそうなっている以上、仕方がない。歴史の「史」とは文字で記された歴史を意味するので、歴史時代とは文書が存在する時代のことを言う。日本でもっとも古く確実とされている文書は、『記』『紀』とよばれる、八世紀に編まれた古事記や日本書紀である。従来の文献史の世界では、飛鳥時代以前に歴史はないということにされていた（今では、さすがにそんな極端なことを言う文献史学者は見かけなくなったが）。

文献史で言う原史時代とは、その時代に文献や伝承が部分的には存在するが、それだけではその時代のことを十分に説明することができない時代のことを指す。古墳時代はもちろんのこと、弥生時代の後半も一部が該当する。硯《すずり》が出土したり、甕棺《かめかん》に文字ではないかと思われる記号が刻まれていたりするからである。また、中国に当時の日本のことについて記した文献がある。前一〇八年以降は楽浪郡（韓半島北部）との交渉ごとに木簡が必要となっていた形跡もあり、九州北部には識字層がいたと考えられている。

対して、先史時代とは（狭義には）文字資料がまったくない時代のことを指す。

先史時代はもちろん、原史時代も文字資料だけでは当時のことをほとんど説明できない。そのため、考古学が担う役割の比重が大きくなる。最近では、狭義の先史時代と原史時代をあわせて「先史時代」と呼ぶことが増えてきている。本書も基本的にこの方針にならい、旧石器時代から縄文時代、弥生時代、古墳時代までを先史時代として扱う。

なお、架空の原始時代のアニメである「はじめ人間ギャートルズ」があるように、「原始時代」は先史時代よりも一般に親しまれている名称かもしれない。しかし、「原始」は野蛮、未開という意味を持つ Primitive の訳語で、本来、歴史用語ではなく注意が必要だ。そのため、本書では用いていない。

飛鳥～江戸時代と先史・原史時代の違い

文献や統治機構が存在する飛鳥以降の時代と、基本的にどちらも存在しない古墳時代以前。ほかにもいろいろな違いがあるのだが、日本語ではおしなべて「時代」と表現されている。しかし英語では、時代に相当する言葉は少なくとも三つあり、用途に応じて使い分けられている。これを手がかりに、歴史時代と先史時代の区分がどのように違うのか、考えてみたい。

① Age/Era/Period の違い

時代に相当する用語として、英語には Age/Era/Period などがある。Age（エイジ）はある大きな特色、もしくは権力者（統治機構）に代表される歴史時代のことを指すのに対して、Era（イラ）は根本的な変化や重要な事件などで特徴づけられる時代、Period（ピヤリアッド）は長短に関係なく期間を表す。いずれも一般的に用いられる単語である。

したがって江戸時代や令和は Edo Age, Reiwa Age と訳すことができるが、旧石器時代は Paleolithic Era もしくは Paleolithic Period などと訳さなくてはいけない。日本語の「時代」は何にでも使える便利な言葉だが、英語では設定の経緯ごとにいろいろと言い換えなければならないのだ。

Era の場合、その時代を特徴づける根本的な変化や重要な事件とは何なのか、後世の研究者が決めて名づけることになる。たとえば先史時代では、土器の出現、水田稲作のはじまり、定型化した前方後円墳の成立という、考古学的な証拠がそれにあたる。

②時代の及ぶ範囲

たとえば元号の昭和（Showa Age）のように、天皇に代表される歴史時代については、設定の経緯やいつ始まったのかが文献記録に残っているのでわかりやすい。一方で統治機構が存在しない先史時代の場合は、時代の及ぶ範囲＝その時代の特徴（文化）が及ぶ範囲と読み替えることにしている。

先史時代の時代名には、及ぶ範囲が限定されるものがある。たとえば縄文時代がそうだ。縄文時代は日本列島にしかない。お隣の韓国にも、もちろんアメリカにもない。

逆に旧石器時代や青銅器時代のように、斧や工具などの利器の材質を指標とする時代は、全世界に適用できるグローバルスタンダードな時代名である。東アジアでは中国や韓国が、古代国家成立以前の歴史に、利器の材質にもとづいた時代名を使っている。むしろ日本のように、先史時代に縄文や弥生といった、及ぶ範囲が限定される独自の時代名を使っている国は、世界的にも珍しい。

しかし縄文時代が、今の日本国政府の施政権がおよぶ範囲全体に適用できるのかと言われたら、そうでもないと答えざるを得ない。縄文時代の主な指標である縄文土器の分布をみると、サハリンにはないが北方四島にはある（よって北限の判断は微妙である）。また、南限を種子島・屋久島地方とみる研究者もいれば、沖縄諸島が南限とみる研究者もいて、統一はとれていない。

弥生時代についても、水田稲作を行っていたのは本州・四国・九州島だけだし、古墳時代も、古墳が築かれたのは東北北部を除いた本州・四国・九州島だけだ。

ともあれ、ここでポイントなのはEraやPeriodは適用範囲が限定される場合がある、ということである。

③時代が変わるタイミング

時代が変わるタイミングも、定義によって異なる。先にみたように、平成は施政権が及ぶ範囲内においてはどこでも同時に令和に代わった。当たり前のことのように思える。しかし先史時代の場合は、時代の及ぶ範囲内のどこか一ヶ所において根本的な変化や重要な事件が起きた時点をもって、範囲内全体が新しい時代に入ったと考える。

つまり、九州北部で水田稲作が開始された時点で、本州・四国・九州島は弥生時代に入る。当然、九州北部以外の地域の人びとはまだ縄文的な暮らしを続けているわけだが、九州北部だけが弥生時代に入って、それ以外の地域はまだ縄文時代が続くとは考えない。時代は並行しないのである。したがって、水田稲作が始まっている九州北部以外の地域の文化は、弥生時代の縄文文化という位置づけであり、そこで暮らす人びとも弥生時代の人びと、つまりDNAや形質と無関係に弥生人であり、縄文的な暮らしをする弥生人という定義である。これは学問の世界でも異分野の研究者には意外と理解してもらえない点で、要注意である。

以上、元号を引き合いに、同じ「時代」という用語で表されてはいても、先史時代と歴史時代とでは、さまざまな違いがあることをみてきた。

歴史学からしてみれば、本書の中心となる先史時代はきわめてやっかいな、扱いにくい存在であることがわかるだろう。時代区分のロジックもきわめて複雑である。それぞれの時代で、その時代をもっとも特徴づける指標を何にするか、そしてその指標がいつ出現し、いつ定着し、どのように広がったのかをめぐり、さまざまな議論がある。

そんな先史時代にも、時代区分を考える際の大事な原則があるので、次節ではそれを説明しよう。

2　時代のはじまり――出現か、定着か

時代区分の方法

Era や Period のところで説明したように、先史時代の場合、その時代をもっとも特徴づける重要な出来事や指標で括ることができる時間的な範囲（タテ）をもって時代と定義する。加

えて、それが及ぶ範囲という地理的な広がり（ヨコ）も考慮しなくてはならない。

このタテとヨコに一定の広がりを持つ日本の先史時代の特徴を、縄文時代＝土器、弥生時代＝水田稲作、古墳時代＝前方後円墳に求める点においては、異論は少ない。しかし、その指標がはじめて現れた時点が時代のはじまりなのか、それともある程度広がった時点とすべきなのか、言い換えれば「出現か定着・普及か」をめぐる議論が後を絶たない。

議論を明確にするために、まずは筆者が時代区分のお手本としている指標の定義について引用しておこう。

〔その時代のもっとも〕「特徴的で、重要で、普遍化していく考古資料」

岡山大学教授の近藤義郎による、時代区分を行う場合の指標に関する定義である（「時代区分の諸問題」、三〇頁。〔　〕内は引用者注）。時代区分の定義はいろいろあるが、この定義を用いれば、ある程度機械的に時代のはじまりを求めることができるという利点を持つことを筆者は以前から指摘している（「縄文から弥生へ」）。

近藤の定義が出されたのは、時代区分をテーマとする「考古学研究会」総会の場である。一九七八年に福岡の板付《いたづけ》遺跡で見つかった、いわゆる縄文水田をめぐり、縄文時代の水田と考える研究者と、弥生時代の水田とする研究者の意見が対立していたこともあって、時代区分に対する関心が高まっていた。そこで、考古学研究会として特集を組み、会の代表としての見解を示したのである。

黒船説

時代区分について活発な議論が行われていた八〇年代の後半、興味深いたとえ話がされていたので紹介しよう。名づけて「黒船説」である。

時は明治維新。江戸は東京に変わり、武士のなかにはちょんまげを切り、洋装に着替え、牛肉を食べる人びとが現れていた。実際は明治政府という新しい統治機構が成立し、一八六八年から明治時代が始まっている。

しかし、そのころ地方には依然としてちょんまげを結い、和服を着て、肉食を忌避する人びとがいた。もし統治機構ではなく明治文化を新しい時代の指標にするとしたら、東京で洋装・洋食が始まった時点（出現）で明治文化のはじまりとするべきなのか、そうした西洋的な生活が京都や大阪などの上方まで広まった時点（普及）を明治文化のはじまりとするべきなのか？

こうした社会・政治の変化をもたらしたそもそものきっかけを、ペリーの黒船来航に求めることもできるだろう。この場合、明治維新は黒船来航による変化の結果と考えられる。つまり、先の定義にしたがえば、出現がペリーの来航、定着が明治維新となる。出現に重きを置けば、ペリーの来航から明治時代と考えられるという意味で、「黒船説」と呼ばれるのである。

右の例はあくまで思考実験に過ぎない。しかし、新しい時代のはじまりを出現・成立におくにせよ、普及・定着におくにせよ、時代を特徴づけるもっとも重要な指標がある程度広まって定着するまでに、一定の期間を要するということはわかってもらえただろう。その期間を、私たち研究者は移行期（あるいは過渡期）と呼んでいる。

新時代の指標の出現をめぐる研究には分厚い蓄積があるが、それが普及するまでのあいだ、各地でどのようなことが起こっていたのかについての研究はそう多くない。次節では、簡単に先行研究を紹介し、本書が注目する「移行期」の大枠を明らかにしておきたい。

3　時代はいかに変化するか——移行期から考える

移行の定義

先述の通り、移行期にはやがて終わることになる時代の要素と、現れ始めた次の時代の要素の両方がみられることが多く、かつどちらの要素も圧倒的ではないという特徴がある。日本考古学の世界では「移行」について包括的な考察を行った代表的な研究が、これまでに二つある。藤本強の「ボカシ」と林謙作の「エピ」である。

ボカシ

東京大学の藤本強は、日本列島の変遷を、三つの文化圏に分けて説明した。北の文化、中の文化、南の文化である（『続縄文文化と南島文化』）。

北、中、南とは、それぞれ北海道、本州・四国・九州、奄美・沖縄に相当する。さらに藤本は、南北の文化圏と中の文化圏との境に「ボカシ」という地域圏を設定した。

正確には、ボカシは地理的な空間のことである。具体的に言えば、北側のボカシは道南〜津軽海峡〜東北北部、南側のボカシは九州南部〜種子島・屋久島を指す。地域的な中間地帯である北と南のボカシの地域には、境界地域特有のきわめて個性的な特徴が時折現れるという。

たとえば第二章で述べるように、前四世紀に始まる東北北部の水田稲作は、わずか三〇〇年で終わりを告げ、北海道の続縄文文化に飲み込まれてしまう。津軽海峡を挟んだ両岸の地域では、本州側の弥生的要素と北海道側の続縄文的要素が、時期によって強まったり弱まったりする。

ボカシは、ヨコの（地理的な）中間的様相を示す地域である。一方、移行期とは時間というタテの過渡的様相を示す段階と言えよう。ヨコのボカシとタテの移行期、どちらも片方の文化を圧倒しないという意味で共通性がある。

エピ

北海道大学の林謙作は、縄文的な要素も弥生的な要素も合わせ持った時期を「エピ縄紋」と呼んだ（「クニのない世界」）。「エピ縄文」として設定されたのは縄文後・晩期で、その時期にはアワ・キビ栽培が行われていたと考える「縄文後・晩期論」が盛んだったころの話である。一九八〇年代当時、縄文後・晩期の西日本では原初的な穀物栽培が行われていたと考えられていたことをふまえ、これが水田稲作を始めるときの訓練期間に相当したという、進化論的な考え方で移行期が理解されていた。そのなかで、縄文とも弥生ともどちらともつかない状態を「エピ」と呼び、単純ではない過渡的様相のモデルを提示した林の議論は画期的なものであった。

本書の移行期

ボカシもエピも、ごく限られた地域においてみられる、どっちつかずの状態を表現するのに適した考え方である。そのなかでも本書では、とくに藤本の言う「中の文化」における時代の移行を中心に取り扱う。とはいえ、東北から九州までに限っても、まだまだ大きな地域性が時代ごとに確認されるため、ひとまとまりに移行期を表現することは難しい。そのため、特徴的な地域の移行期についても随時触れながら、最終的には「中の文化」の各時代の移行についてまとめるという形式をとることにする。

なぜ移行期を扱うのか

これまで論じてきたように、先史時代においては、具体的に何年から新しい時代が始まったと言うことはできない。また地域によって新しい時代の指標がみえ始める時期もバラバラなので、全域が同じ特徴を持つまでには何百年もかかる。そのあいだに各地でどのようなことが起こっていたのか、それを明らかにするのが移行期を扱うことの意味なのである。

前置きが長くなってしまった。それではいよいよ次章より、日本の先史時代が移り変わっていく具体的なプロセスをみていこう。

最初は、旧石器時代から縄文時代への移行期である。

第一章

土器の定着、人びとの定住

旧石器時代から縄文時代へ

最初に取り上げるのは、いわゆる旧石器時代から縄文時代へと至るまでの移行期である。

予備知識として、地質学では約二六〇万年前以降を第四紀と呼んでいるが、そのなかでも、大半が氷期下にあった一万一七〇〇年より前の地質時代を更新世、その後の間氷期の地質時代を完新世と呼んでいることをまずはおさえておいてほしい。

さて、旧石器時代という区分だが、実は日本の先史時代のなかでももっとも後に設定されたものだ。一九四九（昭和二四）年、群馬の岩宿《いわじゅく》遺跡の発掘によって、関東ローム層という更新世の地層のなかから打製石器（石を打ち砕いてつくられた磨いていない石器）を中心とした石器群が見つかったことが契機となった。

岩宿遺跡の発掘からおよそ七〇年あまり、更新世の旧石器時代、完新世の縄文時代という地質年代と時代との対応関係は一致していると考えられ、旧石器時代と縄文時代を画する時代区分が揺らぐことはなかった。しかし後述するように、二〇世紀末になって、更新世に日本列島で土器が出現していたことが明確になった。この発見によって、地質年代と時代区分が実は一致していなかったことが決定的になる。

これを機に時代区分の正当性は揺らぎ始め、約二〇〇〇年も続いたとされていた縄文時代草創期を中心に、移行期をめぐる議論が活発化した。以上が本章の簡潔なサマリーである。以下では、次の順で旧石器時代から縄文時代にかけての移行を考えていく。

①日本の旧石器時代の特徴について。ユーラシア大陸の東端に位置し、南北三〇〇〇キロメートルにも及んだ氷河時代の島嶼《とうしょ》部に、どのような文化が広がっていたのであろうか。その前提となる気候や地理なども含めて考えてみる。

②旧石器時代にはなくて、縄文時代になって出てくる考古学的な遺構や遺物について。土器、竪穴住居、石鏃《せきぞく》、土偶の順にみていく。

③縄文時代になって現れる遺構や遺物の出現年代や展開の仕方について。地域によって大きく異なることを、縄文文化の北限である北海道、もっとも早く温暖化した九州南部、旧石器時代の人工遺物がほとんど見つかっていない沖縄を例に示す。

これらの議論をふまえ、続けて筆者が考える縄文時代の定義を示すことになる。その前提として、縄文時代のはじまりに関してこれまでどういう議論が行われてきたのか、経緯を振り返ってみたい。

1　旧石器時代と気候変動——最終氷期から後氷期へ

日本の旧石器時代とは

旧石器時代とは、今では絶滅してしまった大型哺乳類が闊歩《かっぽ》していた更新世の時代に相当し、人びとが打製石器を利器として使用しながら暮らしていた時代と定義されている。旧石器時代は前期・中期・後期の三つに分けられているが、日本列島では後期旧石器時代から始まると考える研究者がほとんどである。ちなみに前期の特徴は、猿人や原人と呼ばれる人類が使った単純な礫器《れっき》（自然礫の一端だけ加工した石器）と剝片石器（石塊から剝ぎ取った破片を素材とする石器）であり、中期の特徴は、約三〇万年前以降にネアンデルタール人が使った、より精巧な剝片石器だ。

後期旧石器時代の人びとは、石槍などを使ってナウマンゾウやオオツノジカなどの大型哺乳類を狩猟しながら、広範囲を移動して回る生活を送っていた。竪穴住居のような定住用の住居はまだなく、テント状の簡易な施設を持って季節的に動物を追う。したがって、移動するのに不便な大きくて重たい石器はまだみられない（後述するように例外もあり）。

旧石器時代は今から二六〇万年前に始まった氷河時代の只中にあり、年平均気温が現在より

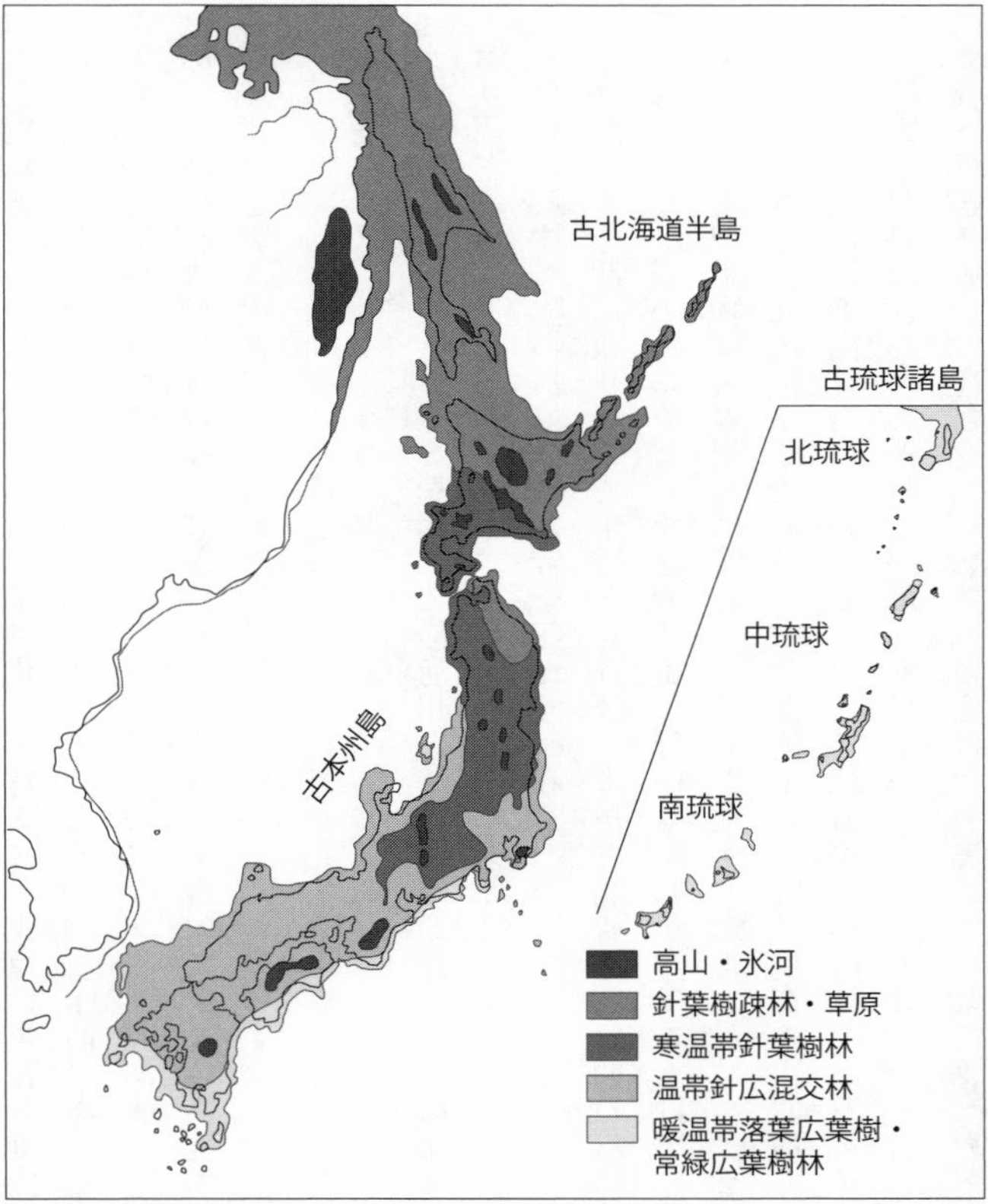

図1　最終氷期最寒冷期における日本列島の植生
氷期の日本列島の大部分は針葉樹が優勢で、温帯や暖温帯を除いて、植物質食料の本格的利用はできなかった

六〜七度ほど低かったようである。単純化して言えば、東京は現在の稚内のような寒さだったことになる。なかでも、二万四〇〇〇年前から一万八〇〇〇年前のあいだは、最寒冷期ということもあって大地は凍てつき、海水面は現在より一二〇メートルあまりも下がっていた。そのため、当時の日本列島は現在の姿とはかなり大きく異なっており、古北海道半島、古本州島、古琉球諸島という大きく三つの地理的単位からなっていた（図1）。

古北海道半島

まず北海道だが、サハリンを通じて沿海州と陸続きだったので、沿海州から細長く南に延びており、古北海道半島と呼ばれる。古北海道半島の東部は、現在のシベリア北部と同様、ツンドラ草原と疎林に覆われていたと考えられている。

津軽海峡が冬期に凍りついて氷橋となれば、本州と北海道は冬期のみ一時的に陸続きになることもあったが、小動物やヒトなどの体重の軽いものしか渡ることはできなかったため、マンモスなどの大型動物は古本州島に渡ることはできなかったようだ。ユーラシア大陸を横断してきたマンモスも北海道止まりである。古北海道半島西部と現在の東北地方は、アムール川あたりと同じ寒温帯針葉樹林帯、いわゆるシベリア地方の針葉樹林であるタイガに覆われていたため、植物質食料はきわめて乏しかったようだ。

本州・四国・九州は陸続きで、古本州島と呼ばれる一つの島であった。瀬戸内海は完全に陸化しており、ナウマンゾウが闊歩していたようで、最近もゾウの化石が漁師の網にかかって引き上げられたりしている。九州島から長崎県対馬までは陸続きであったが、そこから韓半島のあいだには幅が数キロメートルの海が入り込んでいたため、ヒトも動物も泳ぐか舟を使わない限り、対岸の韓半島に渡ることはできなかった。

古本州島西部は、現在の道東と同じ温帯針広混交林に覆われていた。古本州島南岸は暖温帯落葉広葉樹・常緑広葉樹林に覆われており、現在の本州から九州にかけての気候と同じだった。奄美以南は古琉球諸島と呼ばれる島嶼部であった。古本州島南岸と同じく、暖温帯落葉広葉樹・常緑広葉樹林に覆われていた。人工遺物は沖縄のサキタリ遺跡で見つかっている貝製釣針ぐらいで、石器などは基本的に見つかっていない。その代わり、約三万七〇〇〇年前に比定されている日本最古の化石人骨をはじめ、数多くの化石人骨が見つかっている。

日本固有の旧石器文化

日本の旧石器時代には、諸外国における旧石器時代にはあまりみられない人工遺物が二つある。その一つが磨製石器である。

磨製石器とは、石などで擦って表面を磨いた石器のことである。冒頭で述べたように、旧石器時代は基本的に打製石器の時代で、磨製石器や土器が出現する以前の時代だ。しかし、古本州島やオーストラリア大陸の北部、アムール川流域では打製石斧の刃部だけを磨いた斧が見つ

左：図2－1　立切遺跡出土植物加工用石器
右：図2－2　立切遺跡で見つかった調理場跡

かっており、局部磨製石斧と呼ばれている。日本の場合は古本州島の森林地帯に特化した石斧で、樹木の伐採や加工に使われていたと考えられている（約二万数千年前、最終氷期の最寒冷期には姿を消してしまうようだが）。

三万年前の森林性食料に依存した生活

もう一つは、移動生活に適さない重量のある大きな石器である。

鹿児島県種子島にある立切《たちきり》遺跡から、およそ三万年前の石皿や局部磨製石斧、集石遺構が見つかっている（図2）。

集石遺構は、調理を行ったと考えられている遺構である。拳大の砂礫を火で熱し、熱くなった石の上に葉っぱなどで包んだ肉や植物をしばらく置いておくと、蒸し焼きにできる。現に立切遺跡で見つかった礫群のほとんどが火と熱を受けて赤く変色し、熱による破砕を受けていた。これは同じ場所で何度も調理が行われ、一定期間、定着していたことの証拠と考えられている（堂込秀人「琉球列島の旧石器時代遺跡」）。

集石遺構は旧石器時代の日本列島でかなりの数が見つかっており、この時代の代表的な遺構と言えよう。

さて、節のはじめに旧石器時代には移動生活に向かない大型で重量のある石器はみられないと書いたが、立切遺跡では重さが一～四キログラムもある、据え置いて使ったとしか思えない石皿が見つかっている。

石皿と言えば、堅果類（ドングリなど）などをすり潰す用途で使われた、縄文時代になって出現する植物質食料加工用の石器である。当時の種子島は常緑広葉樹林が繁茂しており、石皿は堅果類を処理・加工するために使われたと考えられている。また常緑広葉樹を伐採する際に用いたのが、先にみた局部磨製石斧だった。ホルンフェルス（変成岩の一種）製で、打製石斧やスクレーパー（ヘラ状の器具）などとともに見つかっている。

氷期と間氷期

では、なぜ旧石器時代の種子島に堅果類をすり潰すための石皿があったのだろうか。氷河時代とも呼び表されるこの時期に？

実は、寒く厳しい気候が支配したイメージのある旧石器時代だが、のちの縄文時代にみられるような温暖な気候も存在したのだ。古本州島の南岸がまさにそうである。

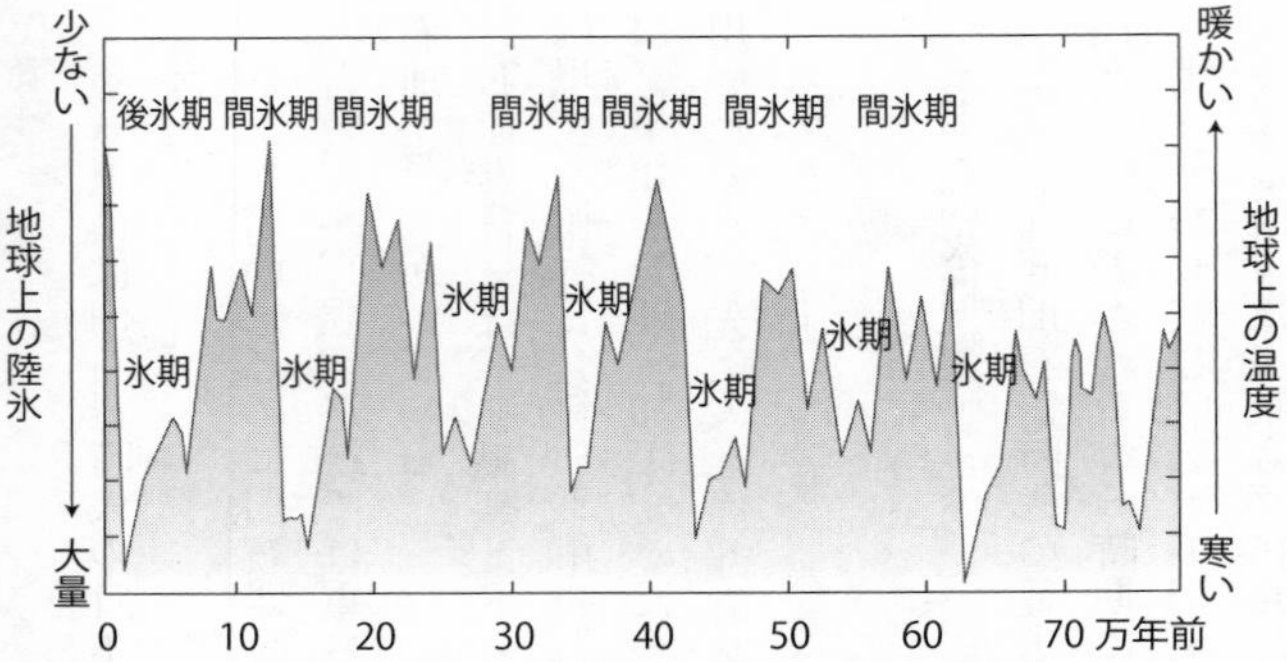

図3　過去80万年の氷期・氷床の量の変動（海底堆積中の有孔虫の酸素同位体比変動より）

氷河時代はずっと寒い時期ばかりではない。何を隠そう、現代も定義上は氷河時代なのである。約二六〇万年前に始まった氷河時代は現在進行形だ。もう少し正確に言うなら、氷河時代には九万年程度かけて徐々に寒冷化する氷期と、その後ふたたび急激に温暖化して一万年ぐらい続く暖かい期間がある。暖かい期間は氷期と氷期のあいだにあるので、間氷期と言う（図3）。

立切遺跡が営まれた時期も間氷期だったし、現代もまさに間氷期の温暖な期間なのである。いずれやって来る氷期と、約一万一七〇〇年前に終わった直近の最終氷期のあいだにあり、しかも最後の氷期の後に相当するので、現代のことを後氷期ともいう。後氷期はすでに始まってから一万年以上続いているので、そろそろ氷期に向かってもよいころだ。一八世紀以降の二酸化炭素の放出による地球温暖化のため、寒冷化が人工的に止められているのだ、という意見もあるが、本当のところはわからない。

やや脱線したが、旧石器時代というのは、寒い氷期と暖かい間氷期が交互に訪れる時代なのだということは理解してもらえたと思う。立切遺跡が営まれた時期には土器や石鏃、竪穴住居こそ出現していないが、シイなどの常緑広葉樹の堅果類を利用するための重量のある石皿はすでに存在していた。ある程度定住的な生活を送っていたとすれば、縄文文化との共通点をみることができる。しかし温暖期が続かなかったせいか、こうした生活様式は引き継がれることはなく、この後に訪れた氷期を待たずに姿を消してしまう。

次に大きな考古学的な変化が訪れるのは約一万六〇〇〇年前。長いあいだ、縄文時代が始まる考古学的な指標とされてきた土器が出現する。この一万六〇〇〇年前から、ほとんどの考古学者が縄文時代と認める一万一七〇〇年前までを、旧石器時代から縄文時代にかけての移行期と捉える。どこから縄文時代に入ったと判断すべきなのかは後で論ずることにして、次節からは、旧石器時代にはないが縄文時代には存在するいくつかの考古学的な指標を取り上げ、それらの出現過程と定着・展開過程をみていくことにしよう。

2 土器の定着——指標① 縄文土器

「縄文時代」誕生の話

まずは、縄文という時代の「誕生」の話から始めることにしたい。そもそもの出発点は、縄文式土器の発見にさかのぼる。

一八七七（明治一〇）年、エドワード・モース博士が東京で大森《おおもり》貝塚を発掘した。発掘の成果は、調査の二年後、英文の三九頁のレポートとして刊行された。ただ、土器が発見された当初、人びとの最大の関心事は土器が使われていた時代ではなく、土器を使っていたのが誰なのか？　という点にあった。当時は、のちに縄文式土器という名称が一般的になる大森貝塚出土の土器を使っていたのは、金属器も使わず、農業も行わない、石器時代の未開な人びとであったと考えられていた。

もともと日本には、鉄器を使用し高塚古墳を造った人びと、すなわち金属器を使用し農業を行っていた人びとがおり、それが天皇家の祖先たちであるという考え方が江戸時代からあった。したがって、一八七七年の大森貝塚の調査で新たに見つかった縄文式土器を使っていた人びとは、『記』『紀』の神話のなかで、神武東征によって駆逐されたと記される先住民だと考えられたのである。一九四九年に群馬の岩宿遺跡の調査が行われ、旧石器時代が日本にも存在したことがわかるまで、このような見方は続いた。これは、縄文式土器を使う人びとと、鉄器を使う人びとが同時に存在していたことを前提とした考えである。

一八八四（明治一七）年、今度は東京帝国大学の隣接地にあった向ヶ丘《むこうがおか》弥生町貝塚で一個の壺が発見される。研究者たちによって、この土器は高塚古墳から見つかる祝部《いわいべ》土器（現在の須恵器のことである）に近いものであることが確認された。その後、一八八六（明治一九）年に、モースが名づけた cord marked pottery が縄紋土器と訳され、また弥生町貝塚で見つかった一個の壺は、一八九六年に地名をとって弥生式土器と名づけられた。

その後、縄文式土器と弥生式土器が使われていた時期が異なることが、発掘調査によっても層位的に確かめられると、ようやく時期差という視点に立って二種類の土器を研究する流れが本格化することになる。

二〇世紀になり、弥生式土器の使用者が農業を行い、鉄器を使っていたことがわかってくる。それによって、石器と鉄器が併用される段階に弥生式土器が使用されていたという時間的な位置づけがより明確になっていく。また、弥生式土器の使用者は天皇家の祖先につながる人びとであり、縄文式土器を使用していたのは先住民であると、区別する考えが有力視されていった。

縄文式土器の時代、弥生式土器の時代という時代概念が確立するのは、一九三〇年代になってからである。山内清男《やまのうちすがお》が唯物史観にもとづき、縄文式時代を採集・漁撈・狩猟の時代、弥生式時代を農業を行う時代として、日本の古代史上に位置づけた。

　ここに至ってようやく土器研究は使用者論争から離れ、時代区分の根拠としての研究へと進むことになった。縄文時代は、縄文式土器が使われていた期間のことを指すと定義され、山内清男が設定した、時期と地域ごとに細別した土器のタイプを五つの時期にまとめた区分、すな

1：草創期　石小屋洞窟
隆線文土器

4：中期　千葉・加曽利
貝塚

2：早期　神奈川・夏島貝塚

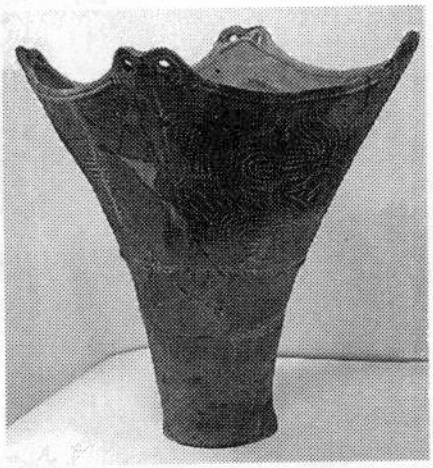
5：後期　神奈川・堤貝塚

3：前期　群馬・広面遺跡

6：晩期　青森・槻の木
遺跡

図4　縄文草創期～晩期の代表的な土器

わち早期、前期、中期、後期、晩期という区分が広く支持された（図4）。

縄文土器の年代測定

ここから縄文土器の年代測定に話が移っていくわけだが、その前に、考古学研究を劇的に発展させた、測定技術のイノベーションについて説明したい。炭素一四年代測定法というものである。しばしお付き合い願いたい。

炭素には化学的性質を同じくする同位体が三つあり、それぞれ、炭素一二（^{12}C）、炭素一三（^{13}C）、炭素一四（^{14}C）と呼ぶ。陽子と電子の数は六つずつで等しいが、中性子の数が六、七、八と異なっている。このうち、^{12}Cと^{13}Cは安定しているので、安定同位体という。

一方、大気圏の上のほうで作られる^{14}Cは、二酸化炭素として大気中に広がり、光合成によって植物に取り込まれる。その植物を動物が食べ、また別の動物がその動物を食べて炭素が広がる（陸上の生物の炭素一四濃度は、大気中の炭素一四濃度とほぼ同じ）。^{14}Cというものは放射性炭素で不安定であり、生物が枯れたり死亡したりした時点を契機に壊れ始め、おおよそ五七三〇年で半減する。炭素一四年代測定法とは、この性質を利用して、遺跡から出てくる動植物遺体に残っている^{14}Cの濃度から年代を推定する方法である。

炭素一四年代は、試料中に残る炭素一四濃度から計算した年数（半減期は五五六八年が用いられる）を、一九五〇年からさかのぼることで表現する（表記はBP、Before Present の略）。しかし、この炭素一四年代は大体の年代を表すことはできるが、暦上の年代（暦年代、実年代）とは一致しない。そのため、樹木年輪の炭素一四年代と比較することによって実年代に修正して用いなくてはならない。この修正した年代を「較正《こうせい》年代」という。たとえば、濃度が四分の一であれば、炭素一四年代は、「一一一三六　^{14}C　BP」と表現するが、暦上の年代はおよそ一万三〇〇〇年前に相当する。

一九五〇年代になって、神奈川の夏島《なつしま》貝塚から縄文早期の撚糸《よりいと》文土器（撚り紐を巻いた棒などを転がして文様をつけた土器）が出土した。発掘された縄文時代の資料として土器が出土した層のなかに含まれていた貝殻の炭素一四年代測定が行われ、縄文式土器にはじめて数値年代が付与された。その炭素一四年代は九〇〇〇年前、すなわち当時は約八〇〇〇年前と考えられていた西アジア最古の土器よりも古い、世界最古の土器であるとされた（図4-2）。

さらに一九六〇年代には、長崎の福井《ふくい》洞窟で見つかった隆線文土器（口縁部に粘土紐で線状の文様をつけた土器）にともなったとされる炭化物の炭素一四年代測定が行われ、一万二〇〇〇年前という炭素一四年代が得られた。

短期編年と長期編年

土器は農業と並んで新石器時代を特徴づける指標だったので、農業を行っていない一万二〇〇〇年前に土器があることをどのように理解すればよいのか、炭素一四年代の結果を肯定するのか否定するのかもからんで、研究者の考えは大きく二つに分かれた。

否定派の山内清男は、早期と考えてきた諸型式よりも古い土器群が数多く発見されたことをふまえて、早期の前に六番目の区分として草創期を設定しようと考えた。大陸の新石器文化の伝播によって縄文文化が誕生したと理解して、その開始年代を紀元前二五〇〇年と推定した。これが縄文土器の短期編年と呼ばれるものである。山内は、縄文文化の故郷を大陸に求める縄文文化伝播論の支持者でもあった。

一方、肯定派の芹沢長介は、草創期の土器を縄文式土器には含めずに旧石器時代の土器と理解し、土器の出現を一万二〇〇〇年前（福井洞窟での炭素一四年代測定にもとづく）と推定した。これが短期編年に対抗する縄文土器の長期編年である。

これ以降、縄文文化のはじまりをめぐる議論は、長期編年と短期編年のどちらを支持するかという問題に収斂《しゅうれん》されていく。二つの学説の根幹には、「草創期の土器」である隆線文土器を指標とする山内と、「早期の土器」である撚糸文土器を指標とする芹沢という、研究上のスタンスの違いがあった。この対立は、次の三つの問題を後世まで引きずることとなる。

一つ目は、隆線文土器が最終氷期の土器であるにもかかわらず、日本の考古学界にそのことが十分周知されてこなかった点。

二つ目は、隆線文土器を縄文土器とするか旧石器時代の土器とするかという議論に決着がついていないのに、現在は隆線文土器を最古の縄文土器の一つとする研究者が圧倒的に多いこと。

三つ目は、二〇〇〇年あまりも続く草創期を、早期から晩期にかけてのほかの五つの区分と同等に扱っている、という問題だ。

縄文土器の出現期に関わる問題は、この三点を曖昧としたまま、二一世紀を迎えてしまった。そして、縄文時代をいつからとするのかという議論に、今も影響を与え続けることとなってしまったのである。

後氷期技術革新論

縄文文化のはじまりについては、技術的な視点からそれを捉える学説もある。國學院大學の谷口康浩は、後氷期技術革新論、伝播論、主体者論、生態適応論などにまとめて説明している(『縄文時代の考古学1』)。

長崎の福井洞窟から出土した土器の炭素一四年代である一万二〇〇〇年前は、最終氷期が終わって後氷期が始まる時期と一致するとされる。したがって、寒冷期が終わって温暖な時代が始まり、人びとがそれに適応した結果として、土器をはじめとした弓矢や竪穴住居、土偶などの縄文文化の主要な要素が出現したという考えが成り立つ。この説を「後氷期技術革新論」と言う。代表的な提唱者としては、岡本明郎が挙げられる。

この説に立つと、後氷期の開始という地質学的な画期と考古学的な指標の出現が一致していた一万二〇〇〇年前は文字通り特異な時期で、縄文時代のはじまりと呼ぶにふさわしい画期であったということになる。土器はそれを示す指標の筆頭格と見なされた。

近藤義郎もこの説を支持した。彼は、旧石器時代から縄文時代を画するもっとも有効な指標は「技術革新」であると考え、土器の発生と普及の意義を重視した。こうした技術革新が新たな生産の拡大を生み、縄文文化の発展につながった主因であると述べている。

國學院大學の小林達雄も後氷期技術革新論を支持し、土器出現の歴史的意義を重視した。彼は土器製作は人類がはじめて利用した化学変化であると捉える。調理用土器の発明によって、堅果類のような、それまで食べることができなかった硬くてアクのある植物質食料を利用できるようになったことが、縄文社会に食料資源の安定をもたらした点を重くみた。

伝播論

もう一つ影響力が大きかったのは、伝播論と呼ばれる学説である。伝播論とは、土器の出現や縄文土器の起源を大陸の新石器文化に求める考え方である。

短期編年の山内を除いて、もっぱら長期編年の立場にたつ研究者が支持した。東北福祉大学の梶原洋は、長江・朝鮮半島から九州・本州への隆線文土器の渡来を唱え、東京大学の今村啓爾は、沿海州・アムールから北海道・東北への無文土器や円孔文土器の渡来を提唱した。

主体者論

あるいは、旧石器時代から縄文時代への文化変化の主体になったのは誰なのか、という視点から縄文文化への移行を考える、主体者論と呼ばれる議論もある。

岡山大学の稲田孝司は、まず草創期に、男性主体の狩猟具の変革が動物相の変化に対応して起きると述べた。その後、植物相の変化に対応して土器・石皿・磨石《すりいし》などの植物質食料加工・調理用石器が出現し、草創期の終わりに女性主体の変革として終了するという。

このように、時間的なズレをともなう男女の変革が引き続いて起こった出来事こそ「縄文変革」であると考え、一つの後氷期変革であるという認識を示した。稲田は、移行期の具体的な労働として、男女の分業や社会的関係の変化が生じたと理解したのである。

生態適応論

後氷期技術革新論と関係するが、環境の変化に対する社会生態的対応の一環として技術革新や文化の変化が起きると考えたのが、東京大学の佐藤宏之である。

佐藤は、晩氷期の寒冷化にともない、南下したサケ・マス類を追った北方系集団が関東地方へ進出することによって、地域の生業や社会システムが変化し、旧石器時代人が主体的に「定住化」という縄文的な居住システムに転換したと説いた。これを地域進化適応論と言う。

較正年代の登場

以上のような議論は、縄文時代のはじまりが後氷期のはじまりと一致する、すなわち温暖化への適応という前提のもとで行われたとする点で共通していた。背景には、地質学の世界において、更新世と完新世の境界を「炭素一四年代で一万年前とする」という国際第四紀学連合（INQUA）の勧告が行われ、地質学的な境界年代が確定していたことが挙げられる。完新世（後氷期）のはじまりと縄文時代早期における縄文土器の出現時期が一致したことを受けて、考古学側でも気候変動にともなう環境の変化と土器や石鏃の出現が結びつけられ、後氷期への適応の結果として理解されることになったのである。

しかし、一九九〇年代後半ごろから、炭素一四年代測定のスタンダードがそれまでのβ線計数法から加速器質量分析法（AMS―炭素一四年代測定）へ転換したことにより、事態は急変する。β線計数法とは、^{14}Cが放射線を出しながら窒素一四に変わっていくとき（壊変と呼ばれる）に、放射されるβ線をカウントする方法である。試料の量が多く必要で、測定に時間がかかるという特徴がある。

対して、^{14}Cの数を直接カウントできる加速器を用いれば、^{14}Cが壊変して残り少なくなった古い年代も測ることができる。しかも短時間で、これまでより少ない量の試料で測定できるため、効率的な測定が可能になった。そこで、年輪年代がわかっている木材資料を用いて、年輪ごとに炭素一四年代を測定する研究が活発に行われた。そしてそのデータをもとに、炭素一四年代を西暦に変換する基準となる較正曲線の整備が急速に進むことになる。

日本で最初にAMS－炭素一四年代測定を試みたのは、一九八〇年代初頭に既設の加速器を改良した東京大学と、新しい装置を導入した名古屋大学である。八〇年代末には、名古屋大学の中村俊夫らが縄文土器に付着した炭化物を測定した。β線計数法では、付着炭化物のような少量の試料を測定することはできなかったが、AMS－炭素一四年代測定によって土器が一万五〇〇〇年前までさかのぼることが公表された。

こうしたパラダイムシフトを決定的にしたのが、青森の三内丸山《さんないまるやま》遺跡で出土したクリ材を対象とした年輪ごとの炭素一四年代と、土器付着炭化物の炭素一四年代を照合する研究であった。照合の結果、土器型式ごとの較正年代が確定されていった。それによると、較正年代は縄文晩期ごろの年代から、すでに考古学的に比定してきた年代よりも少し古い数字になった。たとえば、それまで紀元前一〇〇〇年ごろと考えていた晩期のはじまりは、二五〇〇年ほどさかのぼった紀元前一三世紀の半ばに、といった具合である。

衝撃的なのはここからである。較正年代と炭素一四年代とのズレは、前期・早期・草創期と古くなるにつれて、次第に大きくなっていった。そして、先述した神奈川の夏島貝塚や長崎の福井洞窟の炭素一四年代（九〇〇〇年前と一万二〇〇〇年前）は、較正年代に換算すると、それぞれ今から一万一〇〇〇年前、一万四〇〇〇年前だったことが判明したのである。

この結果によって、後氷期が始まる一万二〇〇〇年前を、土器の出現を指標に縄文時代のはじまりと同定する根拠は大きく揺らいだ。

最古の無文土器とともなう石器

もう一つの重要な発見は、青森の大平山元《おおだいやまもと》Ⅰ遺跡から出土した無文土器（文様が一切ない土器）である（図5）。

図5　青森・大平山元Ⅰ遺跡出土無文土器

隆線文土器よりも古い無文土器が青森県、茨城県、東京都などに存在すること、そしてそれらの土器が旧石器時代の石器群である神子柴《みこしば》・長者久保《ちょうじゃくぼ》系石器群と一緒に見つかることは、以前から知られていた。

だが、発掘当時は、研究者たちが無文土器の段階まで縄文時代がさかのぼると考えたのか、あるいは旧石器時代に無文土器が存在すると考えたのか、具体的な議論が起きた形跡はない。学習院女子大学の工藤雄一郎は、その理由の一つに無文土器の年代がわからなかったことを挙げる。無文土器が隆線文土器よりどのくらい古いのかを数値年代として知ることは、当時のβ線計数法の炭素一四年代測定では難しかったからである。

図6－1　局部磨製石斧

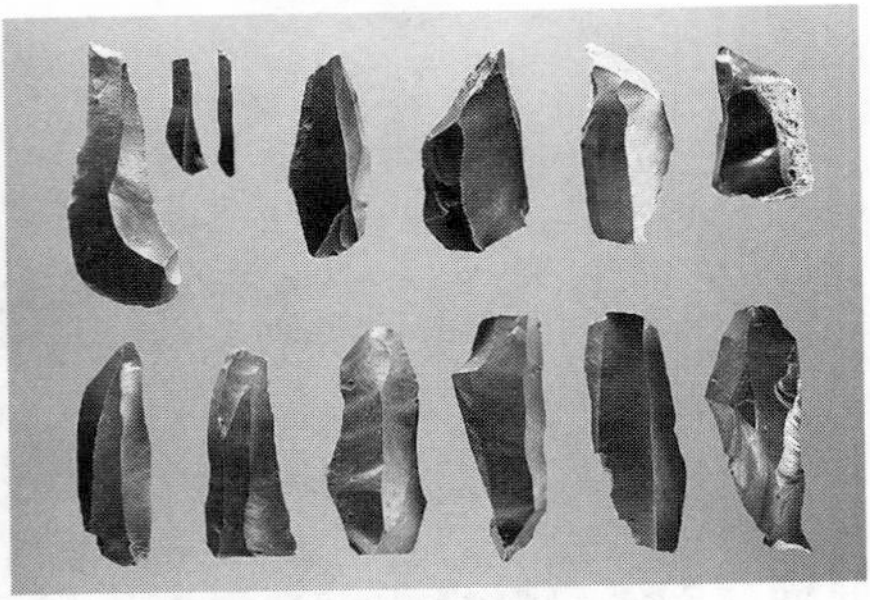

図6－2　彫掻器、彫器、石刃

図7　石刃製石器

一九九九年になって、谷口康浩らが大平山元I遺跡で出土した無文土器に付着した炭化物のAMS－炭素一四年代測定を行った。破片となって出土したほぼ土器一個体分の破片の量であった（図5）。一つの遺跡から出土する土器の量としてはきわめて少ない。この時期は、まだそれほど大量の土器が使われていたわけではなかったのだ。

最古段階の無文土器とともに見つかった石器は、局部磨製石斧（図6－1）や打製石斧、あるいは石刃《せきじん》・彫器・掻器《そうき》などの旧石器時代に一般的だった剥片石器（図6－2）や石鏃などに似た石刃製の石器（図7）である。つまり、大平山元I遺跡には、縄文時代に一般的な矢尻や、石皿や磨石など植物質食料を加工・調理するための石器はまだなく、皮をなめしたり石器を加工したりするための旧石器時代的な器種構成を持つ石器群しかなかった。

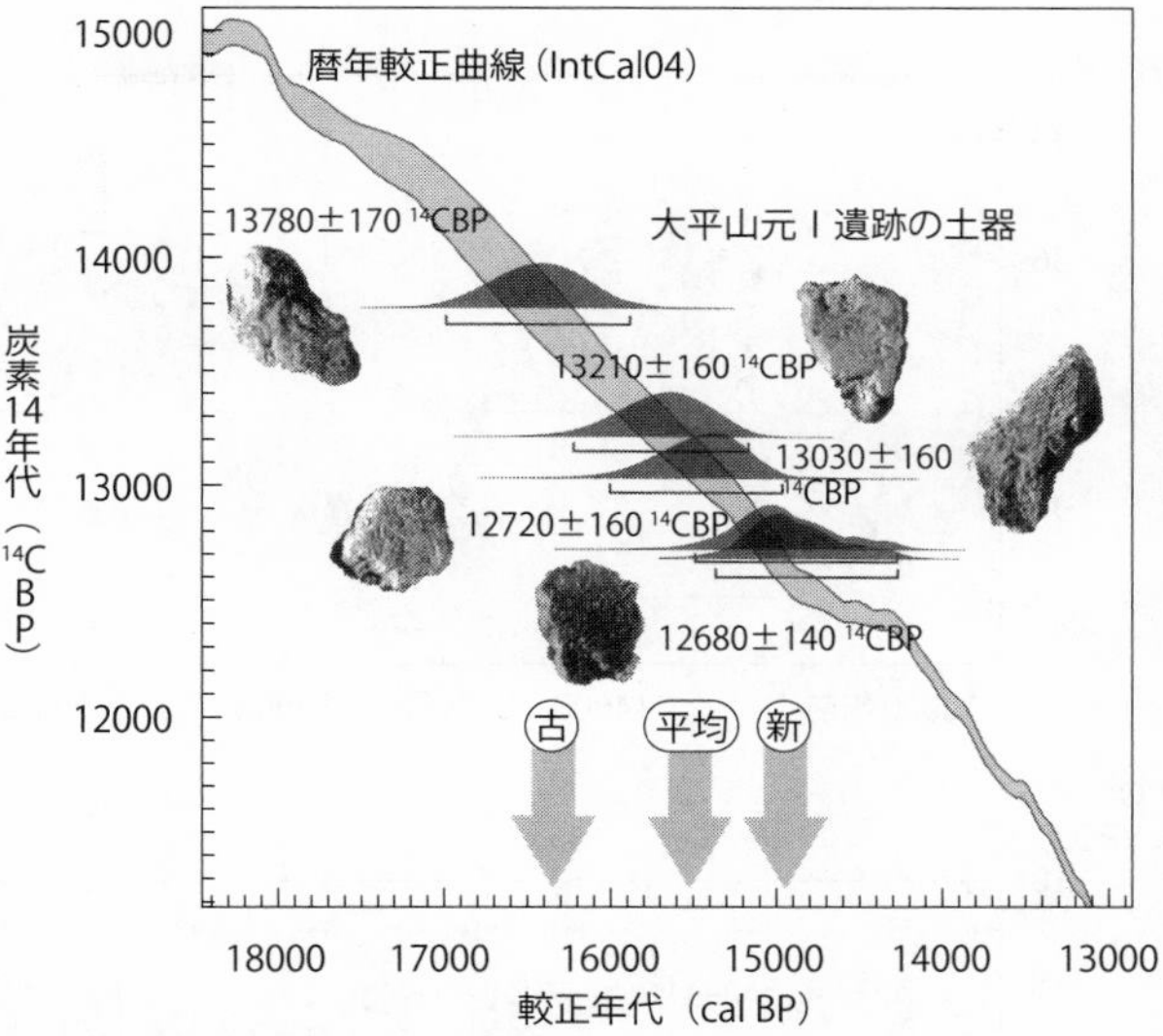

図8　無文土器の14C測定結果と較正年代

無文土器の測定結果

大平山元Ⅰ遺跡で発掘された土器の内面に残っていた煮コゲ五点のAMS－炭素一四年代は、約一万二〇〇〇年前～一万三〇〇〇年前という結果であった。較正すると、もっとも古いのは約一万六〇〇〇年前、もっとも新しいのは約一万五〇〇〇年前で、平均すると約一万五五〇〇年前である（図8）。

これらの発見によって、土器の出現年代が約三五〇〇年も前にさかのぼったことにより、これまでの学説が拠って立ってきた前提はもろくも崩れ去った。

一万六〇〇〇年前と言えば、ヨーロッパで晩氷期（最後の氷期）と呼ばれ

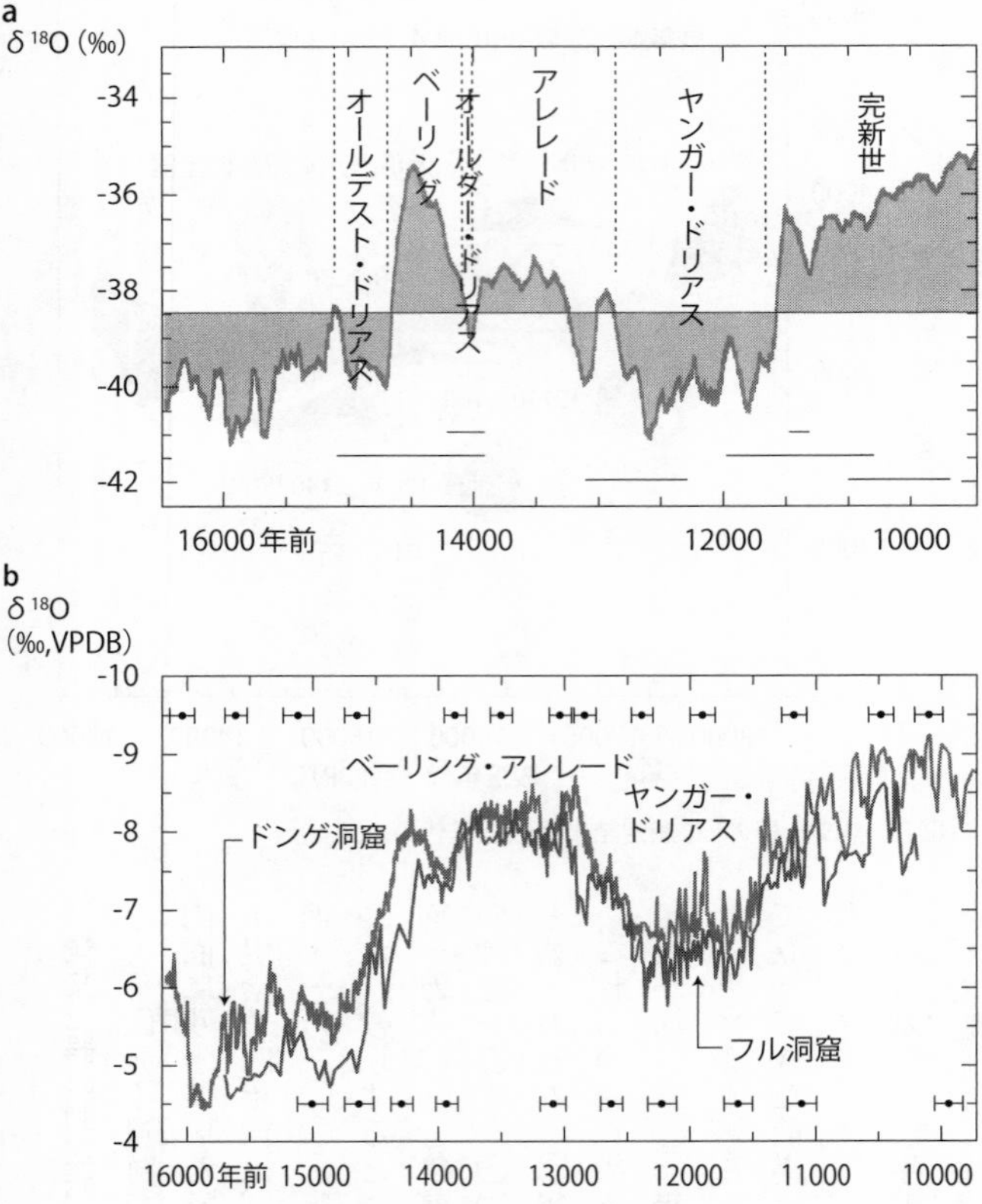

a：ヨーロッパにおける気候変動サイクル
b：東アジア（中国）における気候変動サイクル
折れ線が上を向くほど温暖、下を向くほど寒冷

図9　晩氷期の気候変動

ている段階にあたる。図9のaはヨーロッパ、bはアジアにおける晩氷期の気候変動を示した図である（佐藤宏之『旧石器時代』）。北ヨーロッパでは、一万五〇〇〇年前から一万一五〇〇年前までの短期間に、オールデスト・ドリアス期の寒冷期から、温暖期のベーリング期、寒冷期のオールダー・ドリアス期、温暖なアレレード期、寒冷期のヤンガー・ドリアス期まで、寒暖のサイクルが五回訪れていたことがわかる。

東アジアの場合は、ヨーロッパほど明確ではないものの、二つに分けるのが一般的だという。すなわち、一万五〇〇〇年前から一万三〇〇〇年前の温暖期であるベーリング・アレレード期と、一万三〇〇〇年前から一万一七〇〇年前の寒冷期であるヤンガー・ドリアス期である。

したがって、日本最古の土器は、ベーリング・アレレード期という一〇万年に一度の気候の大きな変動期が訪れる少し前に出現していたことになる。

東北アジアにおける土器の出現

実は、日本を含む東北アジアは、世界でもっとも早く土器が出現した地域であることがわかってきている（佐藤宏之『旧石器時代』）。その時期は、おおよそ次の四つの段階に分かれる（図10）。

①約二万二〇〇〇年前の寒冷期：東・南中国で出現

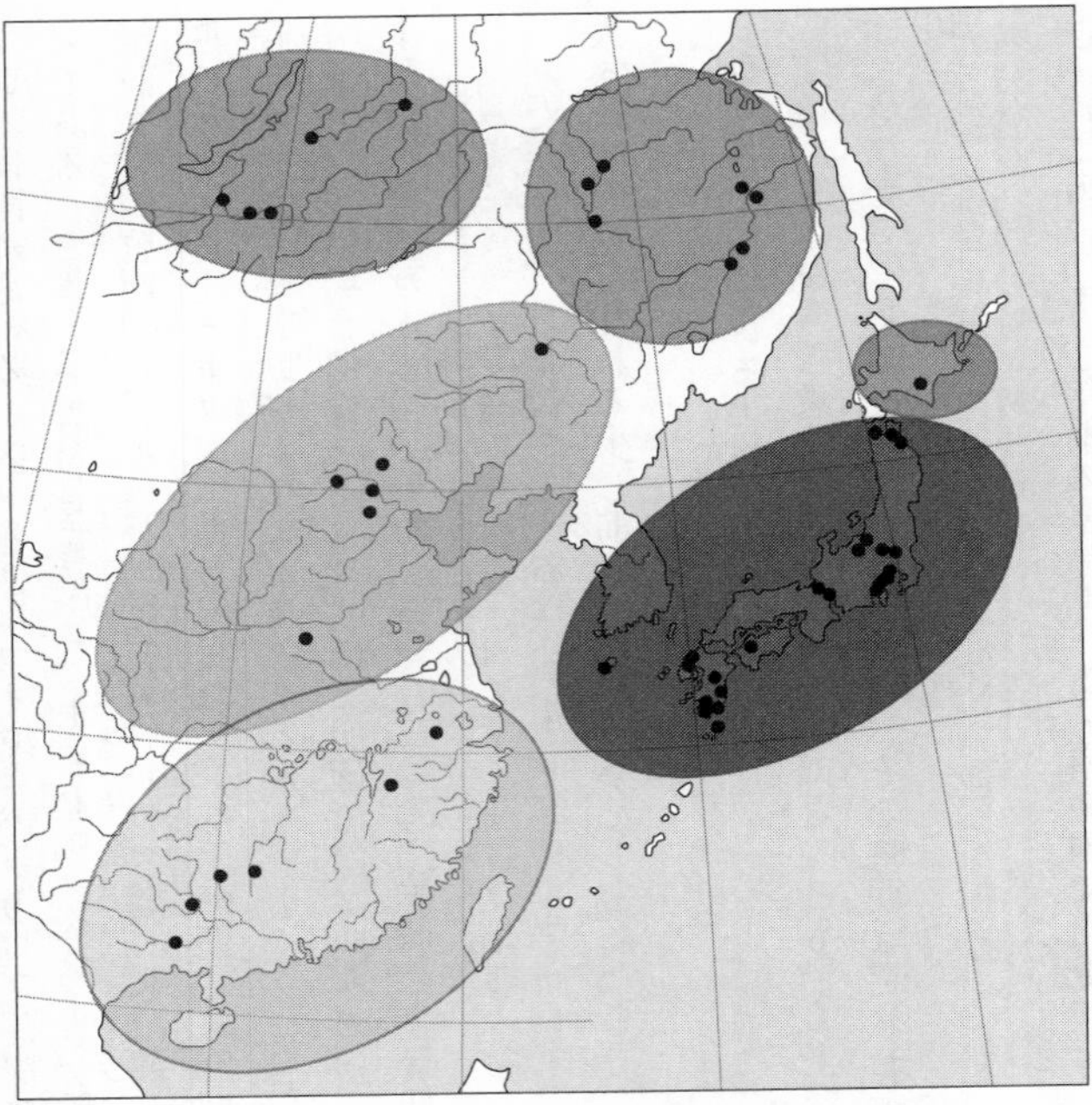

1：東・南中国
最終氷期最寒冷期前半
（寒冷期）
22000BP ～

2：日本列島
最終氷期最寒冷期後半
（向温暖期）
16500BP ～

3：沿バイカル・アムール流域、北海道
晩氷期前半（温暖期）
14800BP ～

4：中国北部・北東部
晩氷期後半（寒冷期）
13000 ～ 11700BP

図10　東北アジアにおける最古の土器を出土した遺跡の分布

②約一万六〇〇〇年前の温暖期に向かう直前：東北北部・九州北部
③約一万四八〇〇年前の温暖期：沿バイカル・アムール流域と北海道
④約一万三〇〇〇年前～一万一七〇〇年前の寒冷期：中国北部・北東部

大きくはベーリング・アレレード期以前とヤンガー・ドリアス期以降に分かれる。前者が東・南中国と古本州島、後者が沿バイカル・アムール流域と古北海道半島、中国北部・北東部である。最古のものは、約二万二〇〇〇年前の東・南中国の最終氷期最寒冷期において、温暖化する環境変動に対応し、水産資源を効率よく利用するために現れたと考えられている。

このように、東北アジアの土器は複数の地域の異なる環境において多元的に現れており、どこか一ヶ所で現れた土器が各地へ拡がっていったという状況ではなかったと考えられている。

約一万六〇〇〇年前の日本に土器が出現する意味

それでは、氷期の最中に土器はどのように用いられていたのだろうか。

土器が出現した当時、古北海道半島や古本州島の植生は、堅果類が期待できない針葉樹が繁茂していたため、いわゆる森林性の植物質食料を調理・加工するために、日本で土器が使われていたとは考えにくい。

加えて、別の用途を推定させる証拠が二つ見つかっている。一つは住居状遺構からのサケの

図11　大平山元Ⅰ遺跡復元画（石井礼子画）

出土、もう一つが土器の内面に付着していた「お焦げ」の自然科学的な分析結果である。

サケの下顎骨が見つかったのは今から五〇年ほど前、一九七〇年代に調査された東京の前田《まえだ》耕地《こうち》遺跡である。当時は、食後に捨てられた骨が残った可能性も検討されていたが、近年、サケを煮て浮いてくる油を採取し、調味料や燃料として使っていた可能性が高いことがわかってきている。いわゆる「魚油採取説」である。この学説の契機となったのが、帯広の大正《たいしょう》3遺跡で出土した、約一万三〇〇〇年前の爪形文土器についていたお焦げの炭素・窒素同位体比分析（試料に含まれる炭素・窒素の安定同位体比と、炭素と窒素の濃度比から水生／陸生、植物性／動物性、おおよその種類などを推定できる）だった。

以上のような所見をもとに工藤雄一郎が制作したのが、青森の大平山元Ⅰ遺跡の復元図である（図11）。川が側を流れる台地のへりで、何やら人びとが活動している様子が描かれている。住居のような建物が描かれていないのは、現状では具体像がわからなかったからだそうだが、何か簡易な構造物が存在した可能性は高そうである。当時の人びとは、サケが遡上する季節になるとここにやって来て、魚油などを採取し、終われば常時寝起きしている場所へ戻っていったと考えられている。

草創期の土器文化の実態

大平山元Ⅰ遺跡や大正３遺跡にみられる土器のあり方は、土器塚ができるほど大量の土器が出土する青森の三内丸山遺跡に比べると、あまりにも貧弱である。豊かな森の恵みに支えられ、恒常的な竪穴住居に住み、大型建物のなかで共同作業を行っていた三内丸山遺跡に代表される縄文前期以降の人びとの暮らしとはあまりにもかけ離れている。

土器がどのように使われていたのか、土器の使用頻度という観点から調べた谷口康浩によれば、草創期でもっとも古い土器は、一遺跡から一個体、ないしは数個体しか出土しないという（谷口康浩『縄文時代の考古学１』）。よって、日常的に大量の土器を使って食料を調理・加工していたとは考えにくいことから、より限定的な目的や季節的な用途で利用されていたことが想定される。

しかし、次の隆線文土器の段階になると様相は一変する。土器を保有する遺跡が大幅に増えるとともに、一つの遺跡から出土する土器の数も急増するという。

とくに古本州島でもっとも早く温暖化が始まった九州南部では、落葉広葉樹のコナラなどの増加にともなって、堅果類を食料対象とした暮らしが本格的に始まり、土器の使用量が急激に

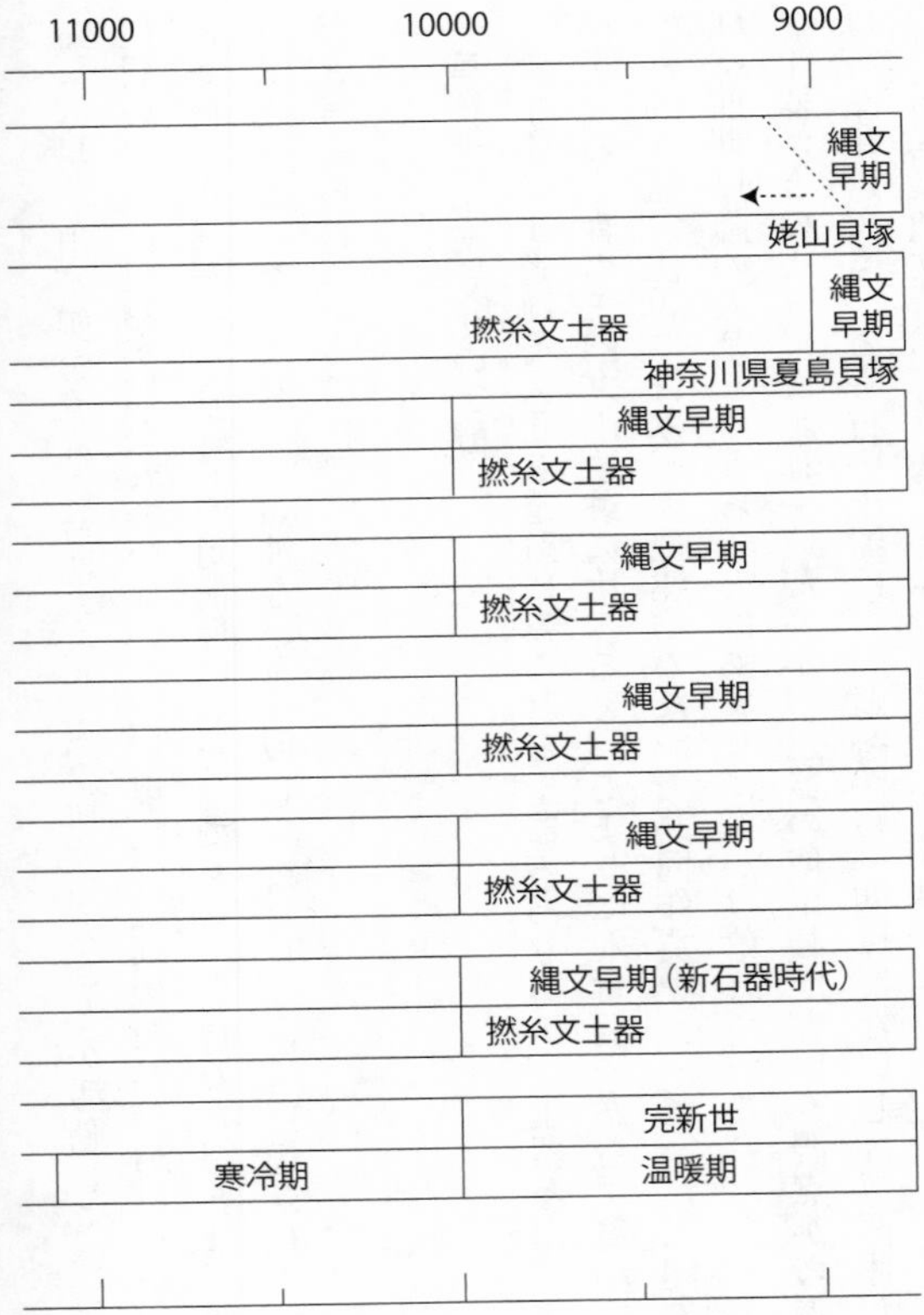

図12　縄文土器の出現年代観の変遷

増加したと考えられる。その用途は、アク抜きから熱を加えて軟らかくしたりする調理・加工にまで及んでいたようだ。

隆線文土器以降に訪れる寒冷期のヤンガー・ドリアス期に、いったん土器の使用量は低い水準に戻るものの、後氷期に入って温暖化する縄文早期以降、ふたたび土器の使用量は増加に転じる。そして縄文前期に向かって飛躍的に増加していく。

つまり、草創期の土器のあり方は隆線文土器の段階に大きく変わるのである。

時代区分としての土器にみられる画期はどこか？

一九六〇年代以降、土器は縄文時代を旧石器時代と画する指標として不動の存在だった。しかし、定説より約三五〇〇年も前の約一万六〇〇〇年前に、すでに土器が出現していたとすれば、どうなるのか（図13）。

そこは、まだ食料にできる堅果類がない極寒の世界である。魚油採取などの用途も検討されているものの、土器を保有する遺跡自体がまだ少なく、保有していたとしても一遺跡あたりせいぜい数個体では、土器の出現によって食料資源が飛躍的に増大したとは、とても言えそうにない。

考古学界が約六〇年前に決着をつけずに持ち越してきた三つの問題が、約一万六〇〇〇年前に土器誕生がさかのぼるという調査成果を目の前にして、あらためて顕在化したと言えよう。

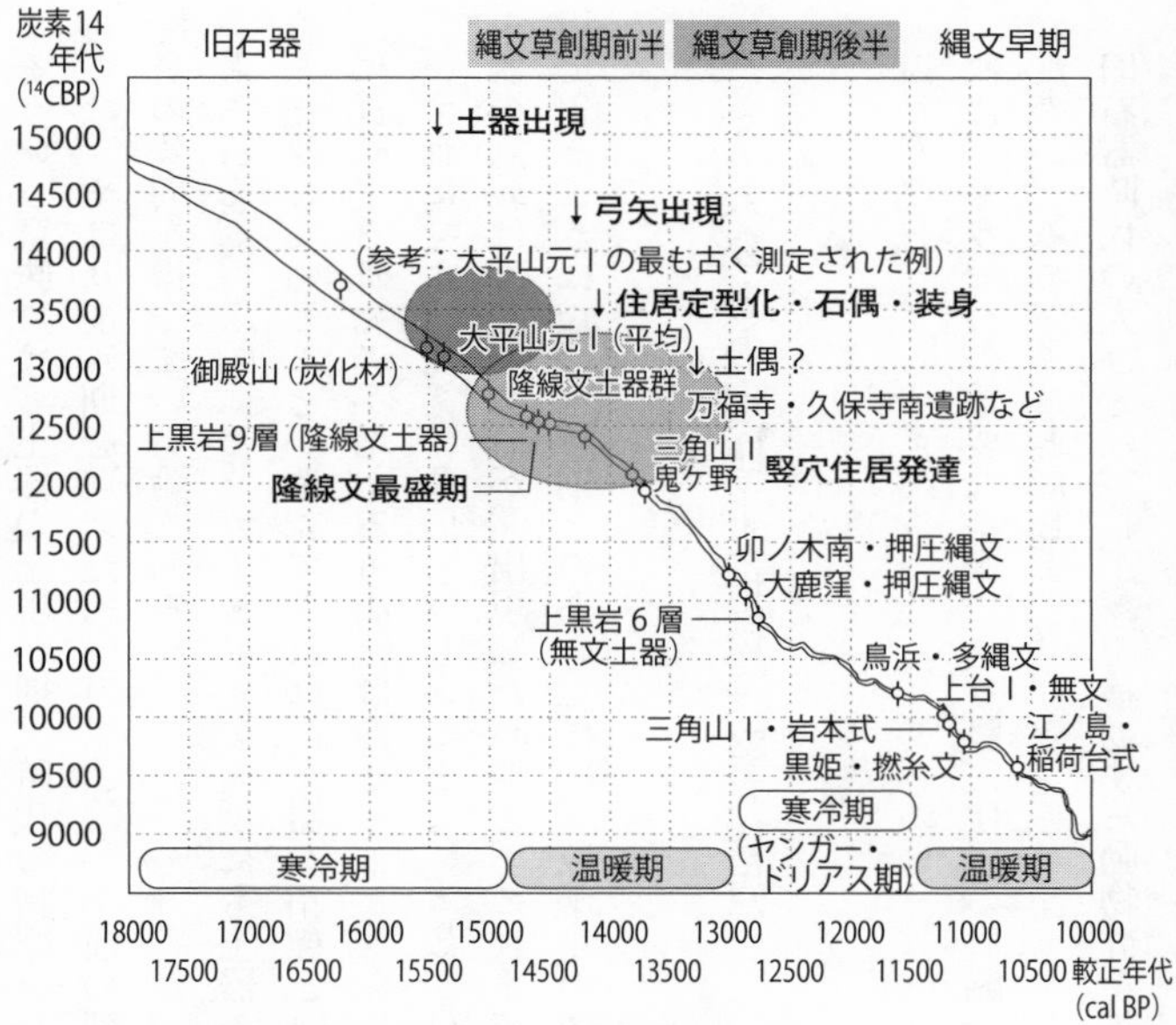

図13　縄文要素の出現時期を示した較正曲線（IntCal04）

私見では、土器を旧石器時代と縄文時代の一線を画す指標として用いるなら、土器そのものの出現期ではなく、もっとも早く温暖化が始まり、落葉広葉樹林が広がっていた九州南部で隆線文土器が出現した段階がふさわしいのではないかと考える。約一万五〇〇〇年前～一万四五〇〇年前のことである。

ただし、ヤンガー・ドリアス期という寒冷期を迎えてふたたび出土量が極端に落ち込むという現象が、「特徴的で、重要で、普遍化していく考古資料」という、時代区分における指標の定義と齟齬《そご》をきたすのも事実である。

そういう意味では、土器の出現が縄文時代の指標としての立場を確固たるものにする時期としては、やはり後氷期を迎えた約一万二〇〇〇年前の縄文早期を念頭におくのが、すべての研究者の賛同を得やすい結論であろう。

もちろん、将来的にヤンガー・ドリアス期にも土器の出土量が落ち込むことなく、順調に定着・普及していたことが確認できれば、土器を指標とする画期を約一万五〇〇〇年前とすることに賛同する研究者が増える可能性はある。

いずれにせよ、覚えておいてほしいことは、人類がはじめて化学反応を利用した成果である土器の意義は不変であるが、出現した時期と、これまで利用できなかった植物質食料を広く利用できるようになった時期とのあいだには、数千年のズレがあるということである。

3 人びとの定住——指標② 竪穴住居

遊動から定住へ

次に、もう一つの重要な指標である竪穴住居の展開を軸に、縄文時代に定住がどのように進んだのか、みていくことにしよう。

旧石器時代の人びとは、長距離を移動する動物群を狩猟対象としているので、狩猟を行いながらの遊動生活が基本だったようだ。そのため、移動の支障となる大きくて重量のある道具は持たず、また恒常的に住むことができる堅牢な住まいも持っていなかったと考えられている。

約一万六〇〇〇年前の青森の大平山元Ｉ遺跡は、恒常的な建物の遺構が見つかっていないことから、サケが遡上してくる季節にだけ留まった遺跡と理解されている。工藤雄一郎によれば、土器をせいぜい魚油の採取に用いるぐらいの生活では、サケが遡上する季節に限って、河川の近くの台地上に寝起きするための簡易的なスペースさえあれば十分だったようだ。

だからと言って、旧石器時代の人びとが洞窟のようなところばかりに住んでいたわけではない。日本でも、約二万〜一万九〇〇〇年前の居住施設の痕跡が相模原台地上で見つかっている。神奈川の田名向原《たなむかいはら》遺跡である。柱穴と思われるピット（穴）が円形に回り、石器がそれに囲まれた内部から集中して見つかったことから、旧石器時代の住居の跡と理解されている。

先述のサケの骨が見つかった約一万五〇〇〇年前の前田耕地遺跡でも、河原石と思われる石が円形に配置され、石で囲まれた内部が窪《くぼ》んでいたことから、やはり恒常的な住居の跡と考えられている。サケの骨は、円形の範囲の中央部、炉の跡と考えられている焼土のなかから見つかった。

ただ、中央が窪んだ程度のテント状遺構では、柱の跡を確認できないことから、河原石はテントの裾を押さえて固定するために使われたものと考えられている。このように、テント状の住居は旧石器時代にはすでに存在しており、まず東日本、やがて西日本にも広がり、時期的には縄文早期まで使われ続けていたようである。

そして、遊動的な状況は、植物質食料の加工・調理のために土器を用いる生活が開始される一万五〇〇〇年前ごろ一変する。九州南部で隆線文土器が出現した段階である。

このころ、地面を掘り窪めずにテントの裾を河原石で押さえるだけだったテント状住居に代わり、次第に地面を数十センチメートル掘り下げた竪穴住居状のものがみられるようになった。また、土器の量も大幅に増え出す。土器だけでなく、弓矢や土偶なども少し遅れて続々と出現してくることから、竪穴住居の出現をもって縄文時代のはじまりと考える研究者も多い（図13）。

竪穴住居の出現

時期が確実なもっとも古い竪穴住居は、鹿児島の三角山《さんかくやま》遺跡や栃木の野沢《のざわ》遺跡などで見つかった約一万四〇〇〇〜一万三四〇〇年前のものである。年代は、柱と思われる野沢遺跡のクリの炭化材を炭素一四年代測定した結果、一万三七〇〇〜一万三二〇〇年前であることが明らかになった。しかも使われていた柱材は耐久性に優れ、建築材に向くクリ材であった。当時の人びとがすでにクリ材の耐久性を認識していたことがわかる。

同時に、クリが植物質食料としてきわめて有効な食材であることも、当然認識していたであろう。それを建築材として惜しげもなく使っているということは、実があまりつかなかったり、大きな実が生《な》らなかったりするクリの木を選んで、建築材として活用していたと考えられる。当時の人びとによる高度な植物管理をうかがい知ることができる。

家族形態の確立

中央大学の小林謙一は、竪穴住居が定型化していく背景に家族形態の確立を読み取った。竪穴住居を造るということは、一定程度の空間と面積を確保することを意味するので、少人数の血縁集団が離散せず、次第に固定化されていくという効果が生まれる。それゆえ、社会の最小組織である家族形態の完成が誘発された、というロジックである。

気候と定住

恒久的な住まいである竪穴住居が出現する時期は、森林性食料が安定し始める一万四五〇〇年ほど前の温暖期と一致し、全国的に土器が広がり始める時期とも一致している。収穫期を迎えた堅果類を、それを食料源としているクマやイノシシなどの競争者たちに先んじて、効率的に一気に収穫するためには、森の近くに恒久的な竪穴住居を構えて定住することが、もっとも有効な手段だったと考えられる。

4　狩猟とまつり——指標③ 石鏃、土偶

石鏃の出現

鉄砲が発明される前の飛び道具の代表と言えば弓矢である。その矢の先端につけるのが、矢《や》尻《じり》。現在の矢尻は金属製だが、最初に現れた矢尻は石の矢尻、つまり石鏃である。

石鏃の存在も、縄文時代なのかどうかを判断する重要な考古資料の一つだ。こちらもポイントになるのは、いつごろ出現するのか、という点である。

この石鏃、旧石器時代にはなく縄文時代に一般化するが、最古の土器が見つかった約一万六〇〇〇年前の大平山元Ⅰ遺跡ではまだ出現していなかった。

土器の出現後から後氷期までの期間における狩猟具の変遷を追っている熊本大学の小畑弘己は、石鏃の発展を三つの段階に分けた（図14）。土器が出現する以前の第一段階（Phase 1）の石器は、まだ長さが一〇センチメートル以上もある石槍である。飛び道具と言っても、人が腕の力で投げるのであるから、その飛距離は限られている。

石鏃が出現する隆線文土器群の段階に、平面三角形の矢尻が登場する（Phase 2）。そして後氷期直前の第三段階（Phase 3）になると、三角形の長軸の長さは一～三センチメートルまで短

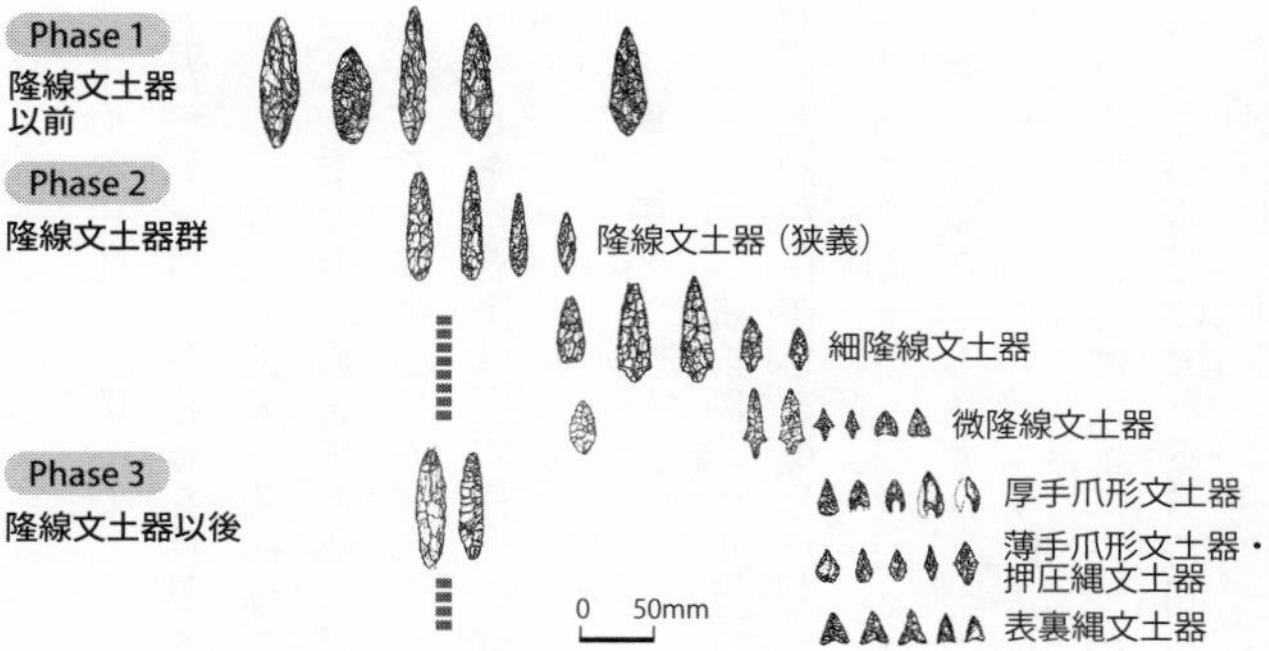

図14　石鏃の出現過程

くなる。長さが短くなると重さも軽くなるので飛距離が伸び、獲物に気づかれることのない遠くから狙うことができるのである。それと同時に、石鏃の基部（矢本体に装着する部分）にえぐりが入ったり、茎《なかご》がついたりすることから、矢本体との装着にいろいろな方法が生み出されていることがわかる。

弓矢の登場には当然理由がある。遠くまで飛ばすことができる飛び道具の出現は、遠くからでないと気づかれて逃げてしまう動物が捕獲対象になっていたことを意味する。なおかつ、小形軽量の矢尻でもダメージを与えることができる中・小型の動物が捕獲対象となっていたことも推測できる。

旧石器時代の終わりには、すでにシベリアで森林に生息する群棲しない中型獣が出現していた。ましてや、海に囲まれ、シベリアに比べて温暖な気候が早くから発達していた可能性のある古本州島では、森林の出現も森林性の中型獣の出現もシベリアよりかなり早かったと考えられよう。

小形軽量化を達成したことで、矢を遠くまで正確に飛ばすことができるようになった。こうした狩猟具は、長距離を移動するトナカイのような中型獣には不向きであっても、シカやイノシシのような、あまり長距離を移動しない中型獣にはきわめて効果的であった。

ここまでの議論をまとめれば、晩氷期から後氷期にかけての温暖化で、動物相は大きく変化した。それに対応して、石鏃が登場した。その時期は隆線文土器の段階と軌を一にしている。すなわち、石鏃は竪穴住居と同じく、後氷期が始まる前に出現していたことになる。

土偶の出現

もう一つ、縄文時代の重要な指標に土偶がある。土偶とは、縄文時代に作られていた人や人型の霊的な存在を表現したと思われる素焼きの土製品のことである。土偶と聞くと、まるでゴーグルをつけた宇宙人のような遮光器《しゃこうき》土偶（図15）を思い浮かべる読者もいるかもしれない。

約三〇年前のデータだが、一九九二年の段階で約一万五〇〇〇個の土偶が見つかっている。縄文時代全体では、三〇万個以上の土偶が作られていたのではないかという推計もある。

日本でこれだけ大量に見つかっている土偶だが、意外なことに、隣の韓半島では一点、見つかっているだけである。時間的にも地域的にも限定されて使われたことがわかっている。

土偶が出現するのは、約一万三〇〇〇～一万二〇〇〇年前の後氷期直前とされる。出現期のものはまだ三点しか見つかっておらず、そのうちの一つが、三重の粥《かゆ》見《み》井尻《いじり》遺跡から見つかった土偶である（図16）。女性の上半身を象《かたど》ったものとみられ、頭、胸、腹部を思わせる。高さ六・八センチメートル、横幅四・二センチメートル、厚さ二・六センチメートルの小型の土偶である。やや厚みのある板状をなしており、突起になっている部分が頭と両腕、乳房も明瞭に表現されている。

関東南部では後氷期以降に数が増える（と言っても、早期前半の撚糸文土器段階で一八四個体に過ぎないが）。興味深いことに、この時期は関東地方に竪穴住居が増加する段階と一致している。

図15　遮光器土偶復元複製品（原品：東京国立博物館）

図16　三重・粥見井尻遺跡出土土偶

土偶の使用法と機能

土偶は何のために作られ、どのように使われたのであろうか。出土状況と見つかったときの状態から、その特異なあり方が浮かび上がる。

まず出土状況だが、土偶には完全な形で見つからないものと、完全形で見つかることが多いものの二種類がある。

前者については、どこかがとれた状態で見つかることが多い。しかも、同じ土偶と思われる破片が複数の集落にまたがって見つかったり、一つの集落で見つかる場合でも、別々の竪穴住居から見つかったりすることがたびたびある。また、住居内で見つかる場合は、床に穴を掘るように胴や脚の破片が埋め込まれていたり、住居の奥の床面に安置された状態であったりする。

基本的に「どこかがとれた状態で見つかる」と先に書いたが、自然にとれたというよりも意図的にもぎ取られたような割れ方をしている。もっと言うと、設計上ももぎ取りやすいように作られている。そうかと思えば、壊れた箇所をアスファルトなどで補修したものも見つかっている。

土偶の使われ方については、出土状況と見つかったときの状態から、まつりの場で使用されたのではないかと筆者は考えている。以前書いた本から引用しよう（『縄文論争』）。

土偶は、ある時期から一定期間、住居内の決まった空間に大切に保管されているが、マツリの時が来ると持ちだされ、使用される。マツリの途中か終了後に、手・脚・乳房などがもぎ取られ、マツリに参加した複数のムラや、一つのムラの内部で分配される。

縄文人がまつりを行った理由とは何か。定住化と関係があると筆者は考えている。すなわち、人びとが定住し始めたことによって、同じ顔ぶれで暮らす生活をずっと強いられるようになり、ストレスや軋轢《あつれき》が発生する機会が増える。そのため、安寧に暮らしていくための装置としてまつりを行う必要が出てきた、という考え方である。

土偶は、集団内のストレス解消を目的としたまつりで使用される道具だったのではないだろうか。こうした見方に立てば、まさしく土偶は定住のはじまりと関連して現れる文化アイテムなのだと考えられる。

5　各地で指標はいかに出現したか――北海道・九州・沖縄

地方によるバラツキ

ここまで、旧石器時代にはなくて、縄文時代になって現れる要素である土器・竪穴住居・石鏃・土偶について、東北地方や関東地方を例にみてきた。しかし、南北三〇〇〇キロメートルにも及ぶ日本列島では、地方によってその出現年代や展開の仕方が異なっている。地域によるバラツキは、時代区分を考える際にも注意しなければならない。序章でも言及した「出現か、普及・定着か」という問題に大きく関わるからである。

本節では、縄文文化の北限である北海道、逆にもっとも早く温暖化する九州南部、旧石器時代の人工遺物がほとんど見つかっていない沖縄の貝塚時代を例に、列島規模での指標の出現と定着について考えてみよう。

北海道

北海道の土器は、東北地方に三〇〇〇年あまり遅れた約一万三〇〇〇年前になって現れる。帯広にある大正3遺跡で、年代的に草創期の半ばの爪形文土器が見つかったことで、北海道にも縄文草創期が存在したことが確認された（小林謙一は隆線文土器の最終末期に上げて古く考える）。ただし、土器にともなって出土した石器は、彫器と抉入《えぐりいり》加工（柄に固定するための溝）のある旧石器時代的なものだった。

これはつまり、東北北部で古い土器にみられる石器と同じ様相が、縄文草創期の半ばになって北海道でも現れたことを意味する。大正3遺跡で見つかった土器に着いていた炭化物の同位体比分析を行ったところ、水産資源を利用して動物性油脂を抽出していた可能性が高いことがわかった。

ただ、土器を使っていた人びとの遺跡の規模はまだ小さく、立地も限定的で相対的に少数派だったようだ。土器を使う人びとはヤンガー・ドリアス期直前の温暖期に、本州から北上した集団であると考えられている。同じころ、北海道では中・大型の哺乳類を捕獲対象とし、広域を移動することで生計を立てていた人びとがまだ存在していた。

すなわち、約一万三〇〇〇年前の北海道では、土器を使って動物性油脂を採っていた人びとと、中・小型の動物を狩猟対象とする後期旧石器時代の特徴を持つ人びとが、住み分けを行って共存していた可能性があるということだ（夏木大吾「北海道　大正3遺跡とタチカルシュナイ遺跡」『季刊考古学　別冊三二　上黒岩岩陰と縄文草創期』）。

マクロ的にみれば、旧大陸における後期旧石器時代の終末期にあたる文化と縄文文化とがはっきり分岐する境界が、北海道東部に存在するという説が有力である（佐藤宏之『縄文化の構造変動』）。

北海道で、森林性の植物質食料が豊富に利用できるようになり、それらのために土器を用いる生活が始まるのは、ヤンガー・ドリアス期終了後、一万一〇〇〇年前〜一万年前の完新世初頭になってからのことである。したがって、石皿や磨石などの堅果類を加工するための石器や、竪穴住居が登場するのもこのころだ。

北海道で土器を安定的かつ大量に使う生活が始まるのは、完新世の植生である落葉広葉樹林が広がる約八〇〇〇年前になってからである。つまり、北海道の縄文化は、土器が出現した縄文草創期中ごろの爪形文土器の段階ではなく、縄文早期になってから始まったと言える。

九州

九州に出現した土器は、長崎にある泉福寺《せんぷくじ》洞窟や福井洞窟で発掘されたものが最古とされる。その較正年代は約一万四五〇〇年前までさかのぼり、青森の大平山元Ⅰ遺跡のものに匹敵する。その用途も、同じく動物性油脂の採取を目的としたものである。

森林性の植物質食料を利用するための、土器の安定的な利用が始まったのはいつごろか。石皿や磨石など、植物質食料を加工するための石器は約三万年前の種子島までさかのぼるが、このときは土器がまだなかった。土器が現れるようになるのは、約一万三〇〇〇年前のことである。

宮崎の王子山《おうじやま》遺跡では、隆線文土器が大量の石皿や磨石などの石器とともに出土したほか、竪穴住居も見つかっている。さらに興味深いのは、植物の残留物が付着していたため、その具体相がわかることである。

そこには、ドングリ五三点やネギ属の鱗茎六八点のほか、ダイズの野生種であるツルマメが土器の圧痕（土器の製作過程で混入した植物の種実や虫などが、焼成時に焼け落ちてできた凹み）に残されていた。こうした植物質食料は、大量に見つかっている石皿や磨石を使ってすり潰され、配石炉や集石遺構を使って蒸し焼きにされ、食されていたと考えられる。人びとは、長径二・

二メートル、短径一・五メートルの竪穴住居に住み、安定した定住生活を送っていた。私たちがイメージする縄文化は、約一万三〇〇〇年前の九州南部でほぼ実現していたとみてよい。

本州の大半が最終氷期の冷涼な環境にあるなか、いち早く温暖化が始まった九州南部では、コナラ亜属主体の落葉広葉樹林が広がっており、森林性植物を活用する生活が始まっていた。竪穴住居、石皿・磨石などの縄文化を示すアイテムが一通りそろっていることもそれを裏付ける。縄文化は約一万五〇〇〇年前〜一万四五〇〇年前の九州南部から始まったのである。そして約六、七〇〇〇年をかけて縄文化の波は本州を北上し、約八〇〇〇年前には北海道にまで到達する。縄文列島の誕生である。

沖縄

一方、旧石器時代の人工遺物がほとんど見つかっていない沖縄においては、北海道から九州までの地方でみられたように、旧石器時代からの石器の変遷を追うことができない。一万年前の土器が出現したという報告もあるが、用途についてはよくわかっていない。堅果類などの加工用の石器が約六〇〇〇年前、黒曜石製の石鏃が約五〇〇〇年前になって現れるというから、本州・四国・九州とは異なる採集・狩猟生活が存在したことは確かである。

沖縄の先史時代のなかで、採集・狩猟段階にあたるものは貝塚時代と呼ばれる。戦前から使われていた名称だが、定着するのは一九八六年からである。森林性の縄文文化に対して、サンゴ礁環境の変化にともなって生業の重心が森から海へ移動していく過程が、沖縄の先史時代の大きな特徴であることから、貝塚文化という呼称が一般的に使われている。貝塚時代はサンゴ礁環境に大きく依存する後期とそれ以前の前期に分かれ、さらに前I〜後II期に細分されている（図17）。

約六〇〇〇年前の貝塚前期の人びとの暮らしが、嘉手納町《かでなちょう》野国《のぐに》貝塚群B地点に残されている。魚類、貝類、イノシシ、ジュゴン、ウミガメなどの骨が出土しているが、なかでも主になっているのが貝類とイノシシである。貝類の約七割は浅海に住むマガキガイである。動物骨のなかでは、イノシシの骨が群を抜いて多い。ただ不思議なことに、石鏃などの狩猟具の発見が少ないため、黒曜石製の石鏃が増加する約三〇〇〇年前の前V期までは、落とし穴などの罠猟が盛んであったのではないかと考えられている。

五〇〇〇年前以降になると、サンゴ礁が堤防機能を強化させ、魚類の利用が盛んになってくる。サンゴ礁での魚の捕獲は、とくに道具を必要とせず、潮が引いた潮だまりで簡単に魚を捕ることができるからである。しかし、植物質食料をメインにする生活も続いていた。沖縄本島中部の北谷町《ちゃたんちょう》で見つかった、約五〇〇〇年前の貝塚前II期に比定されている伊礼原《いれいばる》遺跡がそれを示している。

シイ類を主体とする堅果類がドングリ塚となった状態で見つかっており、なかにはザルに入ったままのオキナワウラジロガシもあった。堅果類だけではなく、ヤマイモやサトイモ類など

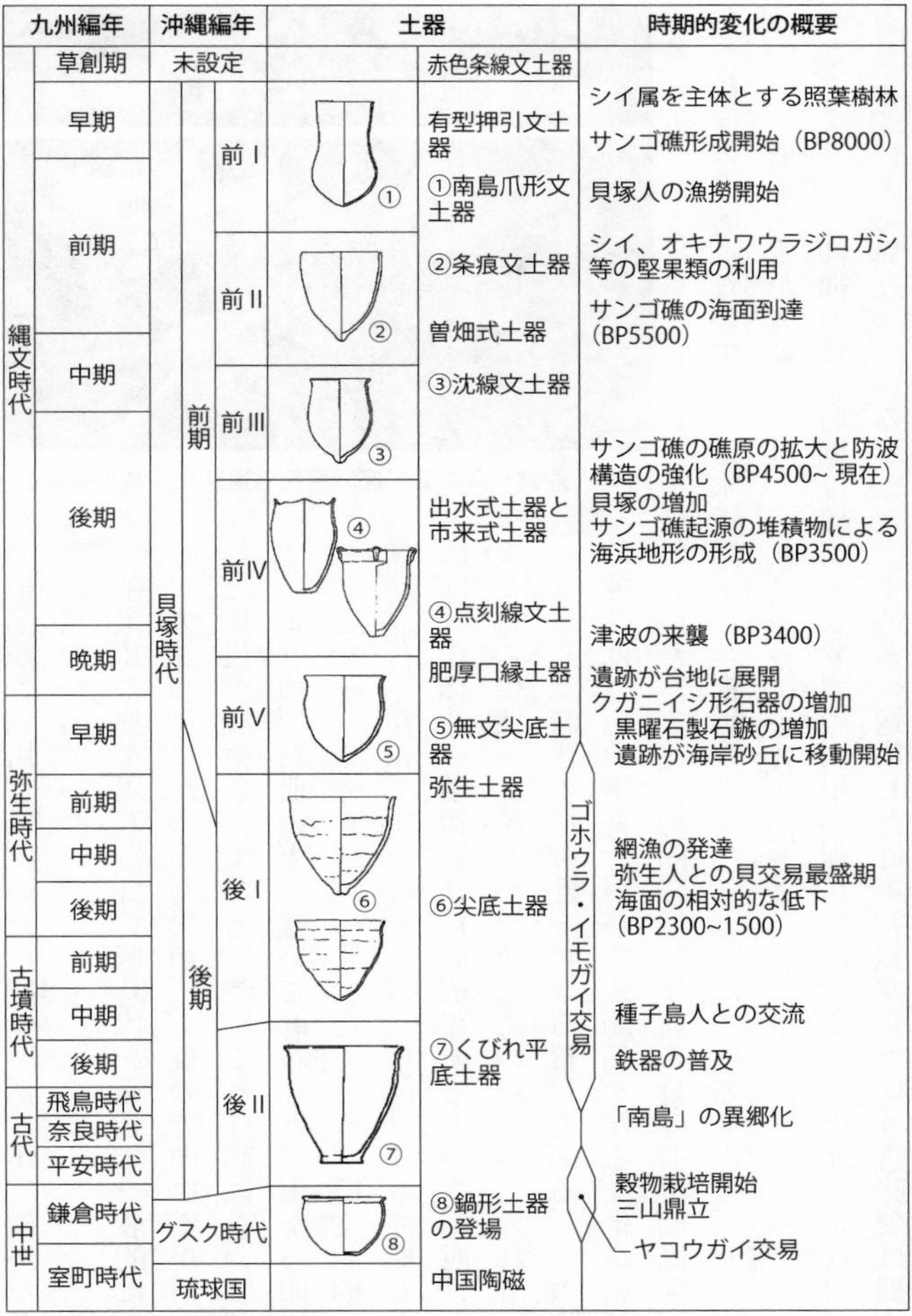

九州編年		沖縄編年		土器	時期的変化の概要
縄文時代	草創期	未設定		赤色条線文土器	
	早期	貝塚時代	前期	前I	有型押引文土器	シイ属を主体とする照葉樹林 サンゴ礁形成開始（BP8000） 貝塚人の漁撈開始
				①南島爪形文土器	
	前期		前II	②条痕文土器 曽畑式土器	シイ、オキナワウラジロガシ等の堅果類の利用 サンゴ礁の海面到達（BP5500）
	中期				
			前III	③沈線文土器	
	後期		前IV	出水式土器と市来式土器 ④	サンゴ礁の礁原の拡大と防波構造の強化（BP4500〜現在） 貝塚の増加 サンゴ礁起源の堆積物による海浜地形の形成（BP3500）
				④点刻線文土器	津波の来襲（BP3400）
	晩期		前V	肥厚口縁土器	遺跡が台地に展開 クガニイシ形石器の増加 黒曜石製石鏃の増加 遺跡が海岸砂丘に移動開始
弥生時代	早期			⑤無文尖底土器	
	前期		後期	後I	弥生土器	網漁の発達 弥生人との貝交易最盛期 海面の相対的な低下（BP2300〜1500）
	中期			⑥尖底土器	
	後期				
古墳時代	前期				種子島人との交流
	中期			⑦くびれ平底土器	鉄器の普及
	後期		後II		
古代	飛鳥時代				「南島」の異郷化
	奈良時代				
	平安時代				
中世	鎌倉時代	グスク時代		⑧鍋形土器の登場	穀物栽培開始 三山鼎立
	室町時代	琉球国		中国陶磁	ヤコウガイ交易

ゴホウラ・イモガイ交易

図17　沖縄諸島貝塚時代の土器編年と時期内変化の概要

の根茎類も利用されていた可能性があるが、確かな証拠はまだ見つかっていない。

堅果類の加工用石器は貝塚時代を通じて一般的にみられる。大量に見つかった堅果類に、縦の方向に不規則に砕かれた果皮が観察されているのだ。これは筋に沿って割れやすいように、石皿の上に置いて磨石などで上から叩いていたことを示すと考えられる。少なくとも、縄文前期に併行（同時並行で存在）する約五〇〇〇年前以降の沖縄の人びとには、森林性の植物質食料に依存するという、西日本の縄文文化の生活スタイルが浸透していたと考えられている。

図18　沖縄・真志喜安座間原第一遺跡出土蝶形骨製品

こうした時代の精神性を物語る資料もある。この時期の沖縄には、海の素材を用いて装飾品を作る文化が見受けられるのだ。とくに約四〇〇〇年前の貝塚前Ⅲ期以降、こうした傾向は顕著になってくる。木下尚子が「裾礁型の文化」と呼んでいるもので、サメ歯垂飾、ジュゴン骨製の蝶形骨器（図18）、貝製腕輪などが代表的なものである。

このように、沖縄の貝塚前期は縄文的な要素の出現過程が特殊であり、南北に正反対の北海道ともずいぶん異なっている。ただ、生態系に適応した採集狩猟文化という意味では縄文文化の「亜熱帯型」とみることもできる。

一方、紀元前一千年紀前半に始まる貝塚後期は「森林・サンゴ礁性新石器文化」「サンゴ礁文化」「裾礁型文化」などとも呼ばれ、サンゴ礁という生態系に特化した独自の採集・狩猟文化である。

その意味では、貝塚前期の採集狩猟文化は、植物質食料に依存するという意味でまだ縄文文化に近く、貝塚後期と縄文文化の中間的な様相を示していると言えるだろう。

縄文文化の境界領域における文化内容

以上、北海道、九州、沖縄において、最終氷期から後氷期にかけて、人びとの暮らしがどのように変化していったのかをみてきた。

簡単におさらいすると、北海道では、東北北部から土器を使って魚などの油脂をとる人びとが進出したことによって、関東のような土器を使う生活が始まる。本州に遅れること三〇〇〇年あまり経った後のことである。北海道は、まさにユーラシア大陸の後期旧石器文化と縄文文化の境界領域だったと言える。

一方、後氷期の温暖化がもっとも早く始まった九州南部では、一万五〇〇〇～一万四五〇〇年前に縄文文化へとスタートを切る。九州南部から始まった縄文文化はその後、南北へと拡がっていくことになる。

こうした縄文化の波が最初に沖縄に到達するのは、縄文前期に併行する五〇〇〇年ほど前のことである。ただ、このころの沖縄の貝塚前期文化は、精神生活を表象する特有の道具が海の素材を用いて作られていること、そして九州や本州にみられる土偶などが出土しないことを考えても、縄文文化とは一線を画する文化と考えたほうがよいと考える。

6 縄文時代のはじまり――「縄文化」はいつ起こるか

縄文時代開始をめぐる三説

これまで旧石器時代から縄文時代へと至る移行期について、考古学的な指標となる土器、竪穴住居、石鏃、土偶を取り上げ、列島内でどのような展開をたどるのかをみてきた。

本章の最後に、いつから縄文時代とするかという問題について、有力な学説を今一度整理して、末尾に筆者の考えを述べることにする（図19）。

①草創期＝縄文時代、土器の出現を指標（図19の(1)）

第一の説は、土器の出現を指標として草創期から縄文時代とする、小林達雄が六〇年代から唱えている説である。縄文早期の撚糸文土器の出現と、後氷期のはじまりが一致していた段階

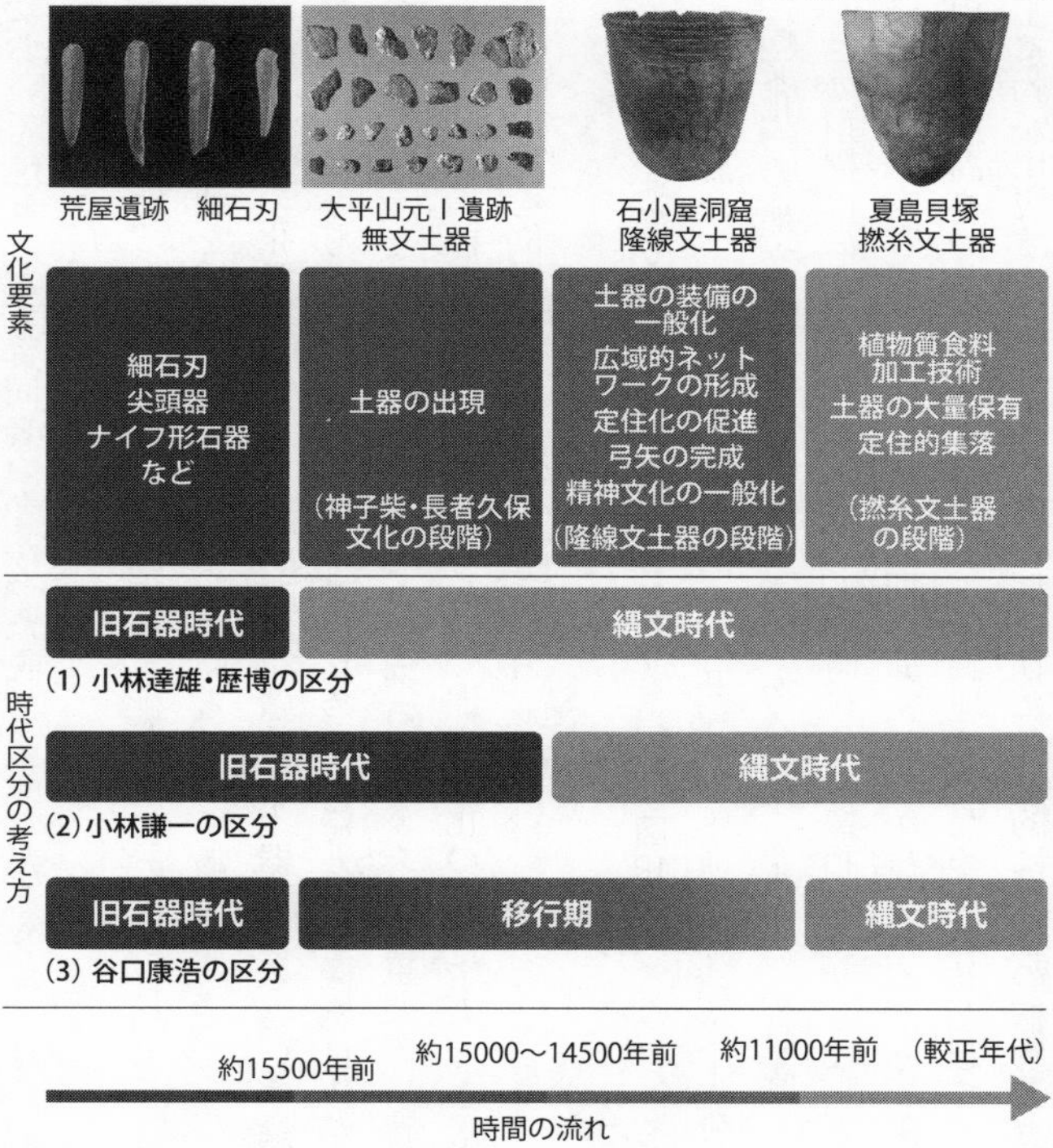

図19　縄文時代のはじまりをめぐる時代区分の比較

においてはもっとも賛同者の多かった説であっただろうが、今の若い世代の研究者には賛同者が少ないようだ。

その理由は、もっとも古い土器である無文土器の使用目的を、「植物質食料の加工調理」ではなく「魚油を採ること」と想定していることにある。

人類最古の化学的反応を利用した人工遺物が土器であるという論理の明確さは提唱時から変わっていないものの、魚油を採取するための土器という機能自体が、その後の縄文文化のなかで主流となっていかない点がネックである。「もっとも重要で、特徴的で、普遍化していく」という時代指標の定義から外れるため、縄文文化のなかでもっとも重要で特徴的な要素として、土器の出現を位置づけがたくなっている。

②草創期≠縄文時代、縄文化のはじまりを指標（図19の(2)）

第二の説は、草創期の途中（約一万五〇〇〇年前）、隆線文土器が出現する段階から始まる「縄文化」を縄文時代の指標とする説である。中央大学の小林謙一に代表されるものだ。

この指標に沿えば、草創期は旧石器時代的な様相をみせる段階と縄文時代的な様相をみせる段階に文化内容で分けられ、草創期は縄文時代から外れる部分が出てくる。温暖化によって利用価値の高まった植物質食料を加工・調理するための道具として、土器、石皿・磨石などの人工遺物が出現するとともに、収穫期の秋に効率的に大量の植物質食料を確保できるように定住を開始し、竪穴住居のような恒常的な住まいが出現するところからが縄文時代となる。

時代指標の定義にあてはめると、「縄文化」をもっとも重要で特徴的な要素と規定し、その出現した時点をもって新しい時代とするという立場になる。「縄文化」自体は、石鏃・土偶・磨石や石皿などの据え置き型石器の出現など、いくつかの指標の複合体である。

③早期＝縄文化の普及（図19の⑶）

縄文化した暮らしが本州北端まで広がった一万一〇〇〇年前からを縄文時代とするもので、縄文早期からが縄文時代となる。古いもので草創期を縄文時代への過渡期と位置づけた杉原荘介の「原土器時代」説、芹沢長介の「晩期旧石器時代」説などがある。

この説にしたがえば、縄文草創期はすべて旧石器時代の最終末期に位置づけられる。ただ、この説の支持者である谷口康浩は、無文土器の出現から後氷期のはじまりまでの約四〇〇〇年以上を、旧石器時代とはせず、旧石器から縄文に至る「移行期」と位置づけている。こちらも「縄文化」という最重要かつ特徴的な要素が普及・定着した時点をもって、新しい時代とするという立場をとるものである。

佐藤宏之も一万五〇〇〇年前～一万年前のいわゆる晩氷期を移行期と考え、縄文早期をもって本格的な縄文時代文化が始まったとして、谷口説に賛同する。

複数の指標を取り上げて総合的に判断する点は小林謙一と同じだが、それらの「出現」ではなく「普及・定着」の時点をもって縄文時代とする点が異なっている。

東京都立大学の山田康弘が指摘しているように、それぞれの説は旧石器時代から縄文時代への変化のなかで、どの部分に画期を見出すのかという歴史観と関わっている。そのため、どれが正しくて、どれが間違いであると一概に言うことはできない。しかしそれでは、時代を明確に区切るという歴史学の要請に応えることはできない。やはりどこかで結論を出さなければならない。それをふまえた上で、筆者の考えを述べることにしたい。

縄文時代のはじまり

結論から述べると、縄文時代のはじまりは、九州南部で「縄文化」が始まった一万五〇〇〇年前～一万四五〇〇年前、隆線文土器が出現した段階とすべきというのが筆者の考えである。これは研究史を鑑みても特異な見解ではない。森林性食料を加工する石皿や磨石は九州南部でもっとも早く出現すると小林謙一も述べているし、後氷期の温暖化にともなって、隆線文土器段階の九州南部で増加する植物質食料に関連する大形石皿や磨石に縄文化の特質を見出し、他の地域に先駆けて定住が始まっていたとする見方は、もともと雨宮瑞生《あめみやみずお》が示したものである。

鹿児島県立埋蔵文化財センターの宮田栄二も九州南部の特異性に注目する。幅一センチメートル以内の極小の石刃を量産し、それを骨、牙、木製狩猟具本体の両側縁に埋め込んだ大型の狩猟具を生産する技術が特徴である細石刃文化期に、集団の定住的要素を認めている。そして、植物質食料に関連する大きな磨石と落とし穴猟、礫群の多さを特徴とする生業システムが、東北から南下したと考えられる神子柴系石器群とは反対に、北上して縄文文化を生み出す一因になったと考えている。小林謙一と同様、その時期は一万五〇〇〇年前～一万四五〇〇年前のどこかであったと宮田も推測している。

このように、隆線文土器を「縄文化」のシンボルと捉えると、それ以前の土器は旧石器時代の土器ということになる。この認識は、縄文土器のなかに旧石器時代のものと縄文時代のものの二種類が存在するという、今村啓爾が唱える説とも一致する（『日本列島の新石器時代』、三五―六三頁）。

後氷期適応列島類型

一万五〇〇〇年前～一万四五〇〇年前の九州南部で始まった縄文化の波は、二〇〇〇年あまりをかけて東進・北上する。この期間こそ移行期として認識されるべきである。縄文化は、約一万一〇〇〇年前の撚糸文土器段階になって、本州・四国・九州の各地にほぼ定着する。それ以前の九州～本州には、縄文化の始まった縄文文化の地域と、まだ始まっていない旧石器文化の地域が併存していたことになる。

ただし前節でみたように、北海道と沖縄は、その独自の生態系のためにこの限りではない。

北海道では八〇〇〇年前になってようやく縄文文化の時代に入り、沖縄には独自の貝塚前期文化が約一万年続くことになった。縄文前期併行期や後期後半併行期に、九州南部の縄文文化の要素が南下して強くみられることもあったが、あくまで一時的なものに過ぎなかったと考えている。

最後に付言しておくと、筆者はかつて、縄文文化を森林性新石器文化東アジア類型の一環として捉える説を発表したことがある。これは最終氷期の最寒冷期以降に起こる大規模な気候変動（後氷期）への反応として、日本、韓半島、中国東北部、沿海州にかけての東アジア中緯度地帯に位置する地域に生まれる新石器文化を指したものだ。ナラ林の森林性食料を選択し、土器や植物加工具を発達させることによって、気候変動に適応したと考える。後氷期の開始によって利用価値の高まった森林性植物や動物の利用のはじまりを指標とする。

この立場は現在も変わっておらず、先に述べた見解と相違するものではない。しかし、論文を出した二〇〇二年当時の定説にもとづいて、土器の出現と後氷期のはじまりが一致するという前提をおいていた。本来なら、福井洞窟から出土した土器の炭素一四年代を受けて、炭素一四年代と較正年代の違いを正確に捉えて論を展開すべきであった。誉められた話ではないが、この二〇年間でどれだけ研究が進展したか、その顕著な例として捉えてもらえれば幸いだ。

第二章

農耕社会の成立

縄文時代から弥生時代へ

続いては、縄文時代から弥生時代への移行期を扱う。弥生時代の指標については、灌漑《かんがい》式水田稲作を用いるということで、研究者のあいだの同意は得られていると言ってよい。ただ、そのはじまりについては諸説ある。灌漑式水田稲作の萌芽が九州北部でみられるようになる時点や、西日本全体に広まったと考えられる時点、あるいは水田稲作の普及の結果として成立する農耕社会が出現した時点に求めるべきだという意見などである。

以下、次のような順に話を進めていくことにしよう。

①まずは弥生時代が設定されるに至った経緯を振り返るために、研究史を概観したい。縄文時代の場合に、土器が出現したとされる時期が次第にさかのぼっていったように、弥生時代の場合も、水田稲作の始まった時期がさかのぼっていくことで、時代区分論争が起きた。

②続いて、九州・四国・本州各地における縄文文化から弥生文化への移行について、具体的にみていく。日本ではじめて水田稲作が始まった福岡・早良《さわら》平野から始めたい。

③水田稲作が始まる前に、もっとも長くアワ・キビ栽培を行っていた中部・関東南部を取り上げる。ここは、縄文文化から弥生文化への移行期間がもっとも長期にわたる地域で、この移行期間を縄文文化と考える筆者と、弥生文化と考える研究者に分かれ、議論が続いて

いる地域である。

④一度始めた水田稲作を止めてしまう日本で唯一の地域である東北北部を取り上げる。この地の水田稲作文化を弥生文化とは見なさない研究者と、弥生文化と見なす研究者の両方が存在する。

⑤最後に縄文文化から弥生文化への移行期が意味するものについて考える。

1　弥生時代とは何か――画期をめぐる研究史

弥生式土器の発見と、石器時代との関係

前章でも述べた通り、一八八四（明治一七）年、のちに弥生式土器と名づけられる壺が、東京の向《むこう》ヶ丘《がおか》貝塚で発見された（図1）。この場所は長いあいだ特定されていなかったが、東京大学考古学研究室が近年行った調査で、現在の東京大学工学部九号館の近くである可能性が高いと推測されている。

二〇世紀に入ると、神奈川にある南加瀬《みなみかせ》遺跡の発掘調査によって、弥生式土器が縄文土器

図1　最初に見つかった弥生式土器１号復元複製品（原品：東京大学総合研究博物館）

が含まれる層よりも上の層から出土することが確かめられた。一九〇六（明治三九）年のことである。現在なら、縄文土器と弥生式土器の関係が層位的な上下関係で確かめられたわけなので、弥生式土器は縄文土器より新しいという結論がただちに導き出されることになるだろうが、当時はそうならなかった。

調査を行った八木奘三郎《そうざぶろう》は、弥生式土器が縄文土器と古墳時代の土器（祝部《いわいべ》土器）双方の特徴を持つことから、これを「中間土器」と呼んだ。そして、石器時代の終わりごろの日本に縄文土器と弥生式土器、祝部土器を使う三つの民族がいて、古墳時代の土器に近い特徴をもつ弥生式土器の使用者は、古墳時代の土器の使用者に集団的にも近いとの説を唱えた。すなわち、三つの土器は同時代に使用者を異にして用いられた土器だと理解したのである。

弥生式土器の使用者も石器を使っていた

しかし翌年、研究者を驚かせる調査が行われた。愛知の熱田高蔵《あつたたかくら》貝塚の調査で、弥生式土器と一緒に磨製石器や石鏃《せきぞく》が出土することが明らかになったのである。

この結果は、弥生式土器の使用者が「石器」を使っていたことを意味した。前章でも触れたように、弥生式土器の使用者は「鉄器」を使う天皇家の祖先の系統にあたると考えられていたので、祖先が石器を使っていたという結論は都合がよくない。何とか整合性を図る必要があった。そのようななかで、鳥居龍蔵が提出した説が「固有日本人論」である。

固有日本人論

鳥居龍蔵は、熱田高蔵貝塚で弥生式土器に付随した磨製石器類が、鳥居自身が調査した韓半島や、当時満州と呼ばれていた中国東北部で農耕を行っていた石器時代人が使っていた石器に似ていることに注目した。

そして、次のような説を発表する。いわく、弥生式土器の使用者は石器時代の日本に大陸から渡ってきた人びとであり、石器を使用する「固有日本人」である（「閑却されたる大和国」）。その後しばらく経ってから、固有日本人と故郷が同じで鉄器を使用する天皇家の祖先である「天津神《あまつかみ》」が大陸から渡ってくる。天津神が渡来したときの日本ではまだ弥生式土器が使われていたため、天津神が使っていた祝部土器と共通する特徴を持つに至った、というものである。

これは、考古資料の解釈を『記』『紀』にあてはめて行った典型的な例と言えよう。

中山平次郎の「中間時代」の土器

調査の進展にともなって、事態はふたたび変わる。今度は、弥生式土器を使っていた人びとが、金属器も使用していた可能性が出てきたのである。

一九一六（大正五）年、京都帝国大学医学部福岡医学校の教授だった中山平次郎は、福岡の板付《いたづけ》遺跡で出土した大形の素焼きで無文の土製の棺である甕棺《かめかん》内に、青銅利器が副葬されていることを発見する。甕棺とは、おおよそ高さが七〇センチメートル以上の棺を指すが、なかには一メートルを超えるものもあるので、二つの甕棺の口をあわせてつなげれば、遺体をまっすぐ伸ばした状態で葬る（伸展葬）ことができたと考えられる。甕棺はその特徴から弥生式土器と考えられていたので、板付遺跡の成果は弥生式土器の使用者が石器だけでなく、金属器も使っていたことを意味した。

そこであらためて弥生式土器と縄文土器、弥生式土器と祝部土器との関係が問題になった。発掘当時、青銅の剣・矛《ほこ》・戈《か》などの利器類や銅鐸《どうたく》は、鉄器を使用する人びとがいた古墳時代、つまり西晋や魏晋代以前に使われていたと考えられていたからである。

一連の調査成果を受けて中山が出した結論は、弥生式土器は石器時代と鉄器時代が重なっている時期に位置する中間時代の土器だというものであった（過渡期としての中間を意味するものであって、時間的に中間であることを意味しているわけではないことに注意）。彼は、この時代を金石併用段階として位置づけた。

時期差説の登場——『記』『紀』からの脱却

そして翌年、ついに土器の違いを集団差として捉える考え方の変更を余儀なくさせる研究が現れた。濱田耕作が一九一七（大正六）年に行った大阪の国府《こう》遺跡の調査である。縄文土器、弥生式土器、斎瓮《いわいべ》土器（まつり用の土師器《はじき》）が層位的に分かれて出土することを濱田は確認し、別々の時代の産物であると結論づけた（「河内国府石器時代遺跡発掘報告」）。

この調査の結果、明治以来の『記』『紀』に準じた解釈は姿を消し、土器の違いが時期差によるものであること、そして古い土器から新しい土器へと順に移行することが認識されることになったのである。

弥生式土器にコメがともなう

ほかにも同時期には、福岡の八女《やめ》市岩崎の貯蔵穴から弥生式土器とともに多量の焼米が出土したことを中山平次郎が報告、稲作が行われていた可能性を主張したり、山内清男《やまのうちすがお》が宮城の枡形囲《ますがたかこい》遺跡から出土した土器に籾《もみ》の圧痕があることを報告したりした。

これによって、弥生式土器を使っていた人びとは石器と鉄器を併用した、金石併用段階に属する稲作民であるという理解が広まることになる。

最古の弥生式土器と最新の縄文土器

昭和の初めごろには、九州北部の弥生式土器について、現在は弥生中期に比定されている須《す》玖《ぐ》式に相当する無文土器と、現在は弥生前期に比定されている板付式土器に相当する遠賀川《おんががわ》遺跡出土の有文土器があり、前者から後者へと時期的に変遷するという、今とは逆の変遷を想定する学説を中山が発表した。彼はそれぞれを第一系土器、第二系土器と呼んだ。

その後、中山の編年案に疑問を持った小林行雄は、第二系土器が兵庫の吉田《よしだ》遺跡などから出土する有文土器と同じ特徴を持つことに注目して、これを一つの文化相を持つ土器であるとして、遠賀川式土器と命名する。そして、遠賀川式土器に類似する大阪の安満《あま》遺跡から出土した土器を安満B類土器と名づけ、遠賀川式土器から安満B類土器への文化伝播を主張した。

また、近畿地方の弥生式土器が、安満B類土器から櫛目文様土器および精製無文土器、さらに粗製無文土器という順に変遷することを示し、安満B類土器を近畿最古の弥生式土器であるとも主張した。この結果、もっとも古い弥生式土器は遠賀川式土器であり、遅れて近畿に安満B類土器が出現、同時期に近畿でも弥生前期が始まるという理解が広まることになった。

山内清男によって、もっとも新しい縄文土器は隆帯文土器（現在の突帯文土器。口縁部や胴部の中位に全周するように断面が三角形やかまぼこ状の粘土紐を貼りつけた文様の土器）であると戦前から論じられており、なおかつ九州北部で突帯文土器と遠賀川式土器が一緒に見つかることも知られていたため、九州で突帯文土器と一緒に見つかる遠賀川式土器こそ最古の弥生式土器だという認識は、理解しやすいものだった。

この二つが一緒に見つかる遺跡を調査すれば、弥生式時代開始期の様相を解明することができるのではないか――。二種の土器は、縄文時代から弥生式時代への移行を知るための、まさに格好の材料だったのである。

「弥生式土器」の時代という独立した時代の設定と時期区分

縄文土器や祝部土器とは時期差を持つことが明らかになった弥生式土器だが、その使用段階が一つの独立した時代としてはじめて叙述されたのは、三澤章による日本古代社会の成立過程の分析においてである。彼は、唯物史観にのっとって、縄文土器が使われていた時代を狩猟採集の時代、弥生式土器が使われていた時代を生産経済の時代として、日本の原始・古代史のなかに位置づけた。

こうして、弥生式時代が一つの時代として位置づけられるに至った。一九三八（昭和一三）年には、森本六爾《ろくじ》と小林行雄によって、九州から北関東にかけての一三の地域をⅠからⅤ様式の五つに分類し、土器の実測図をまとめた『弥生式土器聚成図録』が制作・発表される。弥生式土器と縄文土器が接するⅠ期という区分が設定されたことで、縄文時代から弥生式時代への移行期という視点が具体的に出てくることになる。

前年に始まった奈良の唐古《からこ》遺跡の調査で、弥生Ⅰ期の文化内容が明らかになっていた。水田

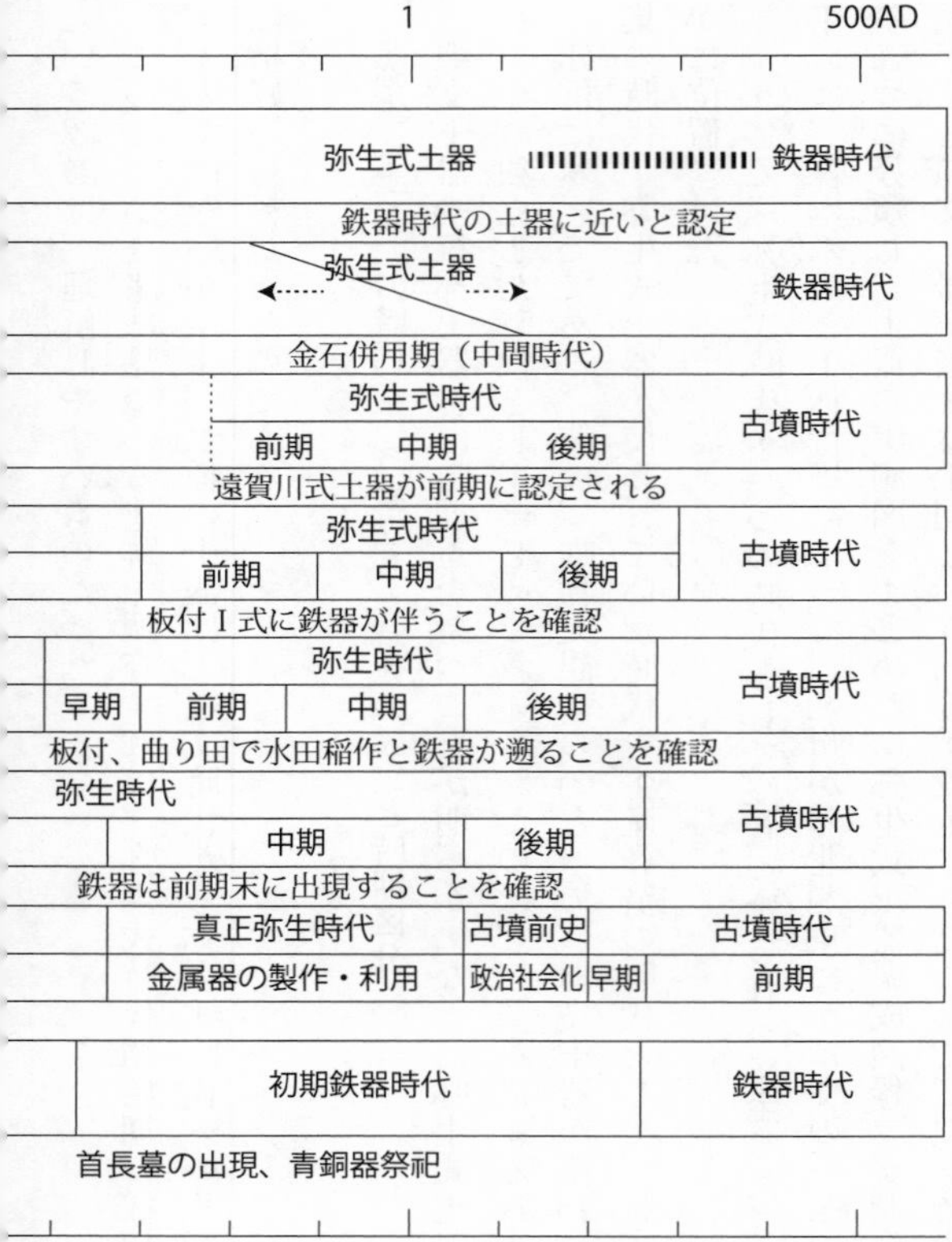

跡こそ見つかっていなかったが、木製農耕具やそれらを作るための工具類である大陸系磨製石器、稲穂を摘み取る石庖丁など、Ⅰ期から本格的な水田稲作が行われていたことを示す遺物が

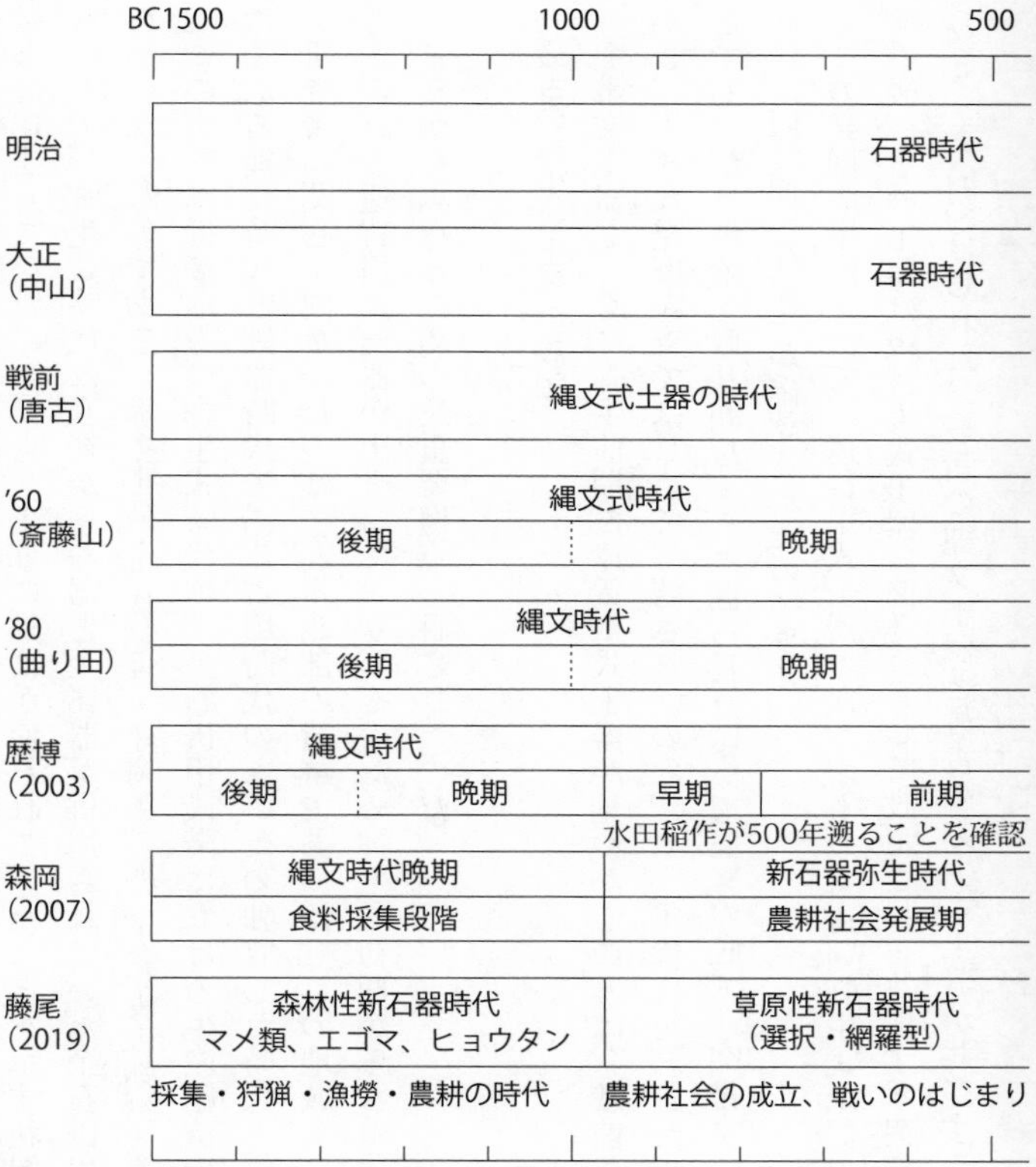
BC1500
1000
500
明治
石器時代
大正（中山）
石器時代
戦前（唐古）
縄文式土器の時代
'60（斎藤山）
縄文式時代
後期
晩期
'80（曲り田）
縄文時代
後期
晩期
歴博（2003）
縄文時代
後期
晩期
早期
前期
水田稲作が500年遡ることを確認
森岡（2007）
縄文時代晩期
新石器弥生時代
食料採集段階
農耕社会発展期
藤尾（2019）
森林性新石器時代
マメ類、エゴマ、ヒョウタン
草原性新石器時代
（選択・網羅型）
採集・狩猟・漁撈・農耕の時代
農耕社会の成立、戦いのはじまり

図2　年代観の変遷

数多く出土していた。しかも、Ｉ期に鉄器が使われていたことを示す状況証拠も見つかっていたことで、弥生式時代は当初から石器と金属器が併用されていた金石併用段階だったことが明らかになったのである（末永雅雄・小林行雄・藤岡謙二郎『大和唐古弥生式遺跡の研究』）。

このように近畿地方の弥生式時代は、金石併用段階における生産経済の時代として、石器時代である縄文時代と鉄器時代である古墳時代のあいだの独立した時代と位置づけられた。続いて研究者の関心が向かったのは、九州北部の遺跡であった。この地域では最古の弥生式土器と考えられる遠賀川式土器が出土しており、そのため弥生最初期から水田稲作が行われていたのかどうかを調べるための最重要拠点と目されたのだ。

最古の弥生式土器の設定

突帯文土器とともに弥生前期の遠賀川式土器が見つかることは、戦前から知られていた。しかし、正式な発掘調査ではじめて確認されたのは、五〇年代に行われた板付遺跡の調査でのことであった。集落を取り囲むように掘られた壕《ほり》（環壕）の底で、突帯文土器と遠賀川式土器の共伴（同時期の存在）が確認されたのである。

この発掘成果によって、遠賀川式土器のなかでも最も古い弥生式土器の実態が明確になった。その後、その土器は板付Ｉ式土器（図3）として設定され、共伴する突帯文土器は夜臼《ゆうす》式土器（図4）と名づけられた。最新の縄文土器と最古の弥生式土器が共存する、夜臼・板付Ｉ式共伴期の設定である（森貞次郎・岡崎敬「福岡県板付遺跡」）。

先述のように、共伴期には大陸系磨製石器や石庖丁、炭化米が存在していた。そのため、弥生式時代の当初から水田稲作が行われていたことが確定する。また、熊本の斎藤山遺跡で板付Ⅰ式土器と一緒に鉄器が出土することも確認された。すなわち、弥生式時代が始まった当初から、石器と鉄器がともに用いられる金石併用段階にあったことがよりいっそう周知されたのである（乙益重隆「熊本県斎藤山遺跡」）。

図3　板付Ⅰ式土器（板付遺跡）

図4　夜臼Ⅱ式土器（有田七田前遺跡）

共伴期の水田稲作があまりにも完成された姿をしていたので、研究者のなかには、すでに縄文時代晩期に原始的な水田稲作が始まっていて、その発展形が弥生前期の姿なのではないか、と考える者も少なからずいた。当時はマルクス主義的な発展段階論が一般的な時代だったので、「漸進的自立的発展段階論」という説明は魅力的だった。つまり、縄文人の自発的な発展により、弥生式文化が少しずつ成立していったという説である。

さかのぼる弥生式文化の要素と移行期

研究者たちは弥生式文化の起源を求めて、縄文晩期末の遺跡を対象とした調査を行うことにした。終戦直後ということもあり、長崎県の島原半島では食糧増産を目的とした開拓が行われていて、韓半島起源の支石墓が破壊されつつあった。これは緊急を要するということで、日本考古学協会のもとに設置された西北九州特別委員会の事業の一環として、長崎の原山《はらやま》支石墓群、山《やま》ノ寺《てら》遺跡、礫石原《くれいしばる》遺跡の調査が行われた。

調査の結果、山ノ寺遺跡から出土した突帯文土器（山ノ寺式）には、壺形土器や籾痕土器、石庖丁が共伴し、夜臼式土器よりも古いと位置づけられること、そして原山支石墓から出土した突帯文土器（原山式）は、板付I式土器をともなわず、山ノ寺式よりも新しいと位置づけられることがわかった。

調査成果をふまえて、山ノ寺式から原山式へという縄文晩期末の突帯文土器編年が確立する。それとともに、弥生式文化を構成する要素である紡績技術（紡錘車）、墓制（支石墓）、水田稲作の要素の一部（コメ、大陸系磨製石器）が、縄文晩期末にも断片的に存在することが確認された。

このことにより、弥生式文化を構成する要素が、縄文晩期末の段階に現れ、年代をたどるにつれて少しずつ増えていき、弥生前期初頭の夜臼・板付Ⅰ式共伴期にすべてそろうというプロセスが明らかになったのである。

こうした状況を森貞次郎は次のように総括した。少し長いが引用する（「島原半島（原山遺跡・山ノ寺遺跡・礫石原遺跡）、唐津市（女山《ぞやま》遺跡）」、一〇頁。旧字・旧かなづかいは改めた）。

これまで、九州の弥生式文化を構成する重要な文化要素を、定形化された土器、大陸系磨製石器を含む農工具、米、紡錘車、金属器、支石墓などの組み合わせに求めた。ところが、本調査を通じて縄文後期の土器の強い伝統をもつ縄文晩期の土器が、一転して弥生式土器として定形化する以前に於《おい》て、弥生式文化を構成する有力な組み合わせの要素の一部がすでに認められる。大陸系磨製石器の農工具はまったく姿をあらわさないが、縄文の伝統の強い打製の短冊形の農耕石器が盛行し、支石墓の墓壙《ぼこう》は縄文の伝統である極短な屈葬が守られている。弥生前期にはすでに高度な技術をもつ農耕文化があったことから、それに先だってある程度の農耕が存在したことは当然考えられることであるが、弥生式文化の成立の過程は意外に複雑で、決して短い時期に一挙にして成立したといったものではなく、弥生式文化を構成する幾つかの要素が積み重ねられていき、それらが緊密に組み合わされて、完全な形を備えた時が弥生式文化の発生の時期と見られるのではあるまいか。

「弥生文化を構成するいくつかの要素が積み重ねられ、それらが緊密に組み合わされることで完全な形を備えたときが、弥生文化のはじまりである」という森の主張は、序章で触れた近藤義郎による時代区分の定義をふまえた議論、すなわち、その時代のもっとも「特徴的で、重要で、普遍化していく考古資料」が、その後途切れることなく、出現した時点をもってその時代の始まりとするという話と共鳴するものであろう。

こうした議論を経て、縄文から弥生への移行期とは、弥生文化を構成する要素の一部が現れる縄文晩期末から、最古の弥生式土器が成立するまでであり、弥生時代のはじまりは、板付Ⅰ式土器が出現する弥生前期初頭に求められる、と広く理解されることになった。

縄文晩期末の水田稲作

火山灰台地という地形上の特徴を持っていた島原半島に比べて、玄界灘《げんかいなだ》沿岸地域の平野部には、水田稲作を行うためにより適した低地が広がっていた。そこで、研究者たちは縄文晩期の水田稲作の証拠を求め、同地で調査を実施した。

佐賀の宇木汲田《うきくんでん》貝塚の調査では、板付Ⅰ式土器をともなわない夜臼式土器がはじめて確認され、壺形土器、炭化米、石庖丁が一緒に出土することがわかった。この時期は、夜臼式単純期と理解された（九州大学文学部考古学研究室編「北部九州（唐津市）先史集落遺跡の合同調査」）。

この重要な成果が、縄文晩期末の水田稲作の発展形として弥生前期初頭の水田稲作が完成するという発展段階論を支えるものなのか、あるいは縄文の水田稲作はあくまで補助的な役割に留まることを示すものなのか、検証されることが期待された。しかし、なぜかその調査報告は『九州考古学』誌への概報の掲載に留まり、正式な発掘調査報告書が刊行されなかったため、九州北部以外の研究者に周知されることはなかった（その結果については後述する）。

六〇年代の時代区分

いったん、ここまでの議論を整理しよう。

森貞次郎も述べていたように、六〇年代には、弥生式時代は板付Ⅰ式土器が成立する弥生前期初頭に始まるとされていた。いわく、水田稲作自体は縄文晩期末の夜臼式単純期に始まっていた可能性もあるが、まだ弥生式文化として完全な形を備えていなかった。その後少しずつ弥生式文化を構成する要素が集まっていき、緊密に組み合わさって完全な形を備えたのが板付Ⅰ式土器の成立時であり、その時点をもって弥生式時代が始まる。

これはつまり、弥生式時代は水田稲作が始まるときではなく、水田稲作が定着し、弥生文化が完全な形を備えたときに始まるという理解にもとづく歴史観である。

弥生式時代の開始年代

それでは、弥生式時代の年代については、これまでどのように考えられてきたのだろうか。

弥生式時代の年代考証のスタートは、大正時代にさかのぼる。九州の甕棺に副葬される前漢鏡を根拠にしたもので、紀元前一世紀という年代が想定されている。前漢の武帝が紀元前一〇八年に韓半島北部に設置した楽浪郡の存在が、日本に前漢鏡がもたらされた契機と考えられるため、それをともなう甕棺も必然的に前二世紀末以降のものということになる。そしてこの年代観は、弥生式時代の開始年代を考える上での重要な定点となっていく。

しかし、当時はまだ弥生式土器の編年自体ができていない段階なので、あくまでも弥生式時代のあるポイントが前二世紀末〜前一世紀ごろに含まれるということしか言えなかった。まして や弥生式時代が何世紀に始まったのかについては、想像することすらできなかっただろう。

弥生式時代の開始年代について実証的に考えられるようになるのは、奈良にある唐古遺跡の調査以降である。この調査によって弥生式土器の編年が確立し、前漢鏡が副葬されていた須玖式甕棺は弥生編年の中期(唐古遺跡出土土器の編年で言うとⅡ〜Ⅳ期)、すなわち弥生式時代の真ん中に位置づけられることが明らかになる。

当時、小林行雄の学説により、古墳の出現年代は三世紀後半ごろと考えられていた。そこで、弥生のはじまりについては、先に定点として挙げた弥生中期を折り返し点として、古墳の開始年代までの期間と同じスパンだけ巻き戻した前三〜前二世紀ごろと予想された。

遺跡名	試料名	測定機関番号	土器型式	炭素14年代	杉原荘介による補正	佐原真による補正	備考
板付遺跡	木炭	Gak-2358	板付Ⅰ式	2400±90	450±90	477±90	前360年
板付遺跡	貝殻	Gak-2360	板付Ⅰ式	2560±100	610±100	668±100	
宇木汲田貝塚	木炭	Kuri-0053	夜臼Ⅱa式	2370±50	420±50	442±50	
宇木汲田貝塚	木炭	Kuri-0054	板付Ⅰ式	2240±50	290±50	289±50	前290年

図5　1960～70年代の炭素14年代と補正値

また、Ⅰ期から鉄器があることは唐古遺跡の状況証拠からわかっていたので、すでに鉄器時代に入っていた中国の秦・漢代と同じころに、弥生式時代が始まったのではないかという予想もあった。

このような状況のなか登場したのが、先にも述べた炭素一四年代測定法である。

炭素一四年代による弥生開始年代

一九五一～五四年にかけて調査が行われた板付遺跡や六四年に調査が行われた宇木汲田貝塚で出土した炭化米やカキ殻を試料に、β線計数法による炭素一四年代測定が行われた（図5）。最新の縄文土器とセットで出土する最古の弥生式土器の年代がわかれば、弥生式時代が何世紀に始まったのかを知ることができると期待された。

ただし、このとき得られた炭素一四年代には方法的な間違いが二つあったことが今ではわかっている。一つは試料の時期比定が厳密ではなかったこと、もう一つは炭素一四年代を較正年代に変換する方法が日本ではあまり知られていなかったことである（詳細は『弥生時代の歴史』を参照）。この影響を受け、紀元前三〇〇年ごろに弥生式時代が始まるという説が長いあいだ流布することになる。その後、弥生の開始年代が科学的かつ厳密なものになるまで四〇年近い歳月を要することになった。

2 弥生式土器から水田稲作へ——弥生時代の指標の変化

指標の変更

ここから話はふたたび指標をめぐるものとなる。弥生式土器が弥生式時代の指標だと考えられるようになって四〇年以上経った一九七〇年代に、指標を弥生式土器から水田稲作に変えようという動きが巻き起こったのだ。

土器では時代を区別することが難しいと考えるようになっていた佐原真が、「食糧生産を生活の基本とする時代」を弥生式時代と考えるとともに、弥生式の「式」をとって弥生時代、弥生文化、弥生土器と呼ぶことをあわせて提案した（「農業の開始と階級社会の形成」）。

たとえば最後の縄文土器である夜臼式土器と最古の弥生土器である板付I式は、甕の場合は見た目がまったく異なるので容易に区別することができるが、壺だとやや難しい。さらに弥生土器と古墳時代の土師器の区別となると、線引きすることはかなり難しい状況にあった。

佐原の提案は大胆なものだったが、そのことによってどこからが弥生時代かという時代区分の議論に影響が出ることはなかった。水田稲作のはじまりと板付I式の出現が同時だったという認識に変更はなかったからである。したがって、弥生時代が前三〇〇年に始まるという理解はそのままであった。宇木汲田貝塚の夜臼単純層で見つかった水田稲作の証拠が議論に影響を与えることもなかった。

板付縄文水田の発見

一九七八（昭和五三）年、板付遺跡で世紀の大発見があった。ついに縄文土器が出土する水田が見つかったのである（図6）。その水田は、最古の弥生土器である板付I式をともなわずに突帯文土器しか出てこない時期、すなわち縄文晩期最終末の突帯文土器単純段階のものだった。

一九六四年に行われた宇木汲田貝塚の調査で、突帯文土器単純段階の炭化米や石庖丁は見つかっていたものの、水田跡自体が見つかったのは今回が初であった。この発見によって、縄文晩

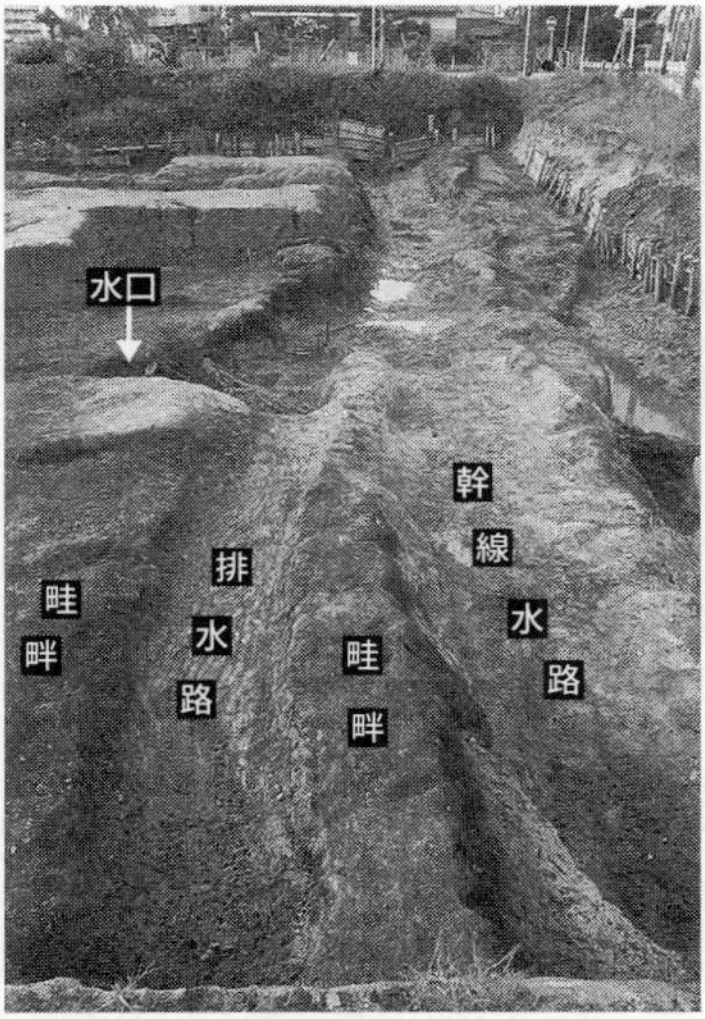

図6　板付遺跡で見つかった最古の水田にともなう幹線水路

期最終末の人びとが水田稲作を行っていたことは間違いなくなった。

続いて、佐賀県唐津市の菜畑《なばたけ》遺跡で縄文晩期突帯文土器単純段階の水田跡（図7）と農工具一式（図8）が、さらに福岡県糸島市の曲《まが》り田《た》遺跡でも突帯文土器単純段階の鉄（図9）が次々に見つかり、「イネと鉄」の時代と言われていた弥生文化の主要な要素が、縄文時代の最終末に存在していたことが確実視されたのである。

突帯文土器単純段階の水田稲作を何時代の出来事と捉えるか、議論百出の末、研究者たちは

図7　佐賀・菜畑遺跡で見つかった水田の矢板列

図8　菜畑遺跡で見つかった農工具類と武器

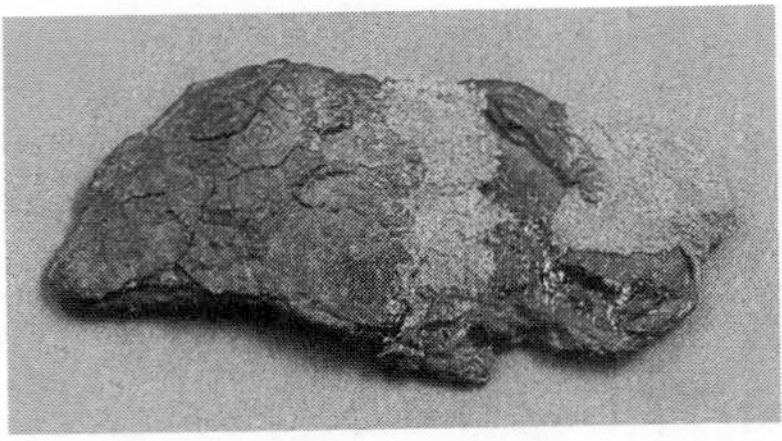
図9　福岡・曲り田遺跡で見つかった鋳造鉄斧片

真っ二つの立場に分かれた。九州北部の研究者に多かったのは、「縄文時代の水田稲作」という認識である。縄文時代の終わりに日本の水田稲作は始まり、さらに鉄器も使っていたという理解だ。したがって弥生時代が始まったのは前三〇〇年のまま、ということになる。

九州北部の研究者の大部分は、弥生時代は「弥生土器の時代」という歴史観を遵守する立場だったので、水田稲作の開始が突帯文土器単純段階にさかのぼったところで、弥生土器が縄文土器に変わることはないと考えた。そもそも先述したように、宇木汲田貝塚の調査で、突帯文土器単純段階に水田稲作が行われていたことを確認していたわけなので、何を今さらという反応だったようである。

一方、先述した佐原は、これを「弥生時代の水田稲作」と理解した。彼は自身の定義にしたがって、水田稲作が始まった時期を弥生先Ⅰ期（弥生早期）とし、弥生時代が始まった年代も、前三〇〇年から土器二型式分古い、前五～前四世紀にさかのぼるとしたのである（「弥生土器入門」）。

板付縄文水田を調査した福岡市教育委員会の山崎純男は、弥生早期を夜臼Ⅰ式土器、夜臼Ⅱ式土器の二型式の段階に分け、さらに夜臼Ⅱ式土器の段階を板付Ⅰ式土器と共伴しないa式段階と共伴するb式段階に細分した（「弥生文化成立期における土器の編年的研究」）。

指標の違いと移行期との関係

さて、最古の弥生式土器である板付I式土器と水田稲作、どちらが弥生時代を画する指標としてふさわしいのかという議論はいったんおいておくとして、指標の違いが移行期の捉え方とどのように関わってくるのかをまずは考えてみよう。

板付I式土器を弥生時代の指標とした場合、それは弥生時代が完成した到達点とみることができる。水田稲作が始まったのち、社会や文化が農耕社会として定型化したことを示す象徴として、板付I式土器を位置づけられるからである。この見方に立てば、水田稲作の開始が起点、板付I式土器の成立が到達点となり、起点と到達点とのあいだが縄文時代から弥生時代への移行期となる。この移行期が「弥生早期」に相当することは、重要なので覚えておいてほしい。

この移行を具体的にみることができるのが甕形土器の変遷である。

水田稲作が始まったころの土器は板付I式土器に先行する突帯文土器で、その種別は板付I式土器と同じ壺、甕、高坏《たかつき》である。このうち、板付I式土器ともっとも見た目が異なるのが調理用の甕と盛り付け用の高坏だ。

板付I式の甕は、韓半島青銅器時代前期の甕がルーツ（祖型甕）であり、日本で水田稲作が始まったときからその原型がみられるようになる。そして祖型甕の口縁部が次第に外側に反り返るように開いていって（如意《にょい》状口縁化）、板付I式甕が成立する。このように、祖型甕が突帯文土器の器種構成に加わり、板付I式土器が完成するまでのあいだを土器の移行期とみることができる（図10）。

対して、水田稲作を指標とした場合はどうか。かつては、弥生早期以前の縄文後・晩期に畑稲作などを行っていた段階が存在して、やがて水田稲作へと発展していったと考えられていた。したがって、縄文後・晩期農耕が始まった時点を起点とし、水田稲作が始まる突帯文土器段階を終点とするという考え方が可能だった。この場合、縄文後・晩期農耕の期間が移行期にあたる。弥生時代という新しい時代のスタートにあたって、縄文人が主体的な役割を果たしたのだという「縄文主体論」を支持する立場と言えるだろう（ただし現在の研究では、レプリカ法によって、九州北部における縄文後・晩期の穀物栽培を主張する仮説は基本的に否定されている。レプリカ法とは、土器の表面にみられる細かい凹みに、何がついていた痕かを調べる方法である。シリコンで凹みの型をとり、その凹みについた模様から種を同定する）。

以上のように、弥生時代の指標が土器から水田稲作へと変わると、移行期の起点と終点がずれてくる。水田稲作を指標とするなら、縄文後・晩期に行われていた穀物栽培の開始から水田稲作の開始までが移行期であり、指標が板付Ⅰ式土器なら、祖型甕の出現から板付Ⅰ式の成立までが移行期となる。土器型式で言うと、移行期は縄文後・晩期の土器から山ノ寺・夜臼Ⅰ式まで、あるいは山ノ寺・夜臼Ⅰ式から板付Ⅰ式までということになる。

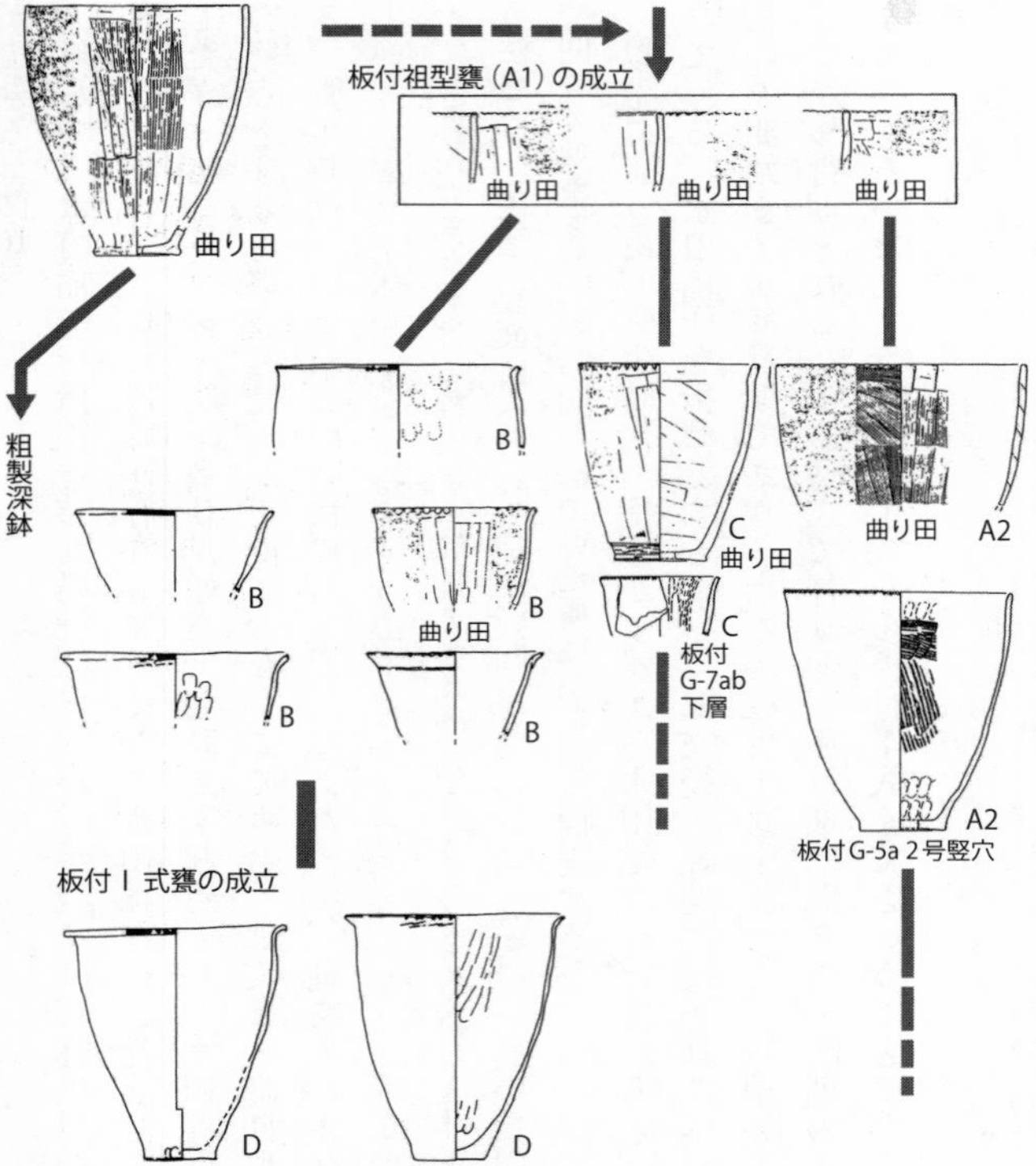

図10　板付Ⅰ式甕（D）の成立過程
A1，A2，B，Cは祖型甕の細分を表す

時代区分の類型

これまでの時代区分に関する考え方は、大きく四類型に整理できる。まずは指標の数が単独か複数かという数にもとづく区分、次にその指標が出現するときか、それとも定着・普及するときかという時間的区分。この二つの視点をかけ合わせた四つの組み合わせである。

単独の指標の代表が水田稲作である（とは言っても、ほとんどは明らかな水田跡ではなく、農工具や大形壺などの複数の指標の組み合わせで水田稲作が始まっているのかどうかを判断しているのが実状だ）。水田稲作が普及・定着していたのかどうかの判断基準は二つある。一つは広がりの程度を問うもので、玄界灘沿岸地域だけで行われている段階は普及しているとはせず、西日本全体、つまり近畿まで広がった時点で普及したと認める。もう一つの基準では、玄界灘沿岸地域で水田稲作が始まっただけではダメで、結果的に社会が質的に変化して農耕社会が成立した時点をもってはじめて弥生時代と認める。この場合は、環壕集落の成立や戦いのはじまりが社会の質的変化を示す考古学的な指標となる。

福岡平野にみられる水田稲作のはじまりと普及・定着

では実際には、水田稲作のはじまりと普及・定着という現象は、考古学的にどう検証されてきたのだろうか。

日本で最初に水田稲作が始まった福岡・早良平野を例にみていこう。同地で板付縄文水田を発掘した山崎純男は、板付I式土器が成立する前、すなわち突帯文土器単純段階当時の技術で水田にすることが可能な福岡・早良平野の土地は、そのほとんどが水田化されていることを確かめた。その上で、そのように日本の水田稲作が盛んになった時期を、彼は弥生早期と解釈している（「福岡・早良平野における弥生時代開始期の遺跡」）。

当初は弥生早期の存在自体を認めていなかった山崎が早期説を容認したことの意味は大きい。山崎の調査結果は、弥生早期のあいだに福岡平野内に水田稲作が広まったことを示している。実際に水田稲作が福岡平野を出て大阪湾沿岸まで広がるのは、弥生前期の中ごろのことだ。したがって、近畿まで水田稲作が広まってからはじめて弥生時代と認定するという考えでは、板付I式土器の段階でさえ縄文晩期に含まれてしまう。そうなると、板付I式土器から弥生時代としてきた研究史とも齟齬《そご》が生じてしまうことになる。

一方、農耕社会の成立をもって弥生時代とするという考え方に立つとどうかと言えば、やはり弥生早期説を認めざるを得ない状況となっている。環壕集落や戦いの痕跡が、水田稲作のはじまりよりも一〇〇年ほど遅く、板付I式土器よりも古い突帯文土器単純段階にみられることがわかっているためである。

以上のように、水田稲作の出現あるいは水田稲作の普及・定着のどちらをとるとしても、弥生時代が突帯文土器単純段階に始まることに変わりはないので、弥生早期を認めざるを得ない。

水田稲作開始年代のさらなる遡上

二〇〇三年五月、筆者が所属する国立歴史民俗博物館（歴博）の炭素一四年代測定チームは、日本考古学協会総会研究発表において、弥生早期の土器に付着した炭化物や水田沿いの水路に打ち込まれていた杭を炭素一四年代測定した結果、九州北部における水田稲作が前一〇世紀に始まっていた可能性があることを発表した。

それにともなって、環壕集落の出現は前九世紀中ごろ、板付Ⅰ式土器の成立は前八世紀前葉、弥生前期と中期の境目が前四世紀ごろになるので、弥生早期の存続幅が約一・五倍、弥生前期にいたっては約二・五倍と大幅に長くなる。しかし、開始年代が古くなっても弥生前期の土器型式の数は板付Ⅰ式、同Ⅱa式、同Ⅱb式、同Ⅱc式の四つで変わらないので、一つひとつの土器型式の存続幅が従来の三〇～五〇年から、三〇～一七〇年と極端にバラバラになることを意味していた。

このことは、水田稲作が始まってから農耕社会が成立するまでの時間と、水田稲作が近畿まで広がる時間が大幅に長くなることを意味していた。すなわち、縄文文化から弥生文化への移行期間が、従来想定されていたよりも長期に及んでいたことがわかったのである。

紀元前一〇世紀水田稲作開始説の意味

縄文文化から弥生文化への移行期間が長かったということは、各地の縄文人が水田稲作をなかなか受け入れず、始めようとしなかったという意味であり、農耕社会を成立させるまでに時間を要したという意味でもある。なかには中部・関東南部のように移行期間が五〇〇年に達する地域もある。

移行期間が長くなった地域について、どこから弥生文化と認めるべきなのか、研究者の意見はさまざまでまだ統一された見解はない。

移行期の継続期間が異なる三つの地域

ここまで、弥生時代のはじまりをめぐる研究史を概観してきた。次節からは、具体的な地域ごとの研究を取り上げて、縄文から弥生への移行の内実にさらに迫ってみたい。

まずは九州北部玄界灘沿岸地域にある福岡・早良平野である。アワ・キビ栽培を行うことなく、いきなり水田稲作を日本で最初に始めたとされる地域だ。この地域の移行期は、そのまま縄文時代から弥生時代への時代区分に相当する。

二つ目は、本州内でもっとも水田稲作のはじまりが遅いとされる中部・関東南部である。この地域は水田稲作を始める前に五〇〇年あまりアワ・キビを栽培していることから、この期間を弥生文化とするか、縄文文化とするか、意見が分かれている。

三つ目に、水田稲作を始めてから三〇〇年あまりで水田稲作を止め、以後、古代まで農耕自体を行うことがなかった東北北部をみていく。この地域は九州北部と同じく、アワ・キビ栽培という過程を経ずに水田稲作を始める。

各地にもともと存在した採集・狩猟民は、まったく異なる新しい生活へと向かう過程で、どのような変化をたどってきたのであろうか？

3 水田稲作はいかに始まったか——九州北部

縄文晩期最終末の遺跡分布

前節の終わりに述べたように、日本でもっとも早く水田稲作が始まった地域は、玄界灘の沿岸地域である。この地域に所在する福岡・早良平野において、水田稲作がどのように始まり、広がっていったのか、本節でみていくことにしよう。

図11は、福岡・早良平野における縄文時代後・晩期の遺跡分布図である。東から糟屋《かすや》平野、福岡平野、早良平野が、博多湾に流れ込む河川の下流域に広がっている。

隣接しているこの三つの平野であるが、実は糟屋平野と福岡・早良平野とは土器の地域色が大きく異なる。突帯文土器段階を例に説明すると、糟屋平野の突帯文土器は、日本最古のイネ籾の証拠が見つかった島根の板屋《いたや》Ⅲ遺跡と同じ前池《まえいけ》式土器分布圏に属し、そのもっとも西の端に位置する。

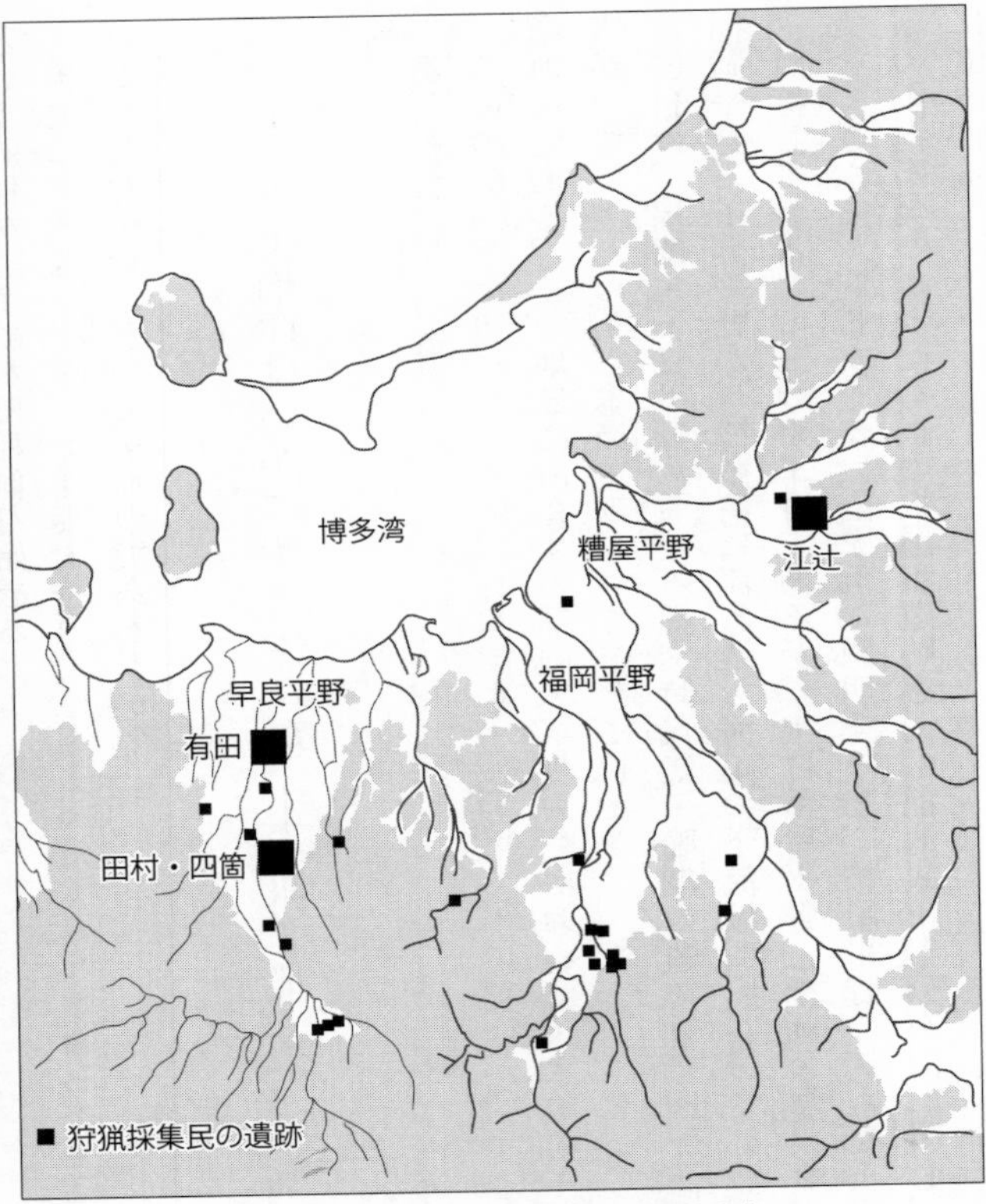

図11　縄文後・晩期における福岡・早良平野の遺跡分布

一方、福岡平野や早良平野の土器は、九州でも西側に多い山ノ寺・夜臼I式土器の分布圏に属している。両者は同じ突帯文土器だが、深鉢の器形や器種構成に違いがみられる。

前池式土器分布圏では、アワ・キビ栽培の後に水田稲作が始まるのに対して、山ノ寺・夜臼I式土器分布圏では、最初から水田稲作が始まるという違いもある。実際、糟屋平野では、江《え》辻《つじ》遺跡の調査の結果、晩期最終末の前池式土器に併行する突帯文土器にアワ・キビの圧痕が見つかっていることから、晩期最終末にアワ・キビ栽培が行われていた可能性も指摘されている。

図11をみてまず気づくのは、この時期の福岡平野の下流域は、遺跡がほとんどみられない空白地域になっているということである。有田の台地上に有田遺跡が見つかっているほかには、山塊に接する中・上流域にちらほらみられる程度だ。

約七〇〇〇年前の縄文前期、現在よりも気温が年平均で三度も高くなる現象が起きていた。それにともなう海水面の上昇によって、海が内陸まで入り込むようになった。いわゆる「縄文海進」である。福岡平野の下流域に縄文人が住んでいたのは、その縄文海進以前であることがわかっている。縄文海進以前は海水面が現在よりもかなり低く、また堆積土が平野を厚く覆う前だったので、そのころの遺跡が現在の地表面から約六メートルも下で見つけられることも珍しくない。

一方、この地域の縄文人が暮らしていた河川の中・上流域は、下流域に比べると山や森、河川など、複数の生態系が交わっている環境だった。そのため、採集・狩猟民にとっては、多種類の食料を採集するのに適していた。

早良平野では、四箇《しか》遺跡や田村《たむら》遺跡といった縄文後・晩期のむらが中流域に営まれていたことが調査によって明らかにされ、アズキなどの栽培植物も見つかっている。

弥生早期の遺跡分布

福岡の早良平野が列島のほかの地域と異なるのは、アワ・キビ栽培の過程を経ることなく、水田稲作が始まることである。

前一〇世紀になると、それまで人が住んでいなかった福岡平野の下流域に水田稲作を行うむらが出現する（図12）。板付遺跡、那珂《なか》遺跡、雀居《ささい》遺跡などが、水田稲作を行うために下流域に造られたむらである。

今のところ、早良平野でもっとも古い水田稲作民のむらは、早良平野にある有田七田前《ありたななたまえ》遺跡や橋本一丁田《はしもといっちょうだ》遺跡である。有田七田前遺跡では住居跡こそ見つかっていないが、流路から大量の土器や石器が出土している。土器のなかには晩期最終末の黒川式土器や弥生早期の突帯文土器、そして弥生早期に併行する韓半島南部のソングンニ式土器などの土器群や、水田稲作にともなう大陸系磨製石器などが出土していることから、灌漑式水田稲作が行われていたと考えられる。

一九八五年に、筆者ら九州大学九州文化史研究施設の面々が発掘調査を行った際、土器や石

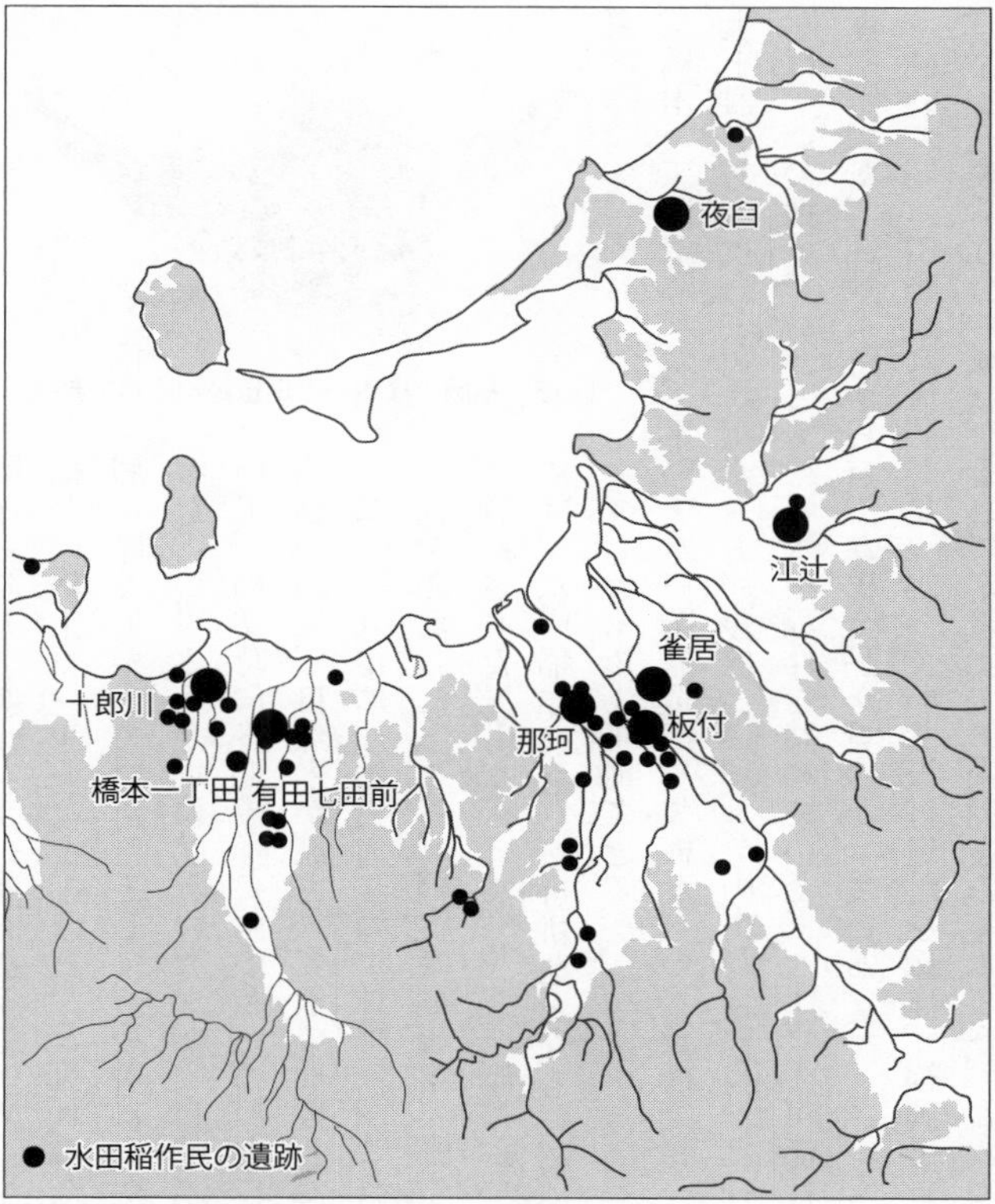

図12　弥生早期の福岡・早良平野の遺跡分布

図13　福岡・橋本一丁田遺跡出土の方形浅鉢

器などの人工遺物を含む層（遺物包含層）の下に、砂よりも粒度が細かい粘土やシルトなど、ほとんど流れのない水たまりに堆積する層が厚く堆積していた。そして、そのなかから大量の自然木が出土した。このような堆積状況のなかから自然木が見つかったことについて、縄文時代後期後半の雨の多い冷涼期に活発化した河川の堆積活動の結果、自然木が流されてきて堆積したと考えた。

二〇一九年に、中央大学の小林謙一がこれらの自然木の炭素一四年代を測定したところ、縄文晩期後半〜弥生早期の木材であることが確認された。したがって、早良平野において水田稲作が始まる前には、水田稲作に適した可耕地となるための堆積（沖積化）が進行していたものと推測できる。

橋本一丁田遺跡では、水路・水田関連遺構や矢板などの木製構築物、現状でもっとも古い弥生土器である夜臼I式に属する方形浅鉢（図13）が出土している。これら早良平野の一連の遺跡は、この地域でもっとも早く水田稲作を始めていたグループの可能性がある。あるいは、糟屋平野でも、江辻遺跡から有力な出土品が見つかっている。

続いて、水田や竪穴住居が見つかっている板付遺跡を例に、福岡平野における水田稲作のはじまりと農耕社会の成立、そして定着までの過程をみてみよう。これこそが日本列島における縄文時代から弥生時代への転換の実態だと信じるに足る、決定的な発掘結果である。

最古の農村——福岡市板付遺跡

板付遺跡はJR博多駅の南約六キロメートルにあり、北・中・南という三つの台地とその周辺の低地に営まれた遺跡である。先述したように、一九七八年に見つかった縄文水田で有名な遺跡だ。図14に北台地と中央台地の遺構配置図を示した。もっとも有名な遺構は、中央台地に造られた環壕集落と台地の南西側の低地に造られた、いわゆる縄文水田である(図15)。

板付遺跡に水田稲作民が現れたのは前一〇世紀後半のことだ。そのときの遺構が、北台地に造られた集落と、中央台地南西側の低地に拓《ひら》かれた水田である。これまで板付遺跡の開始期の遺構は水田だけが知られていたが、北台地上に造られた集落が近年の調査で明らかになった(図16)。

北台地は中央台地の北一〇〇メートルのところにある。円形の竪穴住居一棟、四本以上の柱を地面に穴を掘って建てた掘立柱建物三棟、円形に溝をめぐらした周溝遺構一基、素掘りの穴を掘って遺体を葬った墓坑、種籾などを土器に入れて取っておくための貯蔵穴が検出された。

円形の周溝遺構は家畜を飼っていた場所ではないかと推測されている(山崎純男『最古の農村・板付遺跡』)。円形の竪穴住居は、当時の韓半島南部に特有な、中央の炉を挟んで二本の主柱で棟を支えたソングンニタイプの住居であり、一間×三間の細長い掘立柱建物も、韓半島南

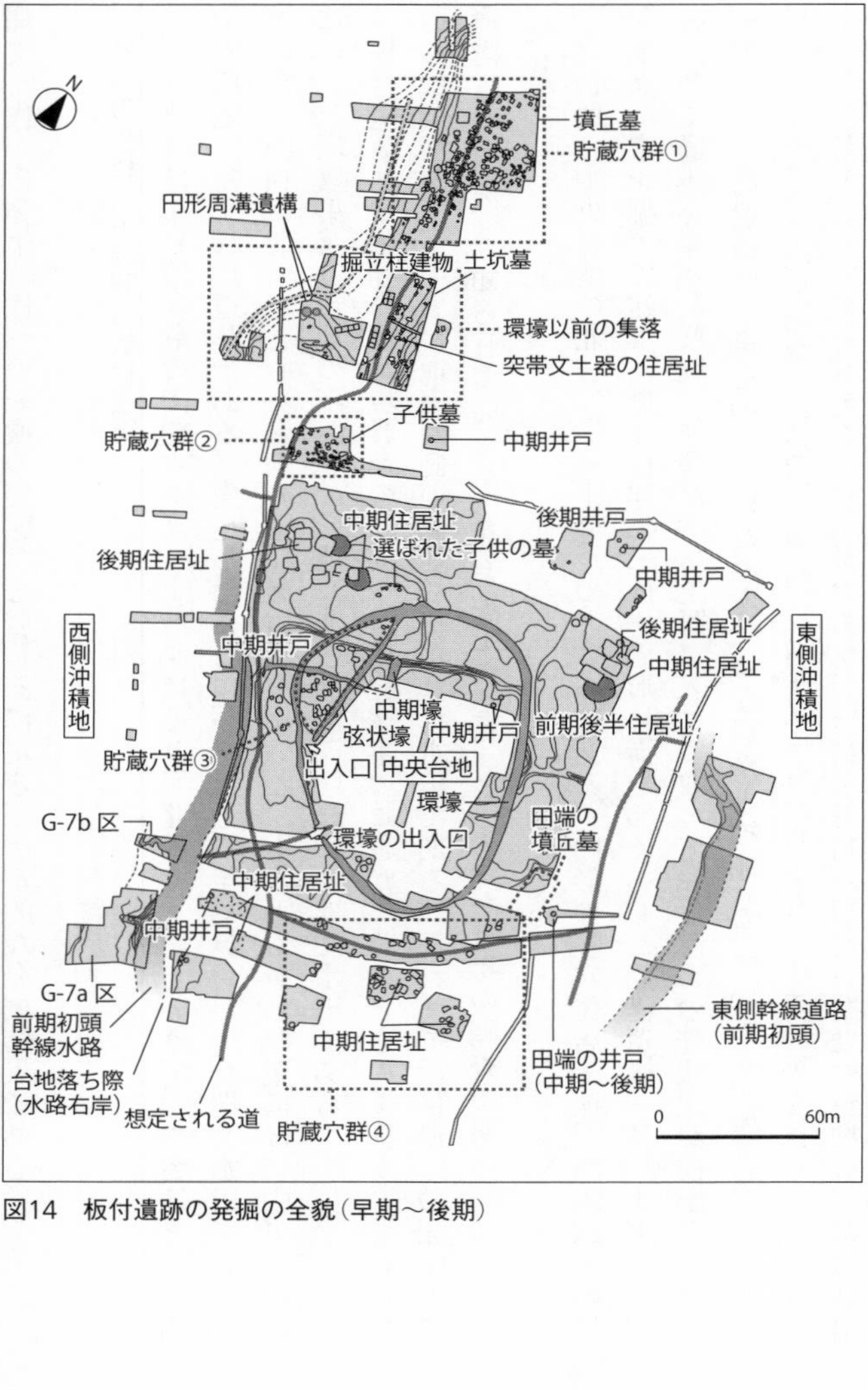
墳丘墓
貯蔵穴群①
円形周溝遺構
掘立柱建物
土坑墓
環壕以前の集落
突帯文土器の住居址
子供墓
貯蔵穴群②
中期井戸
中期住居址
後期井戸
選ばれた子供の墓
後期住居址
中期井戸
西側沖積地
東側沖積地
中期井戸
後期住居址
中期住居址
中期壕
弦状壕
中期井戸
前期後半住居址
貯蔵穴群③
出入口
中央台地
環壕
G-7b 区
環壕の出入口
田端の
墳丘墓
中期住居址
中期井戸
G-7a 区
前期初頭
幹線水路
台地落ち際
(水路右岸)
想定される道
中期住居址
貯蔵穴群④
東側幹線道路
(前期初頭)
田端の井戸
(中期〜後期)
0
60m

図14　板付遺跡の発掘の全貌(早期〜後期)

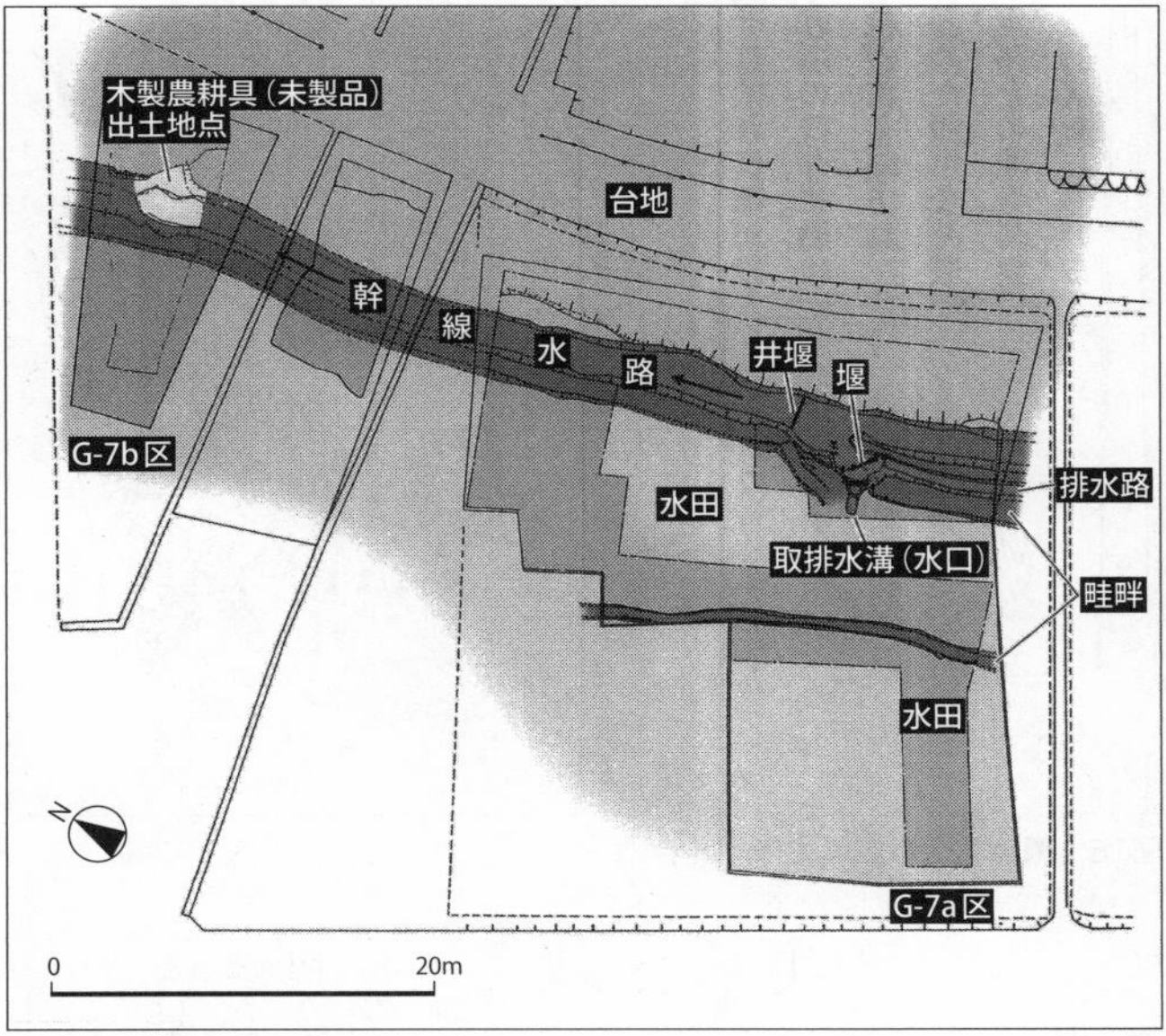

図15　弥生早期の水田構造

部の孔列文土器にともなう掘立柱建物を彷彿《ほうふつ》とさせる。この生活の場が、いわゆる縄文水田を営んでいた人びとが暮らしていたむらなのかどうかは、現状ではまだよくわかっていない。

水田

水田は中央台地の西南側の低地に拓かれている。台地に沿って南から北へ向かって幹線水路を掘り、五〇メートル間隔で堰《せき》を設けることで水田に水を引き込む、いわゆる給排水型の乾田である（図15）。

水を水平に保つために高度な土木技術が必要な大区画水田で、一区画の面積は三〇〇～五〇〇平方

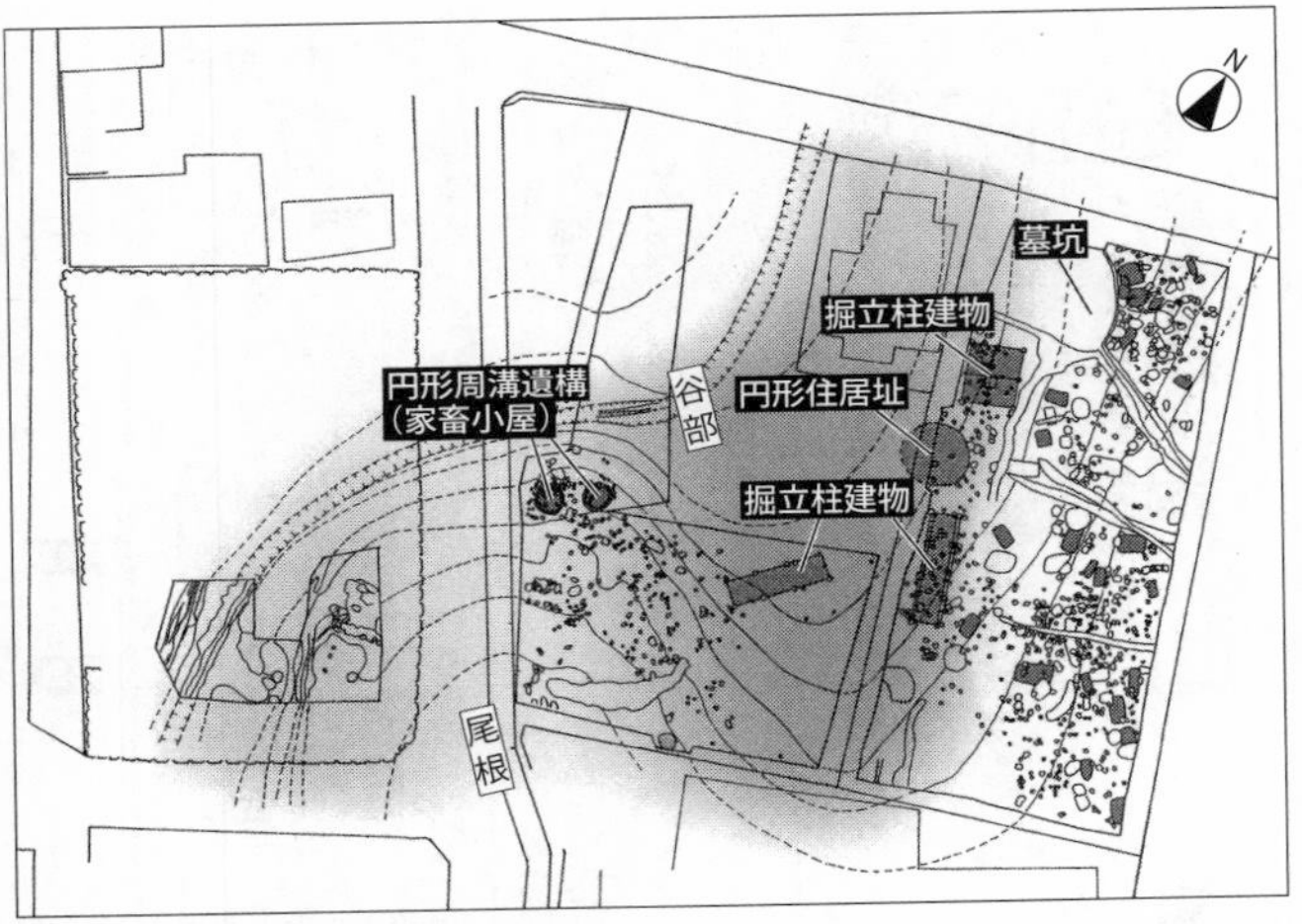

図16　環壕集落以前の集落（北台地）

メートルである。畦《あぜ》は土盛りなので、崩れないように補強するための矢板や、矢板を支える杭など大量の木材が使われている。鉄器がまだなかったので、石斧だけで大量の木材を切り出し、加工して設置したのだろう。人びとの労力たるや、かなりのものであったと思われる。

出土品には、樹木を伐採するための太型《ふとがた》蛤刃《はまぐりば》石斧、切り出した樹木を加工する柱《ちゅう》状《じょう》抉入《えぐりいり》片刃石斧、木製農具の細部加工用の扁平片刃石斧などの工具類、穂摘み用の石庖丁、水田を耕すための木製の鍬《くわ》や鋤《すき》などもそろっている。

この水田が見つかるまで、研究者が推定していた弥生時代開始期の水田のイメージは「低地を利用した湿田に直播き」というもので、灌漑施設なども備えていないと思われていた。そのため、研究者たちは板付縄文水田の完成された姿に息を呑んだと聞いている。

土木技術や農工具だけではない。人びとが豊穣を祈るまつりを行っていたことも明らかになっている。弥生前期になると、表面を赤く塗った壺が水口に投げ込まれた状態で見つかるのである。これはなかにしまってある種籾が冬を越して、来春に芽を出すときまで再生力を維持させることを願ったものだと考えられている。儀礼が終わった壺を水口に投げ込むことによって豊穣を祈ったのだろう。

このように板付遺跡の水田稲作民は、農工具や土木技術などのハードウェアから、豊穣を祈るためのまつりなどのソフトウェアにいたるまで、水田稲作を行うための一式を保持していた。このような水田稲作民の暮らしと、日本最古のコメの痕跡が見つかっている奥出雲の板屋Ⅲ遺跡のような、水田稲作を行っていたことを示す考古学的な証拠がほとんど見つかっていない縄文晩期最終末の暮らしとのあいだの違いは、あまりにも大きい。

板付遺跡の水田には、弥生早期の二〇〇年ほどのあいだに複数回の洪水を受けた跡がみえる。何度も砂に埋没したものの、その都度取り除いて復旧し、コメづくりを続けていたようだ。どんな災害に見舞われても困難を克服し、一度始めた水田稲作を決してやめることなく作り続ける。これが水田稲作を生産基盤におく弥生人の基本的な姿勢と言えそうである。

以上が、水田稲作が始まったころの状況だ。完成形が突然出現するようにして、始まっていたことがわかる。では普及、拡大はどのように進んでいったのであろうか。続いては、農耕社会が成立したことを示す指標を探ってみよう。

環壕集落の成立——那珂遺跡

板付遺跡で水田稲作が始まってから一〇〇年ほどたったころ、北西約一キロメートルにある那珂遺跡で、環壕集落が出現する（図17）。壕は二重にめぐっており（二重環壕）、内壕は断面逆台形、外壕は断面V字形に掘られていた。外壕の径は約一五〇メートルである。地表面はかなり削られており、壕の内側に住居や貯蔵穴が存在したのかどうかは不明である。

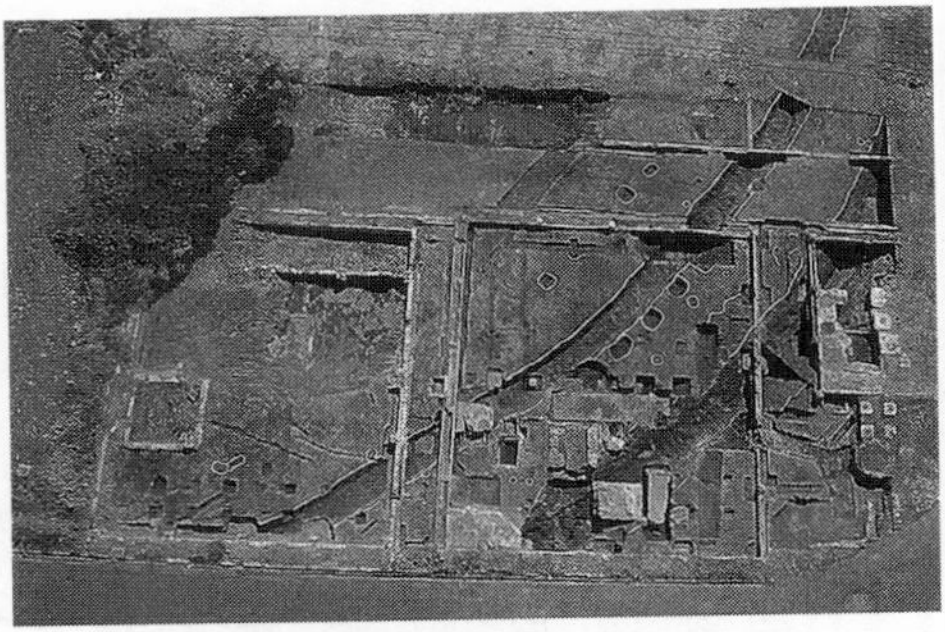

図17　福岡・那珂環壕集落

環壕集落は農耕社会が成立していたかどうかを判断するための重要な考古学的証拠の一つと考えられている。那珂遺跡の環壕集落が見つかるまでは、板付遺跡の前期初頭に環壕集落が出現する時点をもって弥生時代とすべきという意見もあり、環壕集落が弥生早期説を否定する根拠とされていた（白石太一郎「弥生・古墳文化論」）。

しかし、板付遺跡よりも古い環壕集落が見つかったことにより、一転して弥生時代のはじまりが弥生早期までさかのぼることを補強する材料になったのである。

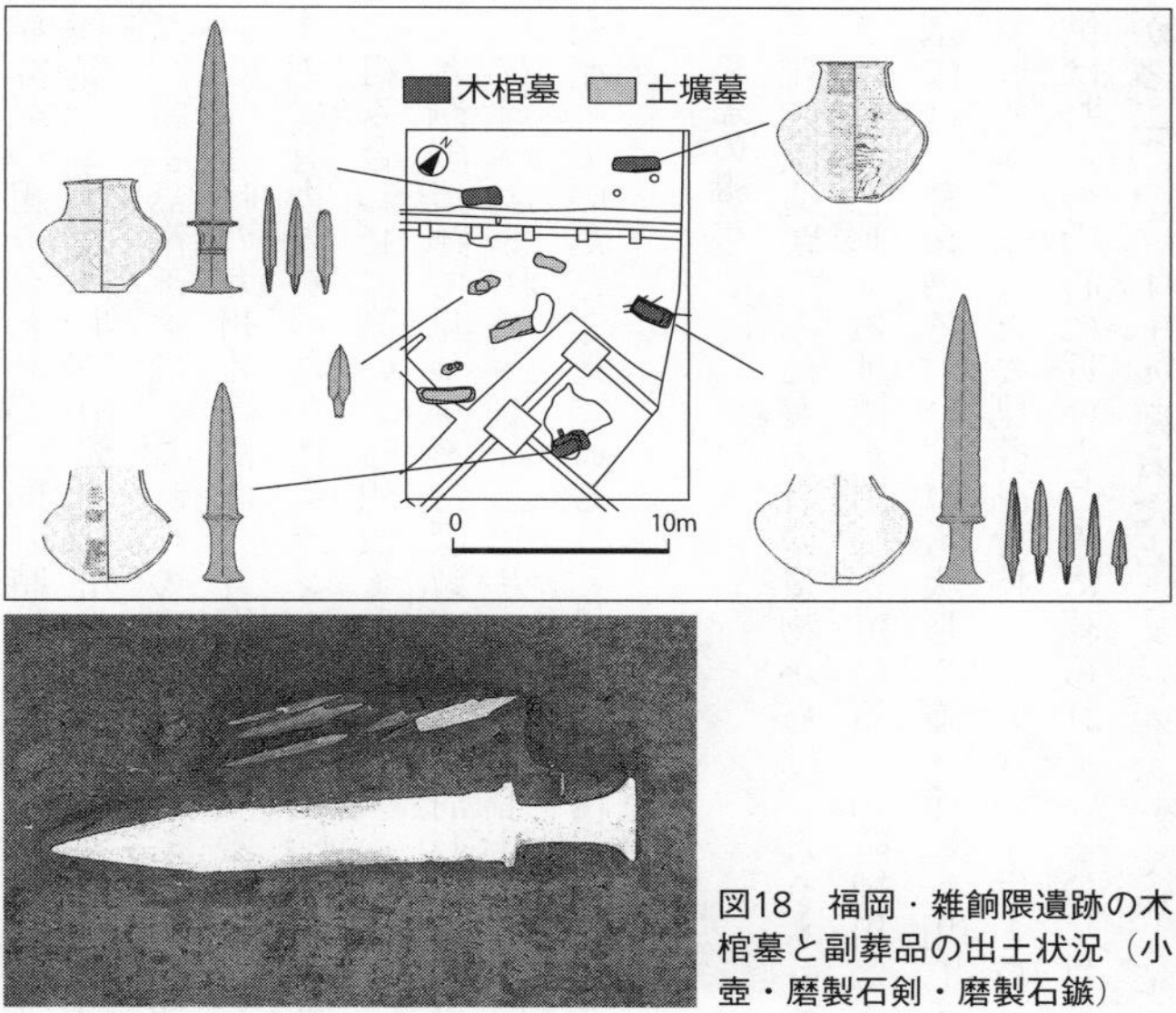

図18　福岡・雑餉隈遺跡の木棺墓と副葬品の出土状況（小壺・磨製石剣・磨製石鏃）

有力者の出現――雑餉隈遺跡

農耕社会が成立したことを示す考古学的証拠はほかにもある。一つは、有力者の出現だ。格差の顕在化と言い換えてもいい。副葬品を持つ人びとが現れるのも環壕集落の出現と同じころである。板付遺跡の南にある雑餉隈《ざっしょのくま》遺跡では、四基の木棺墓が、小壺、韓半島系の磨製石剣と磨製石鏃などの副葬品を持っていた（図18）。

このことから、韓半島系の武器を自身の所有物にできた有力者が、水田稲作の開始後一〇〇年ほどで現れたことがわかる。世代にして三世代目であろうか。

注目すべきは、壺と磨製石剣という

副葬品の組み合わせが、同じ時期の韓半島南部でも有力者の墓に副葬品としてみられることである。これは韓半島南部と九州北部の有力者が同じ習俗を持っていたことを意味している。ただ、韓半島南部には、これらの副葬品に加えて遼寧式銅剣や玉類を持つ、より上位の有力者がいる。当時の九州北部には、青銅器を持てる上位の有力者はまだ現れていない。だがおそらく、すでに有力者層のなかにもランクがあり、階層化が進んでいたであろうことは、副葬品の種類と組み合わせの違いから想像できる。

雑餉隈遺跡で見つかった磨製石剣を検討した高田貫太は、韓半島の東南部と西南部に特徴的な石剣が含まれていることを突き止め、九州北部の有力者たちが韓半島南部の有力者と幅広く交流していたと考えている（『「異形」の古墳』）。

格差の継承

雑餉隈遺跡でみた有力者の遺物からは、どうも一代限りではなく、子孫までその地位が継承されたと思わせる証拠が出てきている。山崎純男によれば、板付遺跡で見つかっている子供の墓には二種類ある。いずれも大形の壺を棺に転用した壺棺に埋葬されているという点は共通しているが、玉などの副葬品を持っていない子供と持っている子供がいること、副葬品を持つ子供はむらの中心に近いところに葬られているのに対して、副葬品を持たない子供はむらの中心から二〇〇メートル離れたところに葬られていたという違いがみられる（図14）。山崎はこれらの事実から、親世代の階層差が子らにも引き継がれている可能性を指摘している（「環濠集落の地域性——九州地方」）。

三〇〇〇年も前から、日本には親の格差が子にも引き継がれるという、哀しい現実が存在していたのである。

図19　福岡・新町遺跡24号墓

戦いのはじまり

もう一つは戦いのはじまりである。ここで言う戦いとは、集団と集団が武器を使って行う抗争（battle, conflict）を指す。水田稲作が始まってから一〇〇年ほど後の墓から、武器によって受けた傷がもとで亡くなったと推測される人骨が見つかるようになる。その時期は、環壕集落や有力者が出現するタイミングとも一致している。

糸島にある新町《しんまち》遺跡では、支石墓の下に造られた木棺墓から、長さ一六センチメートル以上の朝鮮式磨製石鏃を左大腿骨に射られたことが原因で亡くなった四〇代男性が見つかっている（図19）。

また男性の腰のあたりに掘られた小さな穴からは少年の

歯が見つかった。骨を鑑定した九州大学の中橋孝博は、縄文人に特有な形質的特徴を持つ男性であると報告している。縄文人的な形質を持つ人が、朝鮮式磨製石鏃を射られたことで亡くなって、韓半島系の墓である支石墓に葬られるという事実は、一体どのような歴史的事実を反映しているのだろうか。詳しい解明は今後の課題だが、興味は尽きない。

ちなみに、唐津の大友《おおとも》遺跡において支石墓に葬られていた熟年女性の核DNAは、西日本の縄文人に典型的なDNAであったことがわかっている。

九州北部における縄文時代から弥生時代への移行

ここまで、日本で最初に水田稲作が始まった九州北部玄界灘沿岸地域を例に、縄文時代晩期末から弥生時代早期への変化をみてきた。

先に紹介した漸進的自立的弥生文化成立説の妥当性も、これらの調査結果から導き出すことができよう。結論として、水田稲作はそれまで地元の縄文人がむらを造っていない平野の下流域において、突然始まっているように見受けられる。水田稲作のスタイルは最初から完成形を示しており、縄文後・晩期に行われていたアワ・キビ栽培から畑稲作を経て水田稲作へと少しずつ進んでいくという、漸進的自立的弥生文化成立説とはほど遠いものであった。研究者の予想は見事に裏切られたのである。

そしてわずか一〇〇年後には環壕集落が出現し、格差が顕在化して、戦いも始まるなど、社会が急速に質的に変化して農耕社会が成立していたことがわかる。少なくとも、この地域内においては水田稲作が弥生早期後半には普及・定着していたとみることができる。

4 アワ・キビ栽培から水田稲作へ――中部・関東

五〇〇年もアワ・キビ栽培を続けた地域

続いては、中部・関東南部を取り上げる。中部地方は縄文中期農耕論の主要舞台として、明治時代から多くの議論が行われてきた地域である。

何を対象とした農耕だったのかを長いあいだ明らかに示せない状況がこれまで続いてきたが、九〇年代になって作物問題を解決する新しい調査法が登場した。イネ科植物に含まれる植物化石、プラント・オパールと呼ばれる試料を用いる調査法である。プラント・オパールの形態は植物により異なるので、過去にどのような植物が存在したかがわかる。

土器の原材料（胎土）に含まれていたプラント・オパールの存在を根拠に、西日本の弥生早・前期に併行する時期に水田稲作が始まっていた可能性も指摘された。しかし、土器の胎土中に無数に空いている孔の大きさよりもプラント・オパールのほうが小さいことから、後世の混じり込みを否定できず、いつのまにか立ち消えとなる。

二一世紀に入ると、先に紹介したレプリカ法による調査が進んだことによって、縄文時代後・晩期の穀物の圧痕とされていた証拠が見直され、縄文時代後・晩期の圧痕土器は基本的に否定されることになったのである。

こうして縄文後・晩期農耕論の可能性は絶たれた。代わりに高まったのが、弥生早期併行期の西日本や弥生前期併行期の中部地方を含む東日本におけるアワ・キビ栽培の可能性である。ここからはアワ・キビ栽培の実態についてみてみよう。

アワ・キビ栽培の実態

中部地方でもっとも古い穀物の証拠が現れるのは、弥生早期後半に併行する前九世紀ごろのイネの圧痕土器である。ただ、東海地方から持ち込まれたと考えられる土器に付いていた圧痕なので、中部地方にコメが存在したとは言いきれず、土器自体が伊勢湾沿岸地域から持ち込まれたものと考えられている。

中部地方で確実にもっとも古い穀物の証拠は、弥生前期初頭に併行する氷《こおり》I式段階のアワ・キビ圧痕土器である。長野県飯田市にある矢崎《やざき》B遺跡などで出土した、煮炊き等々に用いた深めの器（粗製深鉢）の外面にキビのスタンプ痕が大量に見つかっているので、土器づくりを行う場所のあたりに、ある程度の量のキビが存在していたことがわかる。

しかし大事なのは、このキビがこの地で作られていたのかどうかである。土掘り具として用いられたと言われる打製石斧は縄文晩期から大量に出土しており、弥生前期併行期になっても形や出土量に変化はみられないので、この地での栽培の可能性を示す積極的な考古学的証拠とは言いがたい。また縄文晩期以来、まつりに使われていた土偶や石棒なども継続して使用されており、社会やまつりにも変化がみられないことが予想される。したがって本当に栽培されていたのか、アワやキビが食べられていたのかどうかはわからない。

確実に言えることは、もしアワ・キビ栽培が行われていたとしたら、晩期以来の採集・狩猟・漁撈などからなる生業構造の一角にアワ・キビ栽培が加わり、食料資源の一つとなっていただろうということである。

ちなみに、こうした食料獲得の状態のことを、すべての生業活動に平均的に依存し、特定の生業に偏っていないという意味で、網羅的生業構造と呼ぶ。それに対して、あらゆる食料獲得手段のなかでも水田稲作に重点をおく弥生時代の生業構造を選択的生業構造という。熊本大学の甲元眞之《こうもとまさゆき》が、九〇年代に提唱した概念である。

中部・関東南部の宙に浮いた状態は、前三世紀中ごろにこの地で水田稲作が始まるまでのほぼ五〇〇年あまりにわたって継続する。筆者はこうした状態こそ、この地域の縄文時代から弥生時代への移行期であり、六〇年代から説かれてきた縄文後・晩期農耕の実態だと推測している。ではこの移行期は縄文と捉えるべきなのか、弥生とすべきなのか。

筆者の結論としては、中四国・近畿・東海・中部・関東では、水田稲作の前段階としてアワ・キビ栽培を行っていたものと考えている。その形態は、縄文時代特有の網羅的生業構造のなかでアワやキビを栽培するものであった。したがって、アワ・キビ栽培を行っていた期間を縄文から弥生への移行期として、縄文晩期の枠内で考えるべきなのではないか。

西日本でもレプリカ法によって、紀元前一〇世紀ごろには網羅的生業構造の一角でアワやキビが栽培されていた可能性が説かれているので、これが二〇〇年後に中部地方や関東南部に伝わり、採用された可能性も十分に考えられるだろう。

水田稲作のはじまりと農耕社会の成立

中部地方南部や関東南部で水田稲作が始まるのは前三世紀中ごろ（弥生中期中ごろ）である。関東南部でもっとも古い水田稲作民のむらの一つと考えられている、小田原の中里《なかざと》遺跡をみてみよう。

遺跡は海岸線から二キロメートルほど入った平野の下流域にある。福岡平野と同じく、直前まで採集狩猟民が主な活動の舞台としていなかったところに突如としてむらが造られ、水田が拓かれたようだ。中里遺跡は生活域と墓域を壕で区画しており、方形周溝墓という尾張地域に特徴的な平面形を持つ墓も造営している（図20）。在来の採集狩猟民のむらがなかった平野の下流域に水田稲作民の大規模なむらが忽然《こつぜん》と出現する様相は、まさに福岡平野と同じである。

しかも中里遺跡ではほぼ最初から壕で生活域と墓域を区画していることから、関東南部では水田稲作を開始した当初から農耕社会が成立していたらしい。九州北部から伊勢湾沿岸地域にかけての地域では、水田稲作が始まってから農耕社会が成立するまで平均的に一〇〇〜二〇〇年以上かかっているわけなので、最初から農耕社会が成立していたということは、関東より西の地域から農耕社会で暮らしていた人びとがやってきて、水田を拓いた可能性も含めて考えるべきであろう。

図20　神奈川・中里遺跡の区画溝（奥）と方形周溝墓（手前）

明治大学の石川日出志《ひでし》は、中里遺跡や関東南部の初期水田稲作民のむらでは、西日本や東海系の土器がセットで出土する傾向があることから、在来の民が、東部瀬戸内方面とのあいだを行き交う人びとを介して、情報や技術を導入して集住することで水田稲作を始め、農耕社会を造ったと説いている（『農耕社会の成立』、一二三頁）。

中部・関東南部における縄文文化から弥生文化への移行とは

アワ・キビ栽培を始めて四〇〇年ほど経つと、土偶形容器（図21）を用いた再葬（遺体を土葬や風葬で骨にした後、再び掘り出して埋葬すること）が盛行したり（図22）、文様を施さない条痕文土器（貝殻の縁や束ねた植物の茎などで表

図21　淵の上遺跡出土の土偶形容器復元複製品（原品：東京国立博物館）

面をひっかいて条線をつけた土器）が出現したりするなど、弥生文化の影響を受けたと考えられる現象がみえてくる。

縄文文化の土偶は女性を象《かたど》ったものを基本とするが、この土偶形容器は男女の組み合わせで対になるので、設楽博己《したらひろみ》が言うように、弥生文化の影響を受けた結果と考えられる。

また条痕文土器の出現も、粗製化という労働時間の短縮を実現した土器づくりが始まったことを意味するので、土器づくりに対する考え方が変わり始めていることがわかる。

こうした現象が弥生文化の段階に入ったことを意味すると設楽は主張する。しかし筆者は、むしろ近藤義郎が一九六〇年代に発表した見解に一定の説得力があるように考える。すなわち、縄文後期末の土器には、韓半島との交流の結果による新しい要素が見られるが、そうした変化の到来にもかかわらず、文化の基本的な方向性は不変であった、という見方である（「弥生文化論」、一四八頁）。

また設楽の言う弥生化の議論は、それが水田稲作を始めた後にも引き継がれるのであるならよいのだが、水田稲作がアワやキビの栽培とはまったく異なる理念にもとづくものだということを鑑みれば、連続性は薄いと言わざるを得ない。

さらに付言すれば、中部・関東南部の人びとが前八世紀に縄文時代以来の網羅的生業構造の枠内でアワ・キビ栽培を始め、五〇〇年ほど経った後に新たに水田稲作を始めたと仮定するなら、弥生文化への移行が前八世紀に始まったと言えなくもない。

図22　再葬墓（早川和子画）

しかし西方から人びとが移動してきて、新たなシステムを持ち込むことで、水田稲作を始めて農耕社会が成立したとすれば、アワ・キビ栽培の延長線上に位置づけることは難しい。

よって、この地域の縄文晩期文化は、弥生中期中ごろ（前三世紀中ごろ）に西方からやって来た農耕社会の人びとの文化の影響によって終焉を迎え、持ち込まれた弥生文化に移り変わったと考えられるのである。

アワ・キビ栽培から始まるほかの地域の縄文から弥生

中部・関東南部と同じく、縄文晩期文化の農耕としてアワ・キビ栽培を始める中四国・近畿・東海地方でも、アワ・キビ栽培を始めて一〇〇年以上経ってから水田稲作が始まる。

農耕社会が成立するのは、環壕集落を指標にすれば、水田稲作を始めてから土器一型式分遅れたころである。ここが、水田稲作の開始と環壕集落の出現がほぼ同時に起きた中部・関東南部とは異なる点である。

中四国・近畿・東海で水田稲作が始まるきっかけは、中部・関東南部と同じように西方からの影響ではあるが、異なる点もある。愛媛大学の下條信行が灘単位の伝播・拡散と呼んでいるもので（「瀬戸内――リレー式に伝わった稲作文化」）、西接する地域からの影響である。実際、河内平野の場合、西接する讃岐からの伝播・拡散が説かれている（中西靖人「農耕文化の定着」）。

これは農耕社会の人びとの移住によって水田稲作が始まったと思しき中部・関東南部とは異なり、縄文後・晩期以来続いていた西に隣接する地域との恒常的な接触交流によるものだ。弥生早期併行期に壺や木製農具が伝わったと思しきケースもあるが、ほとんどは弥生前期中ごろに水田稲作とそれにともなう文化がセットでもたらされ、自主的に発展した結果、農耕社会が成立したとみられる。

愛知の朝日《あさひ》遺跡では、前期後半（前六世紀後半）に掘られた環壕の外側に造られた墓より、縄文人には存在しない渡来系弥生人のDNAを持つ人骨が見つかっていることから、西からの人の移動をともなうものであったことが明らかになった（神澤秀明ほか「愛知県清須市朝日遺跡出土弥生人骨のミトコンドリアDNA分析」）。

総括すると、アワ・キビ栽培から穀物栽培が始まった地域のうち、中部・関東南部地域と一部の例外を除いた地域では、もっとも古い遠賀川系土器が出現する段階に弥生文化への移行が始まった。そして、近畿では晩期突帯文系土器である長原式土器を使用していた人びとが水田稲作民として暮らすようになる段階に移行が終了すると考えられる。

端的に言えば、中部・関東地方の縄文から弥生への移行期の起点は、アワ・キビ栽培を始めたときとみてよいだろう。

5　農耕文化から続縄文文化へ——東北北部

東北地方のコメづくり

東北地方の北部では、古くから青森の垂柳《たれやなぎ》遺跡で結構な量の炭化米が出土することが知られていた。山内清男は、青森県田舎館《いなかだて》村出土の土器について、弥生式的な文物が多少取り入れられてはいるものの、続縄文が主体であると考えていた。

続縄文文化とは山内が設定した文化で、本州北部で縄文晩期が終わった後に、続いて始まった採集・狩猟文化とされる。なかでも、大型魚類や海獣類の捕獲に特徴を持つのが、津軽海峡を挟んで道南と青森県に広がる恵山《えさん》文化である。山内は、垂柳遺跡の人びとが自らコメを作っていたというよりは、もっと南の地域からコメを入手していたと認識していたようである。続縄文文化の領域に属すると考えられていた東北北部ではじめて水田跡が発見されたのは、一九八一（昭和五六）年に調査が行われた垂柳遺跡であった。弥生中期前半に相当する前三世紀の水田跡である。その後、さらに一〇〇年古く、前四世紀にまでさかのぼる水田跡が発見された。弘前市にある砂沢《すなざわ》遺跡だ。

先史時代最北端の水田遺跡

北緯四〇度という北の世界で見つかった先史時代の水田跡。それが砂沢遺跡である（『砂沢遺跡発掘調査報告書』）。

歴博が砂沢遺跡で出土した土器に付着していた炭化物の炭素一四年代測定を行ったところ、弥生前期末にあたる前四世紀前葉のものであることがわかった。これは九州北部で水田稲作が始まって六〇〇年ほど後、同地で鉄器が出現する時期である。九州北部で始まった水田稲作がそれだけの時間をかけて、東北北部まで到達したことがわかる。

酸素同位体比という、^{16}Oと^{18}Oと呼ばれる同位体の比率を年輪一年ごとに測ることによって降水量の相対変化をみる測定法から、前四世紀は雨が少なく乾燥した気温の高い時期だったことが明らかになっている。つまり、温暖で洪水の少ない安定した気候の下で、水田稲作が東北北部まで広がったのだ（中塚武「先史・古代における気候変動の概観」）。

とは言っても、前五世紀ごろに水田稲作が始まった金沢付近から東北北部まで、日本海側の地域で連続的に開始されたのかと言えばそうではない。まるで海路を介して北上したかのように、山形、秋田、青森の日本海側には遠賀川系土器をともなう遺跡が点々と散在していて、そのなかの一つが砂沢遺跡である。

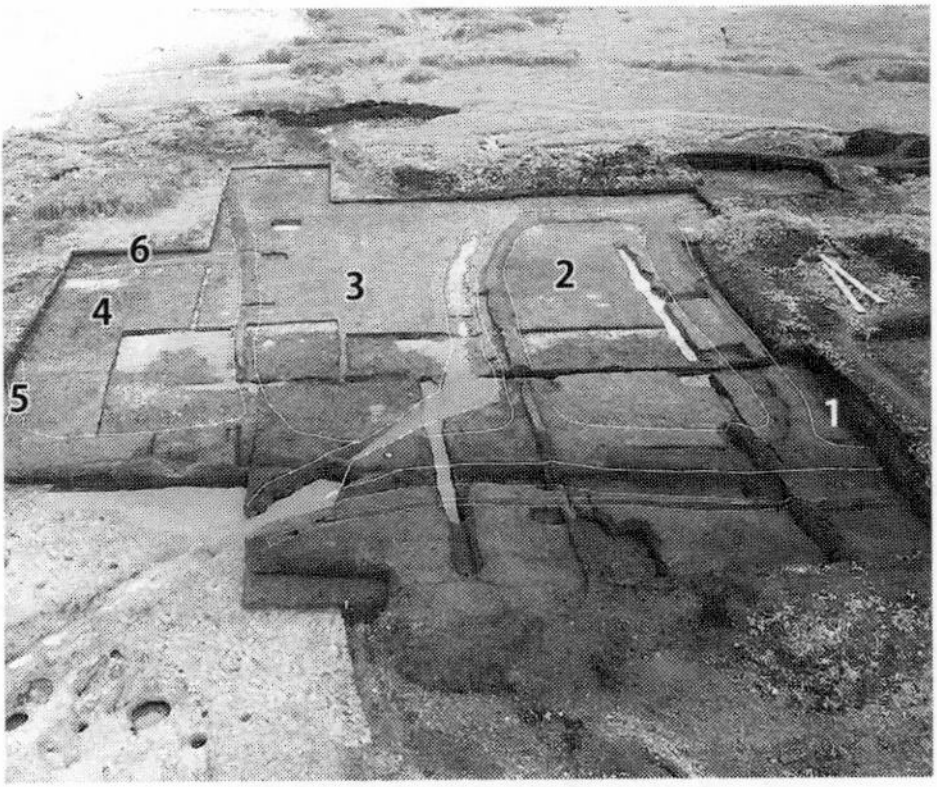

図23　青森・砂沢遺跡の水田跡

水田が造られた場所の特徴としては、これまでみてきた九州北部や中部・関東南部のように、在来の採集・狩猟民が本拠地として利用していなかったところ（平野下流域）に拓かれているのではなく、縄文後期以来、採集・狩猟民が主な活動の場としていた集落域に接する低地に拓かれていることが挙げられる。そのため、在来の採集・狩猟民が水田稲作を受け入れた遺跡と評されている。

水田跡は岩木山北東麓の丘陵上に立地し、標高は九〜一一メートルである。一九八四年から八八年にかけて弘前市教育委員会による調査が行われ、六枚の水田が発見された（図23）。

一枚の区画は長軸で一一メートル以上、短軸で五

図24　砂沢遺跡のまつり関係の資料複製品（原品：弘前市）

メートル以上と大きいことが特徴である。勾配が一パーセントと比較的きつめの地形面が開墾されているので、傾斜の緩やかな棚田の印象を与える。水源は、傾斜の高いほうから低いほうへと流れる勾配を利用した自然用水である。

砂沢遺跡で行われていた水田稲作の特徴は、農工具やまつりの道具にも現れている。土器組成をみると遠賀川系土器は少ないものの、種籾貯蔵用の壺を持つ点に弥生的な要素を見つけることができる。

工具は縄文以来の打製の剝片石器類であり、大陸系磨製石器は石庖丁を含め確認することはできない。工具となる剝片石器は、その九割が縄文晩期と同じ頁岩《けつがん》製である。林謙作は、石器材料の供給体制自体は縄文晩期と変わらないとした（「クニのない世界」）。

これは、晩期の石材の供給体制に変化がみられる仙台平野とは対照的である。

さらにまつり用の道具となると、石剣・土偶・土版といった縄文文化に伝統的なまつりの道具を数多く所有している（図24）。

砂沢遺跡で水田稲作が行われていた期間は、プラント・オパールの調査の結果、一二〜一三年程度と考えられている。前面に可耕地となる土地が広がっており、気候は乾燥・温暖で安定した状態が続く局面で、水田稲作を行うのに不都合ではないにもかかわらず、水田を広げていく動きはなく、短い稲作期間で終わっている。

以上のように、土器などに弥生的な要素がわずかに認められるほかは基本的に縄文仕様であり、状況証拠からして、砂沢遺跡では水田稲作が生活の中心に位置づけられていたとはとても言えない。

筆者は、稲作で得られたコメは食料源の一つとして、縄文以来の伝統的な社会や生業構造のなかに位置づけられていたと考えている。また北海道大学の高瀬克範は、地域集団を統合するためのコメづくりだったと考えている。

指標の変化

ここまでの説明を視覚的に表したのが図25である。山田康弘が作ったものだ。縄文から弥生へかけて、考古資料がどのような消長を示すのかがまとめられている（「縄文との境」）。

横軸は、右から左にかけて新しくなる時間軸を表し、縦軸は指標となる資料である。水田稲作が始まる前から消え始める土版・岩偶・岩版、水田稲作が始まった時点で消える独鈷石《どっこいし》、乳幼児土器棺墓、そして水田稲作開始後もしばらく続く土偶・石棒・石剣類と石製小玉類などが

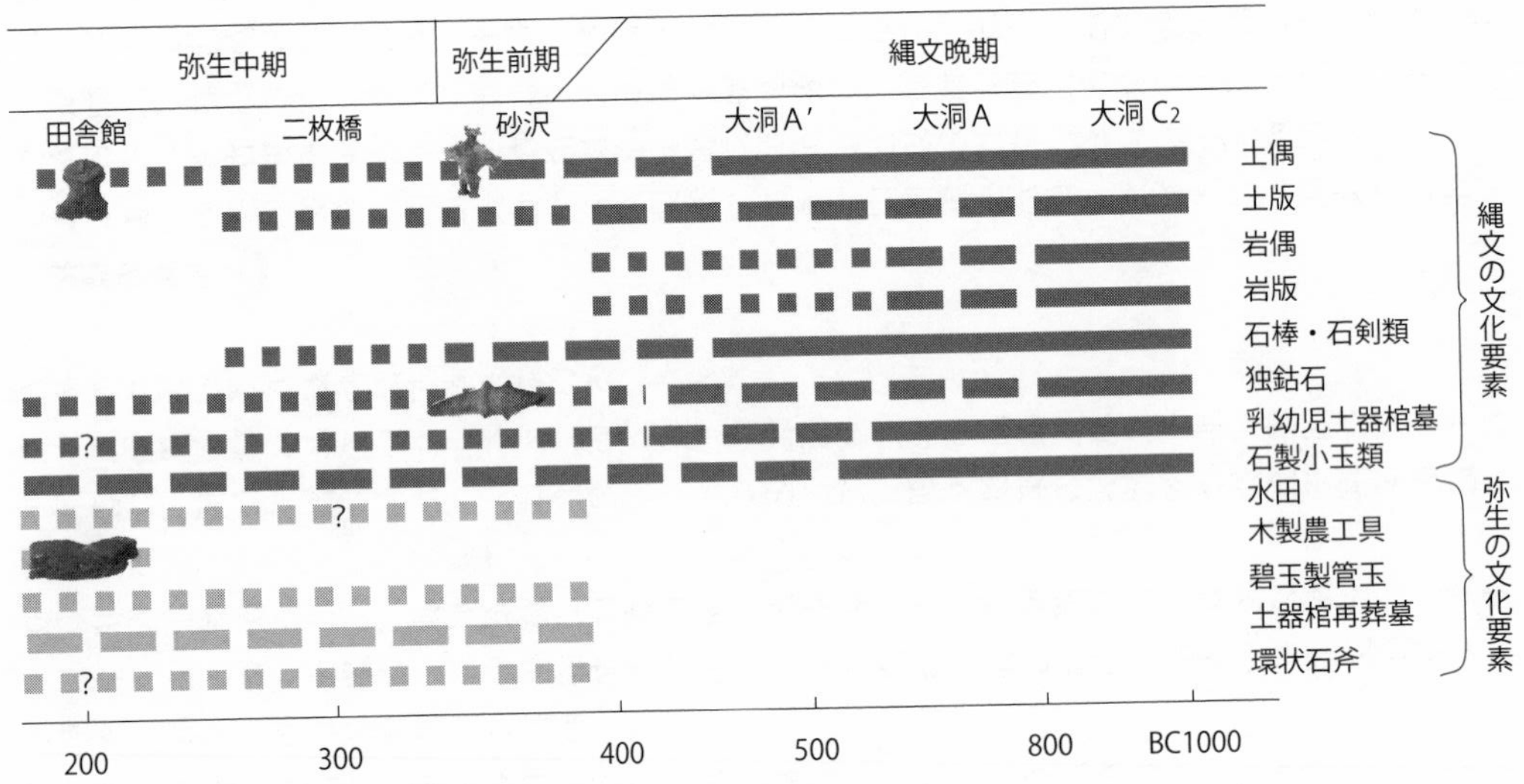

図25　東北北部における文化要素の出現と消長（弥生中期←縄文晩期）
水田が登場したころ、縄文の要素が次第に消えていくことが見て取れる

みて取れる。

すべての縄文系資料の挙動が一致するわけではない。けれども、岩偶・岩版が水田稲作の開始と同時に完全に消えるのに対して、他の指標は、細々とではあるが、垂柳遺跡が現れる前三世紀まで継続することがわかる。

前三世紀の水田稲作

弥生中期前半に併行する前三世紀になると、人びとはこれまでの山際から扇状地の傾斜面に進出し、低湿地に生えていたハンノキを伐採して、小河川、湿地、微高地などの微地形をうまく利用して、水路や貯水施設を備えた水田を造った。

たとえば垂柳遺跡は、津軽平野の中心部を流れる浅瀬石川《あせいし》流域の扇状地地形面に立地し、標高は二九～三〇メートルに達する（『垂柳遺跡』）。

総面積が四〇〇〇平方メートルに達する水田面積を持ち、そのなかに一区画が〇・二～二二平方メートルの小区画水田を造成していた。縄文以来のテリトリーに接する形で水田を造っていた砂沢遺跡と比べて、扇状地の真ん中に出てきて水田を拓いているところは中里遺跡や西日本の初期稲作のむらに近い。それまで分散して小規模な集団で暮らしてきた人びとが集まって水田稲作に取り組んでいたことを示す。

土器には縄文以来の装飾や形態が引き続いて用いられており、石器も形態、材質、供給体制ともに在来のものとの違いはみられない。なお、会津盆地系の壺が一点出土している。大陸系磨製石器は扁平片刃石斧があるぐらいで、仙台平野のようにセットでそろっているわけでもない。しかもこの石斧は、北方系の技術である擦り切り技法で作られている。

加えて、木製農具も一点出土している。舟形隆起をもつ鍬で、仙台平野のものと共通点を持つ。東北中部の影響を受けている可能性がここに見出せる。

以上のように、垂柳遺跡で見つかっている農工具は、砂沢遺跡との共通点を持ちながらも、仙台平野や会津盆地、北方系の石器製作技術などとの共通性もあり、北や南との交流がうかがえる。

では、まつりの道具はどうであろうか。砂沢遺跡に比べると縄文系のまつりの道具の数は激減しているが、東北でもっとも新しいと思しき土偶が一点見つかっている。

喉仏があることから男性のようだが、縄文時代の土偶がすべて女性的であることを考えると、随分な違いと言えるだろう。また砂沢遺跡にはみられなかったが、続縄文文化前期の恵山文化の特徴であるクマの装飾が施された木製品や、沖縄近海でしかとれないイモガイで作った貝輪を模した白色の石製品が出土している。

微妙な地形を利用した壮大な水田造成技術とは対照的に、弥生中期後半併行期になっても垂柳遺跡の道具類には縄文的な特徴が色濃く残っていて、社会面、祭祀面に至る変化や弥生化はほとんど認められない。この点は砂沢遺跡と同じである。

生業面だけみれば、弥生文化と比べてもそれほど遜色はないが、農耕社会化や豊穣のまつりといった弥生の要素がみられないことを、どのように理解すればよいのか、悩ましいところである。

前一世紀前葉の洪水と崩壊

前一世紀前葉、約三〇〇年続いた弥生中期の乾燥・温暖な局面はついに終了し、降水量の増加と低温化が起こる。垂柳遺跡はこの影響をまともに受けたと思われ、洪水に遭い、水田は厚い土砂に覆われてしまった。地中深く埋没した水田はそのまま放棄された。

周辺の同じ地形面にある高樋《たかひ》遺跡や前川《まえかわ》遺跡でも、やはり洪水により埋没したと考えられる同時期の水田が見つかっていることから、浅瀬石川流域に広がっていた水田を一気に埋没させるほど大規模な洪水であったことがわかる。

その後、この地域では古代になるまで農耕が行われた形跡はまったくみられなくなり、北海道から南下した続縄文文化に覆われることになる。

東北北部の水田稲作とは

東北北部で前四～前一世紀に行われていた水田稲作を行う文化を弥生文化と見なすべきかどうかについて、複数の研究者が弥生文化ではなく、続縄文文化の水田稲作と考えるべきであるとか、「続期」と呼ばれる時期の水田稲作と捉える説などを発表している。

筆者も『弥生時代の歴史』において、東北北部の水田稲作文化は利根川以西の弥生文化とは異なるという考えを述べた。網羅分散型の生業体系の一つに水田稲作が位置づけられたことが土偶のまつりとの共存を可能としたと考えられるため、社会的側面や祭祀的側面はもちろん、経済的側面においてさえ、弥生文化と同一視することは難しいと考えたのである。

東北北部は弥生前期後半併行期まで縄文晩期文化が継続し、弥生前期末併行期に網羅的生業構造の枠内で水田稲作が始まる。しかし始まっても縄文的要素と弥生的要素が拮抗し、砂沢遺跡の段階では縄文的要素が優勢のまま、わずか十数年で水田稲作を止める。そして前三世紀からの約二〇〇年間は、浅瀬石川流域にみられたような生業面では弥生的要素の優勢な状態が続き、最後は前一世紀前葉に起こった気候変動によって農耕民は姿を消し、南下してきた続縄文文化圏に入る、という流れに整理できる。

一連の流れの解釈の仕方として、いくつかの考え方を紹介しよう。面白いことに、捉え方によって移行期の意味が変わってくるからである。

一つは、弥生文化の地域的特徴と見なすもので、もっとも賛同者が多い解釈である。東北北部は、弥生前期後半併行期までは縄文文化、弥生前期末から中期末まで弥生文化、中期末以降は続縄文文化という変遷をたどる。藤本強の言うボカシの地域ならではの文化変遷と言えよう。

二つ目は、続縄文文化の枠内で捉える考え方である。津軽海峡を挟んで北海道側には、大型魚類や海獣などの漁撈活動に特徴を持つ恵山文化が広がる。青森側では、縄文以来の生業構造の枠内に水田稲作を加える形で水田稲作が始まるが、社会やまつりは縄文晩期の特徴を色濃く残す。青森側は、安定した乾燥・温暖な気候の長期安定傾向の恩恵を受け、灌漑式水田稲作を発展させる段階に移行するも、やがて前一世紀前葉に起きた多雨・寒冷化にともなう大洪水によって水田稲作を放棄し、それ以降、完全に続縄文文化の枠内に入る。

これは林謙作の言う、どちらの要素も圧倒的とはならないエピ状態のまま、三〇〇年ものあいだ水田稲作を行った文化と理解できよう。歴史にもしもはありえないが、気候変動さえ起きなければ、水田稲作の進展とともに社会の質的変化が起こり、いわゆる弥生化が進行したかもしれない。

三つ目は、縄文文化の枠内で捉える考え方である。縄文晩期に後続する、慶應義塾大学の岡本孝之の言う「続期」に行われていた水田稲作と理解するものである。続縄文文化の定義上、水田稲作が認められないとすれば、いわゆる縄文後・晩期の西日本に想定されていた縄文稲作に近いと考えることになる。ただ、砂沢段階なら可能性はあるものの、数ヘクタールの水田を持つ垂柳遺跡の段階を続期の縄文稲作と理解するのは、筆者にはかなり抵抗がある。

東北北部における縄文から弥生への移行期

先に提示した三つの考え方に沿えば、移行期はどのように捉えられるか。

まず弥生文化の枠内だと考えるとすれば、気候変動との関連で説明するのがもっとも合理的である。前期末から中期末までの約三〇〇年続いた乾燥・温暖な気候の局面にあったときのみ、水田稲作の範囲が東北北部まで拡大したと考えればよい。

浅瀬石川流域の標高の低いところに水田を造ることができたのは、洪水の少ない安定した気候だったからだ。初期にできた砂沢遺跡の水田こそ、粗削りなパイロットファーム的様相を持っているものの、少なくとも垂柳遺跡では、水田稲作レベルにおいては弥生文化とみてもおかしくない水準にあると言えよう。

垂柳段階の水田稲作は、砂沢段階から内的に進展したというよりも、仙台平野など南の地域から水田稲作が持ち込まれて、広大な水田を舞台にしたコメづくりが始まったと考えられる。農工具の充実度こそ仙台平野には及ばないものの、もはや砂沢段階のような小規模集団レベルではない、集団の統合を前提とした水田稲作であった。この段階こそ、弥生文化東北類型と呼べる内容を備えている（やがて、気候変動にともなう寒冷化と洪水により、水田稲作どころか穀物栽培を行う人びとさえいなくなり、北から続縄文文化が南下することになるのだが）。

したがって、この考え方では、砂沢段階までは縄文系弥生文化、垂柳段階は弥生文化東北類型、前一世紀前半以降は続縄文文化と区分すればよい、ということになろう。

次に、続縄文文化の枠内で考えた場合。弥生前期末併行期に、縄文晩期から続縄文時代前期に移行する。そして、網羅的生業構造の一角で水田稲作を行う文化になる。前一世紀前葉の気候変動にともなう寒冷化以降は続縄文時代後期に移行し、穀物栽培どころか農耕すら行わない。

最後に、縄文文化の枠内で考えた場合はこうだ。弥生前期末併行期に、東北北部は縄文時代晩期から縄文時代続期に移行して縄文時代が継続するが、前一世紀前葉に縄文時代は終末を迎えて続縄文時代へと移行する。つまり、東北北部は前一世紀前葉まで縄文時代が継続し、それから続縄文時代へと移行する。弥生文化が及ばないのであるから、縄文から弥生へという移行期自体が想定できないというわけだ。

6　弥生時代のはじまり――農耕社会に至る軌跡

弥生時代・弥生文化への疑問

以上、九州北部、中部・関東南部、東北北部と、それぞれ異なる特徴を備えた地域の縄文から弥生への移行期について、大まかに眺めてきた。

このようにみてくると、東北北部はもちろん、中部・関東地方で氷Ⅰ式土器の段階以降、五〇〇年あまりも続くアワ・キビ栽培の段階（網羅的生業段階）を、九州北部における水田稲作開始後の五〇〇年（選択的生業段階、弥生早期～前期後半）と同じ文化段階と見なすことが本当に可能なのかどうか、疑問に思われた方もいることだろう。

実は、すでに複数の研究者が弥生文化を一つの時代概念として一括りにすることに対して、疑問を示し始めている。

石川日出志は、「こうして日本列島各地の様子を横断的に見渡したとき、はたして「弥生時代」という時代概念は有効なのか、という思いを強くする」「これを「弥生文化」とひとくくりにできるのであろうか、という戸惑いである」「その結果、「弥生文化」という枠組み、「弥生時代」という時代概念は有効か、という問題に、現在行き当たっている」と二〇一〇年の段階で述べている(『農耕社会の成立』、二一三―二一四頁)。

その後の一〇年で、実証研究にもとづく議論はさらに一歩先に進んでいる。ここからは最新の学説をいくつか紹介しよう。

設楽博己は、西日本の弥生前期前葉〜中期前半に相当する前八世紀から前三世紀中ごろまでの中部・関東南部の文化を、縄文文化の伝統が強い農耕文化と理解し、「縄文系弥生文化」と名づけている(「縄文系弥生文化の構想」)。

これは弥生時代を二つの地域に区別して考えるものである。

対して、弥生時代を時期で分ける説を示したのが森岡秀人だ。森岡は、弥生時代前期末以前に鉄器がないことを重視して、弥生時代を三つに分けた(「列島内各地における中期と後期の断絶」)。そして、弥生早期〜前期後半は「新石器弥生時代」、前期末〜後期は「真正弥生時代」、そして弥生Ⅵ期(終末期)は「古墳早期」と名づけることを提唱した。

いわく、弥生早期と前期は、石器時代の食料生産を「東アジアで遅くまで残ってきた新石器文化をほぼ完全に払拭した姿として再評価すべき」であり、弥生中・後期は、「金属器の使用・製作・生産を指標とする「後出の弥生社会」、朝鮮半島諸地域の社会変動と連動しながら政治的社会形成の動きが始まった段階」であると総括した。その上で、「弥生文化は空間論において、弥生時代は時間軸として早晩解体される経緯をたどること必定と思われる」と註記で明確に述べている。

ただし、森岡説にしたがうと、網羅的・選択的生業構造の区別なく、水田稲作を行っていれば新石器弥生文化に含まれてしまう。そのため、弥生早期併行の大淵《おおぶち》遺跡や林《はやし》・坊城《ぼうじろ》遺跡も弥生文化に含まれる可能性が出てきてしまい、あまり見通しがよくない（詳しくは「初期青銅器時代の提唱」を参照されたい）。

設楽は、弥生時代を時期的に二つに分ける意図は持っていないものの、政治的な社会が未熟であった前期後半までと、政治的社会の形成が顕著な前期末以降に分かれることは認めている（設楽博己「縄文時代から弥生時代へ」）。

そして、弥生文化は、農耕が単に文化要素の一つに留まることなく、いくつかの文化要素が農耕文化的色彩を帯びて互いに緊密に連鎖的に影響し合いながら、全体として農耕文化を形成しているという「農耕文化複合」の概念で理解すべきであり、弥生文化を地域差を持つ単一の文化として認識すべきと主張した（同論文）。

この設楽による見解を、六〇年代の森貞次郎による見解と比較してみよう。二人の最大の違いは、森が「緊密に組み合わされて完全な形を備えた時点をもって弥生文化として完成した」とみるのに対し、設楽は「完成以前の農耕的色彩を帯びた時点も弥生文化に含めるべき」と説くところである。

設楽のこの視点は、地域性の区分に対する議論にも共通している。すなわち、同時期における文化内容の違いや、過程・プロセス・段階の差も、弥生文化の地域差として処理しようというのである。この基準にしたがうと、弥生早期併行の瀬戸内に見られる大渊遺跡の石庖丁や林・坊城遺跡の木製農具を持つ文化も、弥生文化の地域差と考えなくてはならなくなってしまうのではないだろうか。

以上、主だった研究動向をみてきた。森岡や設楽が指摘するように、弥生前半期もある意味で移行期と見なすことができる。弥生時代の移行期という問題は、縄文晩期末をどう捉えるかという問題を超えて、今や弥生時代の時期的な分割にまで議論が及んでいるホットイシューと言ってよいだろう。

水田稲作を行っていれば弥生文化なのか

筆者も、農耕社会が成立することなく、古墳時代に移行する東北中・南部や、水田稲作を途中で止めてしまう東北北部を弥生文化に含めることに疑義を呈し、水田稲作という指標は時代区分の指標としては有効だが、弥生文化の指標としては必要十分条件ではないと考えている。『弥生時代の歴史』のなかでもこうした主張を展開したが、東北地方や関東地方の研究者に広く受け入れられたとは言いがたい。だが先述したように、東北地方の水田稲作を弥生文化とは別の文化と考える研究者は私だけではなく、いまだ見解が定まっていない論点なのである。

各地における縄文文化から弥生文化への移行期

末尾に、縄文から弥生の移行期について、筆者の考えをまとめておこう。

本州・四国・九州における縄文時代から弥生時代への転換は、九州北部で灌漑式水田稲作が始まる前一〇世紀後半に起こる。とくに九州北部以外の地域における縄文文化から弥生文化への移行期を示したのが図26である。

図中では破線で示されている部分、すなわち前一〇世紀後半以降、縄文的な生業構造である網羅的生業構造のなかにアワ・キビ栽培が加わってから、灌漑式水田稲作が始まるまでのあいだが縄文文化から弥生文化への移行期ということになる。

移行期の期間は西日本が前一〇世紀後半から前七世紀までの約三〇〇年、伊勢湾沿岸地域は前六世紀中ごろまでの約四〇〇年間、そしてもっとも長いのが中部・関東南部地方の約五〇〇年である。設楽がこの期間を弥生文化と考えるのとは反対に、筆者は縄文晩期文化と考える。

そして東北地方中・南部については、同地の水田稲作文化を弥生文化と仮に認めるなら、縄

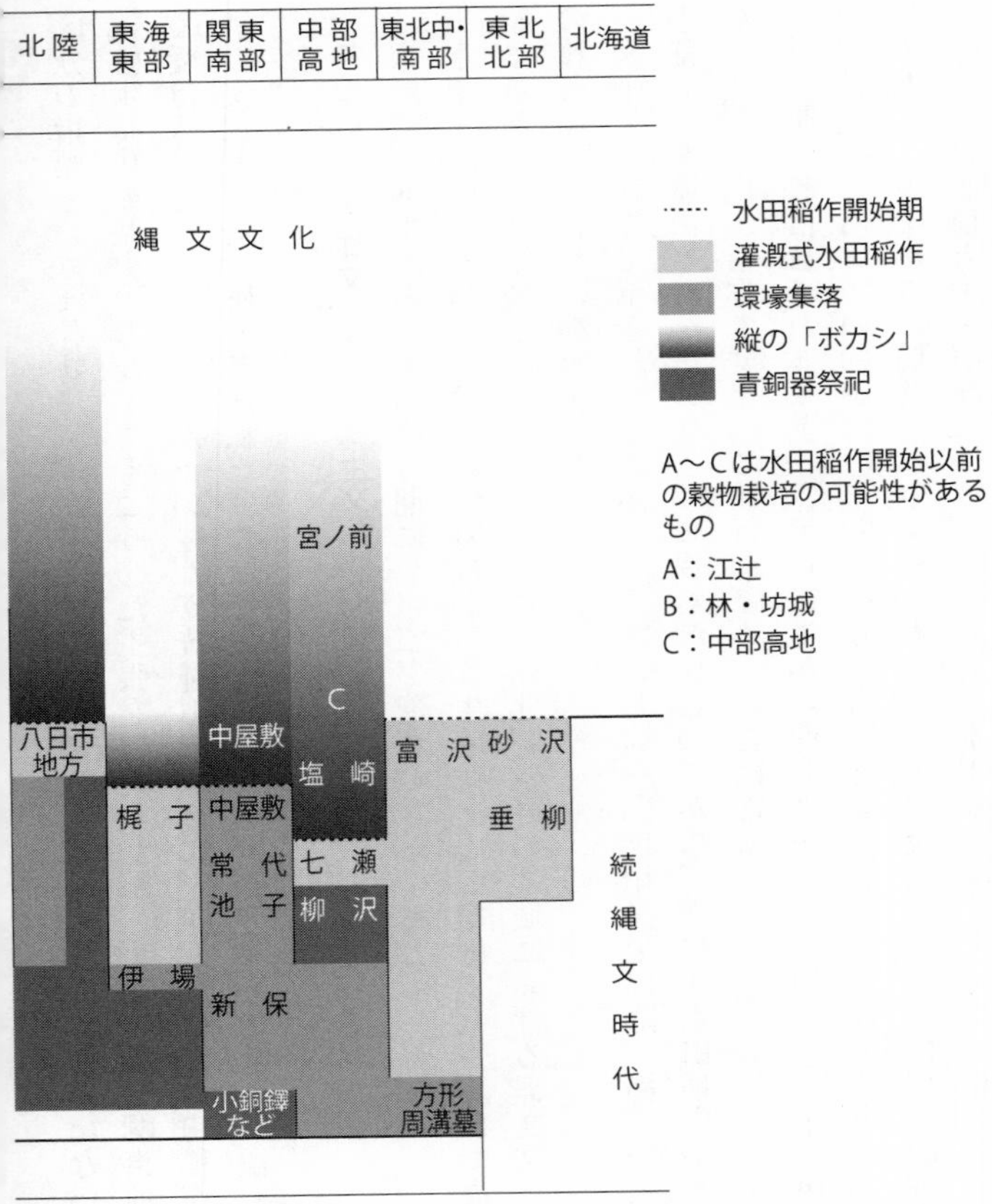
北陸
東海東部
関東南部
中部高地
東北中・南部
東北北部
北海道
縄文文化
宮ノ前
C
八日市地方
中屋敷
塩崎
富沢
砂沢
梶子
中屋敷
垂柳
常代
七瀬
池子
柳沢
続縄文時代
伊場
新保
小銅鐸など
方形周溝墓
水田稲作開始期
灌漑式水田稲作
環壕集落
縦の「ボカシ」
青銅器祭祀
A～Cは水田稲作開始以前の穀物栽培の可能性があるもの
A：江辻
B：林・坊城
C：中部高地

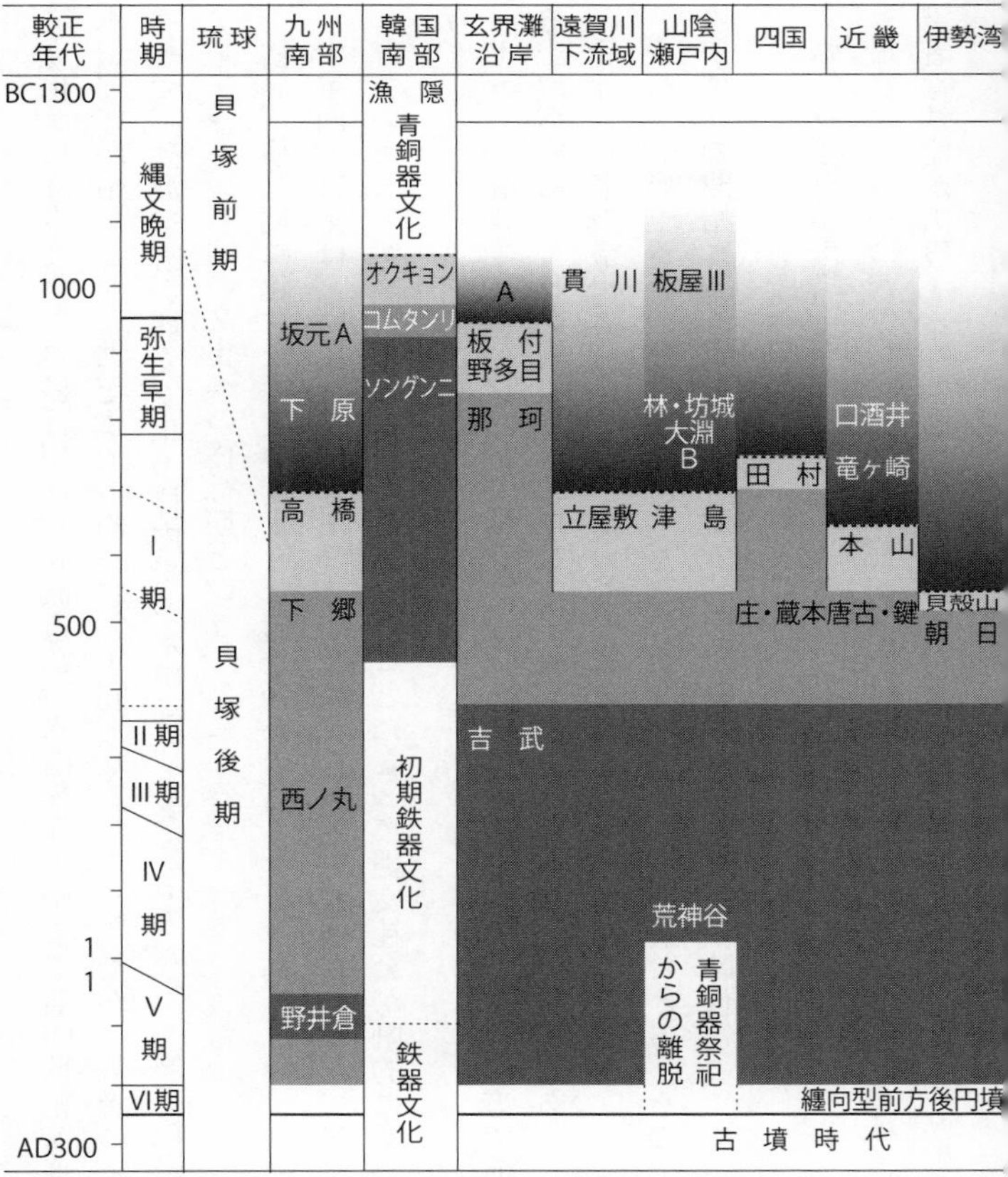

図26　列島内諸文化の年表（縄文後・晩期〜弥生終末期）

文文化から弥生文化への移行期は、砂沢遺跡で水田稲作が始まる前四世紀前葉から垂柳遺跡で水田稲作が始まる前三世紀までの約一〇〇年間となるだろう。だが、筆者のように弥生文化とはせず、砂沢遺跡を縄文文化の枠内での水田稲作と考えるのなら、砂沢段階は縄文文化から（弥生ではない）別の文化への移行期ということになる。

結局、移行期に起きた最大の変化とは何だったのだろうか。

生業面で言えば、何度も言及しているように、網羅的生業構造のなかでアワ・キビ栽培が行われていたことが挙げられる。ただ、そのことによって縄文社会が劇的に変わることはなかった。

しかし祭祀面を中心に決定的な変化を読み取ることはできる。中部地方で前四世紀に出現する土偶形容器とこれを用いた再葬墓こそ、設楽が説く農耕文化的様相であり、弥生文化の影響を受けて在来の祭祀構造が変容したものと言えよう。

また、壺形土器が器種構成に占める割合が高まる傾向も指摘できる。その上で、最終的には水田稲作の開始によって農耕社会成立へと歩み始めるのが弥生時代なのである。

弥生時代の分割について

最後にもう一つだけ付言しておきたい。先述した森岡の「新石器弥生時代説」に触発されて、筆者も鉄器が出現する弥生前期末以前を新石器弥生時代と考えてきた（「弥生長期編年にもとづく時代と文化」)。しかし近年は、九州北部に関してはむしろ初期青銅器時代と考えたほうがふさわしいのではないかと考えるようになってきた。

前期末以前の九州北部では、まだ青銅製短剣の破片を利用した再加工品や中国系銅剣を除いて青銅器は見つかっていないが、初期青銅器時代と考える理由は二つある。

一つは、選択的生業構造のなかで行われている九州北部の灌漑式水田稲作を、網羅的生業構造にある縄文時代と同じ新石器文化に含めることがふさわしいのか？　という疑問がぬぐえない点である。

もう一つは、九州北部で行われている灌漑式水田稲作は、元をたどれば韓半島南部が起源であり、同地では灌漑式水田稲作が遼寧式青銅器文化の生産基盤であったことから、九州北部も青銅器段階と言えるのではないかという考えである。

また、遼寧式銅剣を模したと考えられている前六世紀に比定される木剣の出土は、玄界灘沿岸地域の弥生前期の人びとが、遼寧式青銅器文化に特有な祭祀を何らかの形で実践していた可能性を示すと考えられる。青銅器文化という用語が適切なのかどうかは別にして、弥生早期・前期後半の九州北部に限って言えば、遼寧式青銅器文化圏に接する「青銅器弥生時代」に相当すると考える妥当性はあると考えている(「初期青銅器時代の提唱」)。

そういう観点から言えば、九州北部の弥生早期〜前期後半は、前期末以降の青銅器・初期鉄器文化へとつながる重要な移行期と言って差し支えないだろう。

第三章

変化する社会と祭祀

弥生時代から古墳時代へ

三番目の移行期は弥生時代から古墳時代への移行期である。

古墳時代は、最古の前方後円墳の出現をもって始まるとする点で、研究者のあいだに異論はあまりない。他方で、古墳時代のはじまりと呼ぶにふさわしい、もっとも古い前方後円墳はどれか？　という問いをめぐり、数多くの議論が行われてきた。

その主なポイントは、奈良県にある有名な箸墓《はしはか》古墳か、それともそれ以前に出現する纒向《まきむく》型前方後円墳か、という点に集約される。

先に説明しておくと、纒向型前方後円墳とは、はっきりと定型化された前方後円墳に比べて、前方部が未発達な墳丘を持つ墓の総称として、寺沢薫が提唱したものである（「纒向型前方後円墳の築造」）。以後、たびたび言及することがあるので、ぜひ意識しておいてほしい。

さて、古墳時代への移行期には、他の移行期にはない特徴が主に二点ある。

一点目は、移行期に相当する紀元後二〜三世紀のことを記した文献がある点だ。中国で書かれた『三国志』「魏書」に、古墳が出現する三世紀のことが記されている（『魏志』倭人伝）。文献は日本側にもある。七世紀に編纂された古事記と日本書紀（『記』『紀』）には、歴代の天皇（大王）の在位年が記されている。なので、その内容と考古資料との関係が重要な論点になる。

二点目は、土器との関係である。定住集落の出現時期や水田稲作が始まった時期を土器型式で示すことができる縄文・弥生時代に対し、前方後円墳の出現にもとづく古墳時代が始まった時期を、長いあいだ土器型式で示すことができなかった。その理由には、箸墓古墳が陵墓に指定されているために墳丘部の発掘調査を行うことができなかったことや、纏向型前方後円墳の調査が数例に限られていることなどが挙げられる。なんと言っても最大の理由は、前章でも言及した通り、土器自体の区別がつきづらいことである。とくに、弥生終末期の弥生土器と、古式土師器との線引きを型式学的に行うことはきわめて難しい。

このように、弥生時代から古墳時代への移行期は、史料に記された歴史事象と考古年代、調査が多い出現期の古墳、型式学的な線引きが難しい弥生土器と土師器という、いくつかの指標から考えなくてはならない。複数の変数が複雑に絡み合った多元方程式のようなものなので、ほかの移行期にはない難しさがあるというわけである。

それでも古墳時代の研究者たちは、限られた情報をもとに絶え間ない努力を続けてきた。考古学的証拠が少ない分、他の時代の移行期に比べて、論理的な推論も非常に重要になる。

弥生時代から古墳時代への移行期研究と言えば、どうしても墓関連の話が中心になりがちである。だが、実は社会の変化と墓の変化とのあいだには無視できないタイムラグがある。

そこで、まずは墓を取り巻く社会の変化から取り上げてみることにしよう。おおよそ次のような順に議論していく。

①最新の自然科学的調査にもとづく西暦一～三世紀の気候変動の実態について。次に、気候変動の影響を受けた集落の消長や、水田稲作民の居住地とは性格や機能が異なり、もはや

「都市」とも言えるような遺跡の成立、人びとの移動、対外交易網の整備などについて、愛知、大阪、岡山、福岡に遺された遺跡から説明していく。

②弥生時代から古墳時代への移行期について。墓制、鏡や鉄製刀剣のような古墳に副葬される考古資料群、青銅器、土器などの複数の指標から考古学的な変化を探る。

③移行期のなかで画期と言えるポイントを四つ指摘し、その上で、古墳時代のはじまりをどこに求めるべきなのか検討する。

そして最後にこれらの議論をふまえ、筆者が考える古墳時代のはじまりについて示すことにしよう。

1　流動化する人びと──気候変動の影響

東アジア規模の気候変動

まず、弥生後期社会を取り巻く気候について、近年明らかにされた酸素同位体比を用いた古

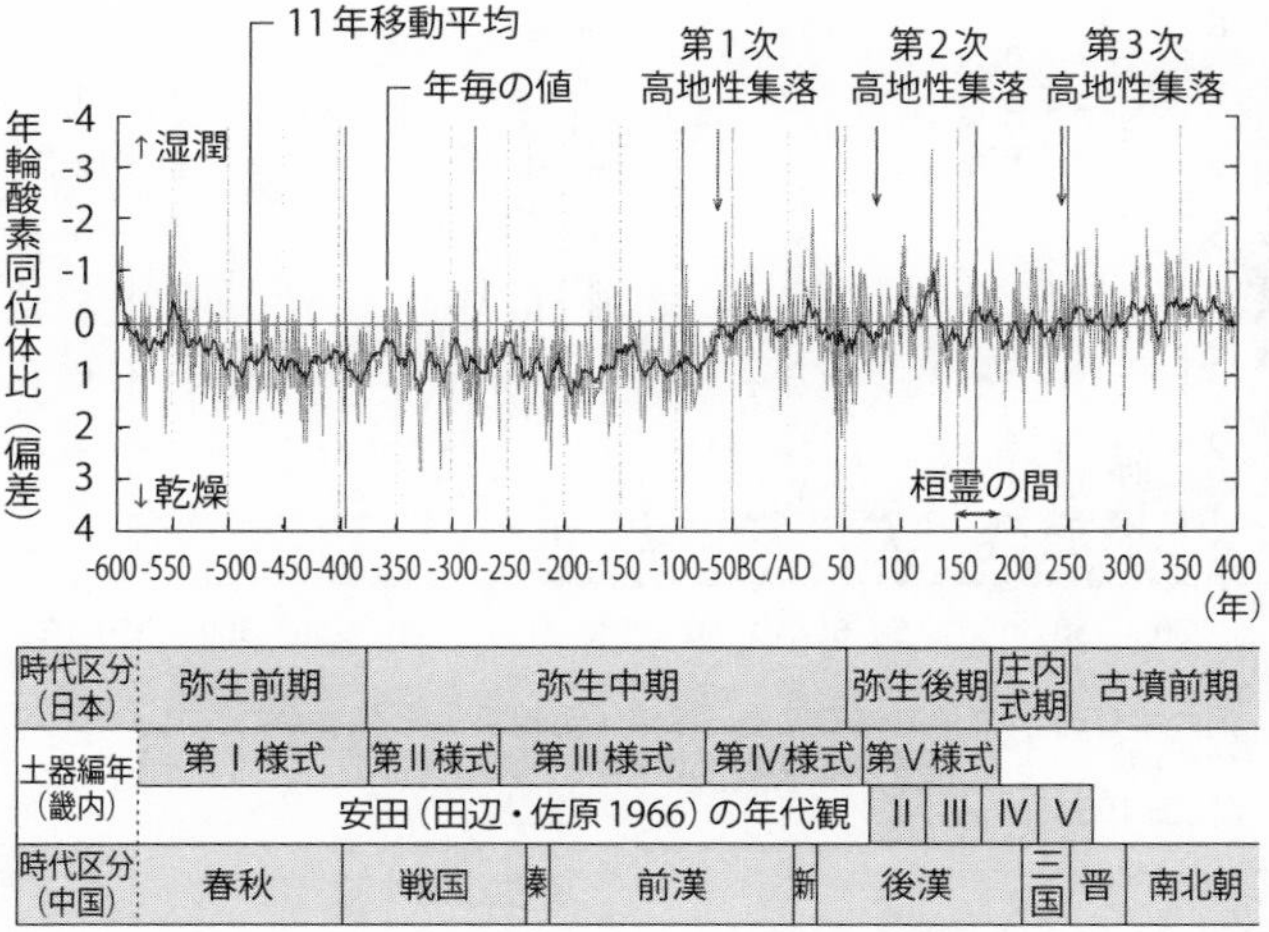

図1　紀元前6～後4世紀の中部日本における年輪セルロース酸素同位体比の変動

気候復元の成果を紹介する。

水田稲作を行う上で、安定した気候が必要なことは言うまでもない。とくに低地に水田を造る弥生時代の場合、洪水が頻繁に起こらないことが重要だ。弥生中期はほぼ気温も高く、降水量も比較的少なかった。乾燥気味で洪水が頻発しない気候が四〇〇年近く続き、安定した時代であった。ただし紀元前一世紀前葉、弥生中期後葉～末に、気候が突然大きく変わることが明らかになってきた。

図1は、夏の降水量の指標である本州中部の年輪酸素同位体比の気候学的成分が、弥生前期から古墳時代にかけてどのように変動したのかを示したものである（樋上昇「気候変動と先史・古代史研究」）。

これをみても、弥生中期に約四〇〇年続

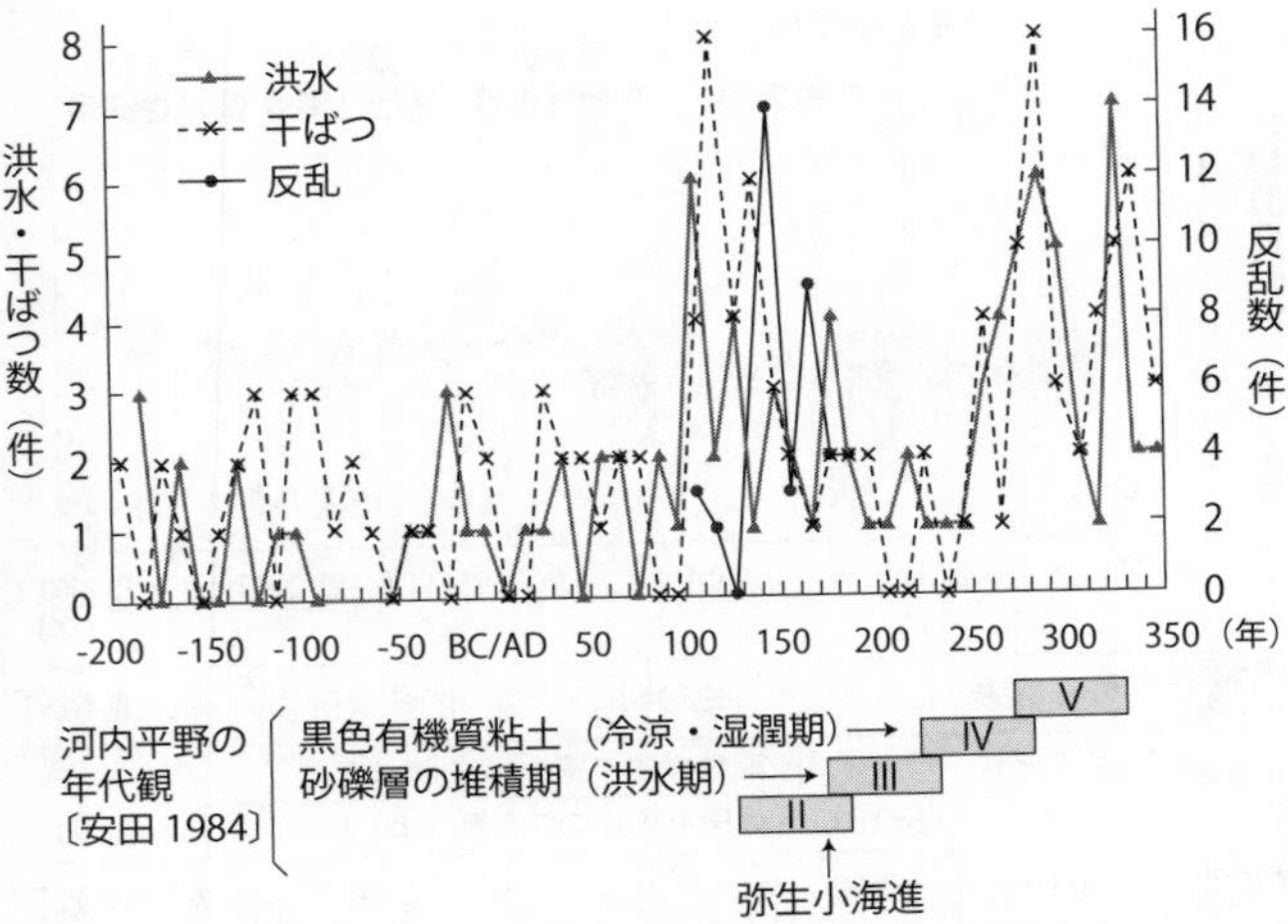

図2　中国の洪水・干ばつ・反乱数の変遷と河内平野の対比編年

いた気温の高い乾燥期は、紀元前一世紀前葉に突然終わりを告げ、雨が多い冷涼な湿潤期へと大きく変化することがわかる。数十年周期で降水量の振幅が拡大することによって、洪水が頻発したと考えられている。この変化により、低地に水田を拓《ひら》いていた多くの人びとが土地や住まいを失い、流動化した。

紀元前一世紀前葉以来、平均降水量が増大していたところに追い打ちをかけるように、二世紀になってさらに降水量が増大する。名古屋大学の中塚武によれば、西暦一二七年は、過去二六〇〇年間（現代から弥生前期中ごろまでの期間に匹敵）のなかでも飛び抜けて降水量が多かった年であったという（「古気候復元の研究史と高分解能古気候学の急速な進展」）。

このような気候の悪化は、日本列島だけでなく韓半島や中国でも起こっていたようだ。

愛知県埋蔵文化財センターの樋上昇によれば、韓半島では、一〇〇～一五〇年ごろに洪水が多発し、一五〇～二〇〇年には冷涼化と多雪化が著しかった。中国では、二世紀末以降、寒冷化が進むとともに、一〇〇～一八〇年ごろと二五〇～三四〇年ごろには洪水と干ばつが多発する。そして二〇〇～二五〇年ごろにかけて、洪水と干ばつともに減少したというデータが古記録から読み取れる（図2）。

こうした中国における二世紀末以降の洪水と干ばつの頻発は、農民の窮乏をもたらした。一四〇年までは主に黄河流域で、一四〇年以降になるとそれ以外の地域でも徐々に農民の反乱が広がっていったという。やがて後漢末になると、鮮卑《せんぴ》をはじめとした北方系異民族の南下を引き起こすことになる。

遺跡にみられる気候変動の影響

紀元前一世紀前葉に起こった降水量の増大にともなう洪水の頻発化は、もちろん日本列島にも深刻な影響を及ぼした。

考古資料によると、東北北部では青森県の垂柳《たれやなぎ》遺跡の水田が地中深くに埋没した形跡がある。水田稲作は壊滅状態に陥り、以後、数百年にわたって行われることはなかった。この地域では、その後数百年間にわたり農耕を行う人がいなくなってしまい、北海道から南下した続縄文文化圏に入る。また、洪水で土地を失った伊勢湾沿岸地域の人びとが、東海や関東へと移住するきっかけとなった（樋上昇「東海地方における弥生～古墳時代の遺跡変遷と気候変動」）。

関東南部に、西方からの移住を想定させる証拠がある。相模湾・東京湾西岸で、弥生後期前葉から中葉にかけて、東海東部系の土器の大規模な移入がみられるのだ。

明治大学の若狭徹は、関東南部初の本格的水田稲作を行った環壕集落を有する宮《みや》ノ台《だい》式土器分布圏が衰退したのち、久《く》ケ《が》原《はら》式土器分布圏の外縁部に、東海東部系の土器が入ると指摘する（『古墳時代東国の地域経営』）。

土器型式や器種の組成は東海東部のものと同じだが、胎土だけが関東南部のものだという事実は、東海から移住してきた人びとが、移住した先の関東南部の粘土を使って、出身地そっくりの土器を作ったことを意味している。

同志社大学の若林邦彦によれば、大阪府淀川の左岸流域では、弥生後期に入ったころから集落の立地が低地から丘陵地に変わる。弥生前期以来、人びとがはじめて水田のある低地から離れたところに居を構えるようになったことは、社会の不安定化をもたらした。以後、この地域では古墳時代を通じて、集落は高い位置に維持された（「気候変動と古代国家形成・拡大期の地域社会構造変化の相関」「集落研究からみた弥生から古墳時代の変化」）。

また、国立歴史民俗博物館の松木武彦は、奈良県の纏向遺跡、大阪府の中田《なかた》遺跡群など、二世紀後半の近畿中部で、山裾の扇状地や平地にたくさんの住居や建物が密集しつつ広がる新しい形の大集落が現れると指摘する。坂靖《ばんやすし》らの見解をふまえたものだ。

他方で、東海の人びとの他地域への移住や、淀川左岸流域にみられた集落立地の高地化とは異なる現象をみせるのが岡山県足守《あしもり》川の流域である。松木によると、弥生中期末、突如として集落が丘陵上に現れ始めるが、すぐに丘陵上から姿を消し、ふたたび平地上でのみ住居跡が見つかるようになるという（松木武彦・近藤康久「岡山平野における居住高度の通時的推移と気候変動」）。

興味深いのは、足守川流域における集落群と大型墳丘墓との関係である。たとえば楯築《たてつき》墓を仰ぐ足守川流域の平野部には、高塚《たかつか》、加茂政所《かもまどころ》、津寺《つでら》、足守川加茂、矢部南向《やべみなみむかい》、上東《じょうとう》などの大農村が並んでいた。この地域では、弥生後期以降、大型の墳丘墓が丘陵上に築かれ始めることが知られている。そのことと洪水が頻発しているのに集落が低地に降りることとのあいだには何らかの関係があると松木は言う。楯築墓の出現をうながした人口の増加ぶりがうかがえる。

さらに三世紀に近づくと、足守川流域の大農村群のうち、高塚、加茂政所、上東などは衰退し、津寺と足守川加茂の両遺跡に、それまでなかったような巨大な集落が広がった可能性が指摘されている。のちに触れる物流の結節点（ハブ）となる遺跡群である。

丘陵上に築かれた大型の墳丘墓と、人口増加、そして洪水の頻発期にもかかわらず低地に舞い戻った集落は、何か関係があるのであろうか。はっきりしているのは、同じ前一世紀前葉に起こった気候変動でも、地域によって集落の動向が異なっていたことである。

気候変動と住居の数

降水量の変化と住居数の変化には、相関があることが知られている。古代学協会が二〇一六年に集成した、近畿における弥生時代末期から古墳時代初期にかけての住居数の変化をみると、降水量が多く低温傾向が続いていた庄内式段階に住居の数がもっとも多くなることが指摘されている。

洪水と干ばつが数十年単位で変動するという気候のなかで、安定した水田稲作が望めないにもかかわらず、住居の数が増えるのはなぜだろうか。中塚武は、住居数の増加は人口が増えた結果ではなく、低地を追われた人びとが流動化した結果、見かけ上の住居の数が増えているだけではないかと指摘している。

庄内式段階には、後述するように九州北部、岡山、出雲、近畿、東海地方の地域色あふれる煮炊き用の甕が、東海以西の広い範囲で出土するようになる。そのことから、各地の人びとが広い範囲を移動し、移動先に一定期間住みながら、日常的に調理を行っていた可能性が指摘されている。つまり、移動する先々で新しい住居を構えたので、人口が増えずとも住居の数が見かけ上増えたのではないだろうか？　というわけである。

庄内式段階にみられる土器の広域移動は、これまで地域圏の消失にともなう経済活動の広域化・活発化の結果として説明されてきた。その背景に、気候変動による洪水の多発化など、自然災害によって土地を失った人びとが流動化した可能性があるという視点も重要だろう。

二世紀はこうした大規模な気候変動に加えて、後漢王朝の衰退にともなって東アジアのパワーバランスが不安定化した世紀であった。こうした気候、国際情勢、社会情勢の激変が相まった時期が、弥生時代から古墳時代への移行期だと言える。

2「都市」の出現――纏向遺跡、比恵・那珂遺跡

むらを超える「都市」

ところで、むらを超える「都市」の条件として、広域移動する土器の出土、そして街路に計画的に配置された倉庫・居館・工房・陵苑などの存在が挙げられる（松木武彦『古墳とはなにか』）。

たとえば奈良県の纏向遺跡、福岡県の比恵《ひえ》・那珂《なか》遺跡では他地域の土器が大量に出土することが知られており、なかでも纏向遺跡では平均一五パーセントに達するという。もっとも多いのが東海系の土器のようだ。また、河内の遺跡でそれ以上の集中がみられるという研究も近年ある（坂靖『ヤマト王権の古代学』）。

一般的な傾向として、二世紀後半から三世紀にかけて他地域の土器がよく出土するようにな

る。なかでも右の三つの遺跡群における他地域土器の比率は抜きん出ていることから、広範囲の人の行き来のハブになっていたのではないかと考えられている（同書、五一頁）。

比恵・那珂遺跡

このうち、もっとも調査が進んでいるのが比恵・那珂遺跡である。弥生後期の九州の集落と言えば、読者はもしかしたら佐賀県の吉野ヶ里《よしのがり》遺跡をイメージするかもしれない。実は吉野ヶ里遺跡の南環壕地区は、水田稲作民による巨大な弥生時代のむらの姿だ。それに対して、背振山地を挟んで玄界灘沿岸地域にある比恵・那珂遺跡は、計画的な設計図にもとづいて造られた「都市」と呼べるような存在である。

一九八〇年代から福岡市教育委員会による調査が始まった。この調査は、吉野ヶ里遺跡の調査のように一つの丘陵全体を一気に調査してしまう方式ではないので、当初は視覚的に全体像を捉えることが難しかった。しかし、地道に小面積を発掘し続けてきた結果、ようやく二〇〇〇年代になって、その復元案が示されるようになってきた。福岡市教育委員会の久住猛雄や九州大学の辻田淳一郎による復元案も示されているが、ここでは福岡市博物館の森本幹雄が示した復元案をみてみよう（『新・奴国展』）。

比恵・那珂遺跡は、第二章でも触れたように、見つかっているなかで日本最古の環壕集落である。前九世紀の弥生早期から、ここに弥生人が住み始めたと考えられており、早くも前三世紀の弥生中期前半には、区画された甕棺墓に葬られる首長の存在が確認されている。やがて板付遺跡の衰退にともない、前二世紀以降には、比恵・那珂遺跡が福岡平野の中心となる。全部で三回にわたる計画的な街づくりが行われたとみられ、三世紀後半の古墳時代前期後半に衰退するまで、福岡平野における列島内外との交流のハブとなり続けた。まさしく奴国《なこく》の中心にふさわしい遺跡である。

前二世紀（中期後半）

丘陵上に最初の運河と道路を基軸とした街づくりが行われるのは、前二世紀である。丘陵上を東西に横切る幅五メートル、深さ二・五メートルの断面逆台形の、那珂の大溝と呼ばれる運河によって南北に区画され、両側に掘立柱建物や高床倉庫群が配置される。青銅器やガラスを製造した工房群、舶載された鉄素材をもとにした鉄器製作工房など、まさに奴国の工業地帯と言ってよい。

一世紀（後期）

那珂の大溝が埋没すると、それに沿って新たな大溝が掘られ、紀元前後には大規模な区画が設けられる（図3）。台地上をブロック状に区画し、後述する環壕とあわせて「街区」が形成されたようだ。人びとの住まいが竪穴住居から平地建物主体へと転換するとともに、古墳時代

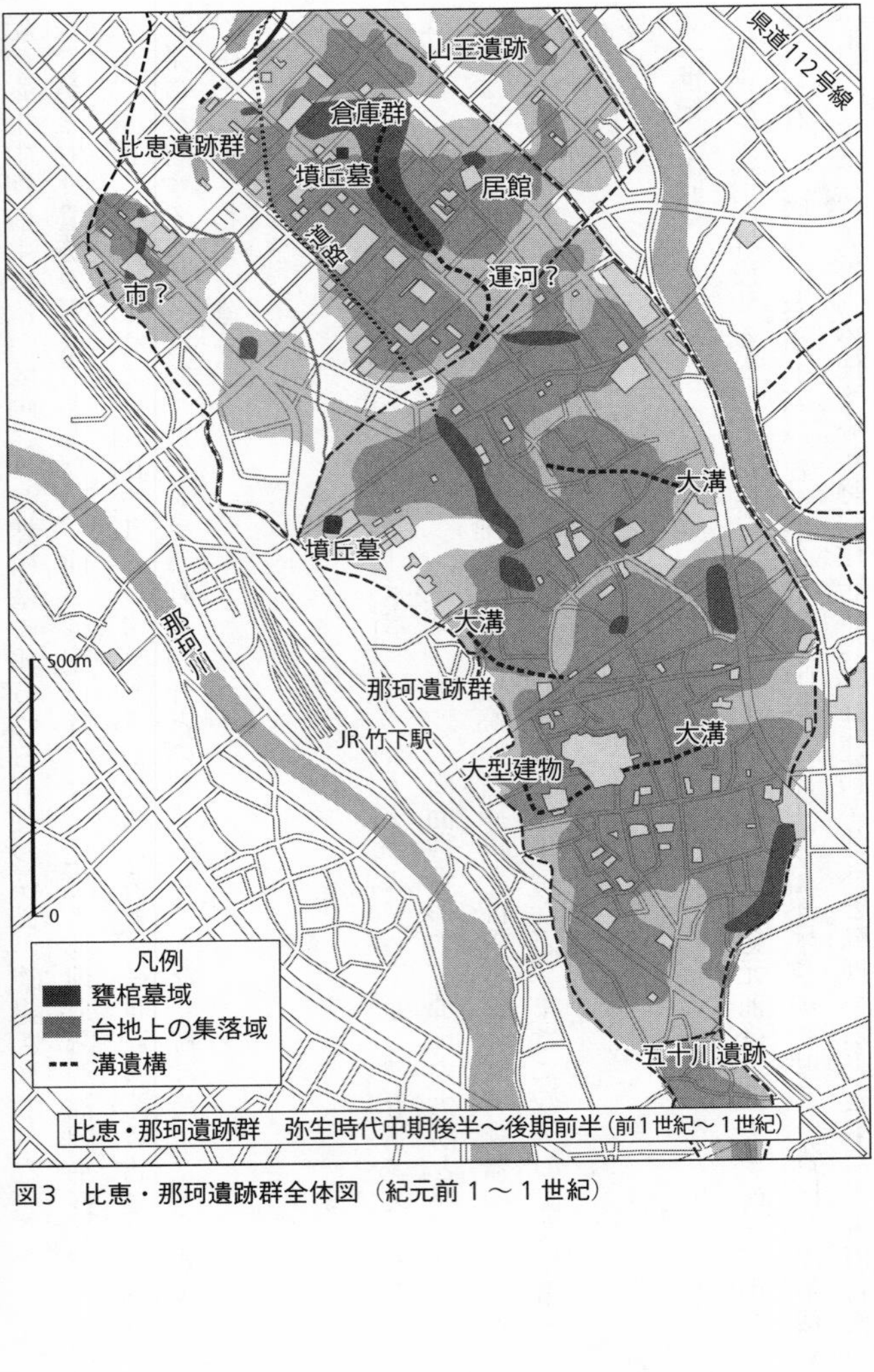

図3　比恵・那珂遺跡群全体図（紀元前１〜１世紀）

の首長居館の先駆けとも言える超大型の建物が建てられる。

　そして、かなり重量のあるものを保管するために建てられたような高床倉庫群が、比恵の中央部北寄りに、二ヘクタールにわたって集中して存在する。倉庫群の南側には、モノの売買が行われる「市」的な空間も想定される。その根拠は、この時期から増えてくる外来系土器だ。吉備、讃岐、伊予などの瀬戸内系土器を筆頭に、列島各地の土器の搬入量が増加し、人の出入りが激しくなったことをうかがわせる。

　工房群も比恵地区中央部に集中して存在し、青銅器やガラス生産が継続していることがわかる。鉄器の出土量もさらに増大している。

三世紀前半（弥生終末）

　街づくりは、丘陵全体を対象とした計画にもとづいて行われた（図4）。基準となる道路が敷設され、それに沿って建物が配置されたようである。比恵・那珂遺跡群を南北に貫く幅五〜九メートル、長さ一・五キロメートル以上も続く、側溝を備えた道路がそれである。この道路沿いに、住居や建物、周溝墓が配置されている。直線的な南北道路には、交差点や分岐点まであったという。

　比恵の中枢域には、南北道路と平行して首長の居館を囲むような環溝群が造られた。とくに二号環溝は、那珂八幡《はちまん》古墳の被葬者の居館ではないかという説もある。辻田淳一郎は、こうし

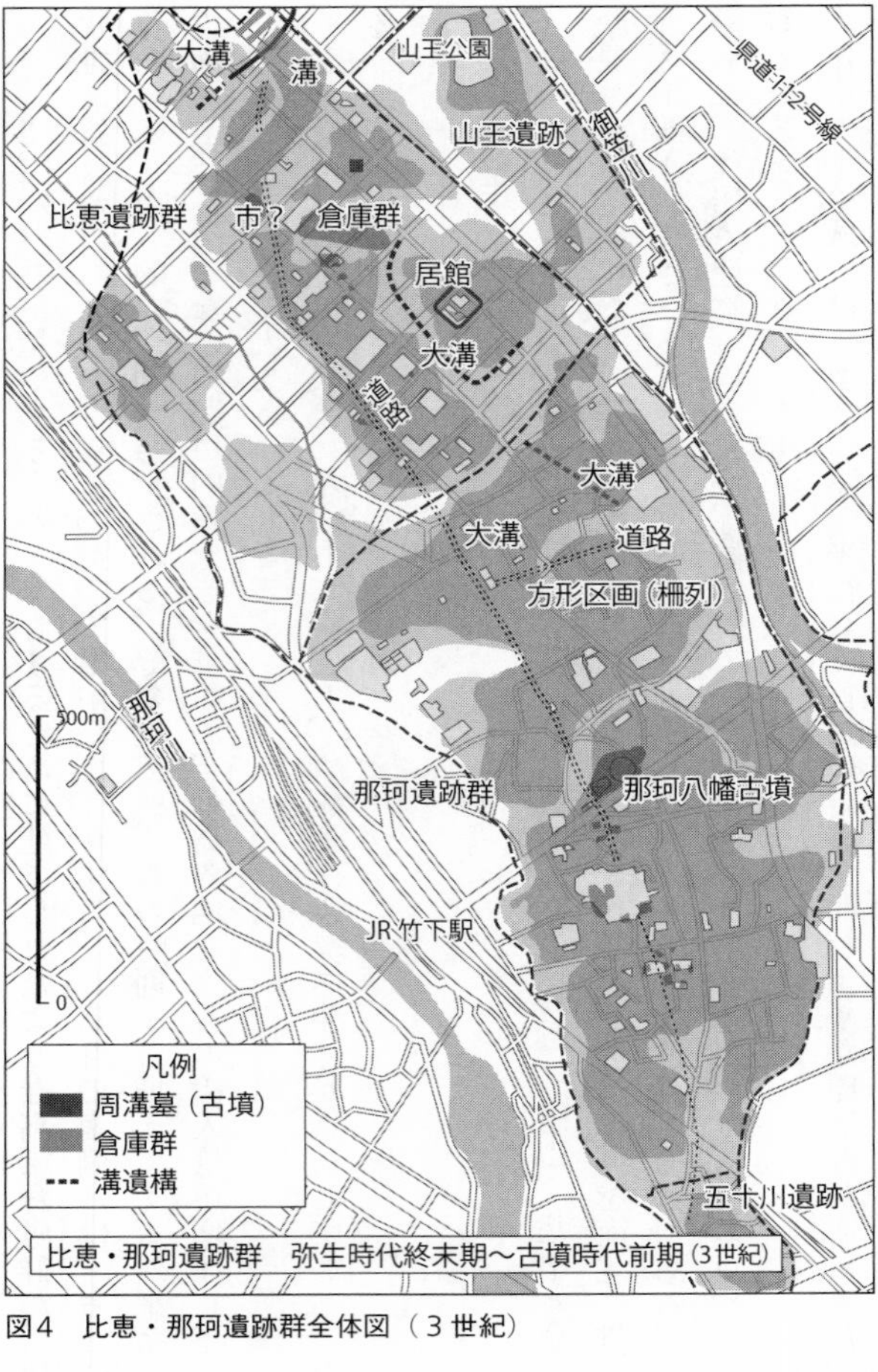

図4　比恵・那珂遺跡群全体図（3世紀）

た「道路状遺構」と墳墓が一体化して造り上げられる景観を、「初期ヤマト政権」の中枢域に匹敵するものとして、同時期の纒向遺跡になぞらえた（「古墳時代の集落と那津官家」）。

この段階の「市」と考えられている地点から出土する土器には、前代に比べてさらに広い地域からのものが認められ、韓半島から近畿に至る各地のものがある。とくに韓半島系の土器の出土は目を見張るものがある。福岡平野全体における出土量のなかでも、比恵・那珂遺跡のものが圧倒的な量を占めるのだ。とりわけ馬韓系の土器が多いことから、久住猛雄に代表されるように、博多湾交易の開始の結果と考える研究者もいる。

このように、比恵・那珂遺跡は前二世紀末以降、約五〇〇年にわたって奴国における中心的な交易センターであり続けたのである。

南北道路と墓のある「都市」

前方後円墳の母胎と言えるものも、比恵・那珂遺跡に見つけることができる。南北道路に沿って居並ぶ多数の墓（周溝墓）がそのヒントだ。この周溝墓は個人の墓だった可能性が高いと考えられている。松木武彦の表現を借りれば、個別墓が集まったエリアはまるで「陵苑」だ。そのなかでもひときわ目立つ全長七五メートルの墳丘を持つ那珂八幡古墳は、彼らの盟主の墓と推定される。

この古墳は三世紀中ごろから四世紀にかけて造られたと考えられており、魏から卑弥呼がも

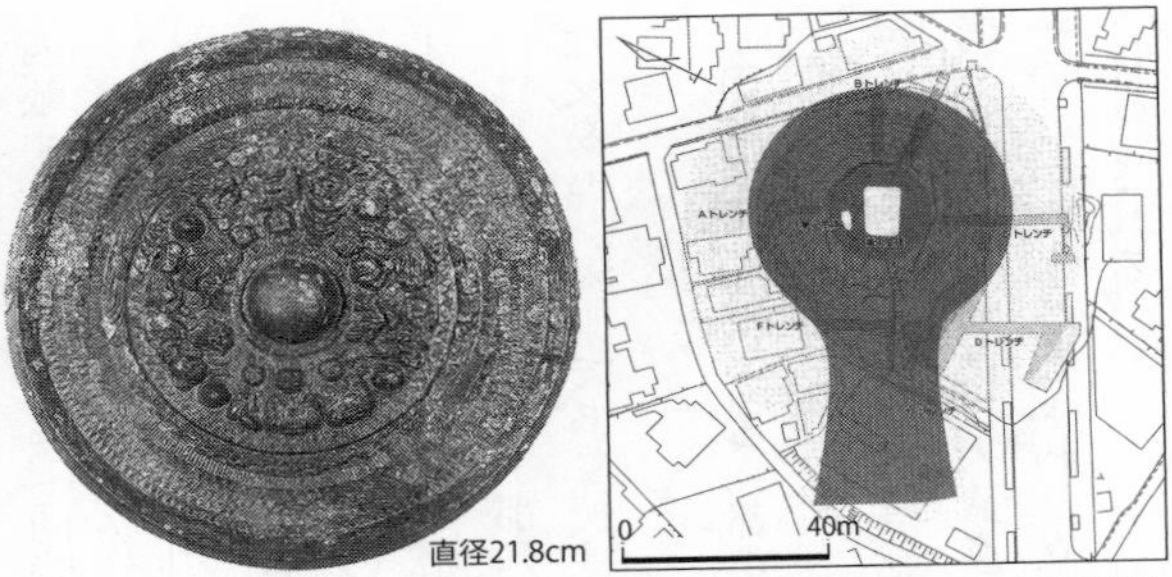

図5　福岡・那珂八幡古墳墳丘実測図と副葬されていた三角縁神獣鏡

らった鏡という説が有力な三角縁神獣鏡が出土していることから、近畿中枢部と関係を持つ人物の墓と考えられている（図5）。

地図に沿ってさらに説明しよう（図4）。博多湾につながる運河がある丘陵の入り口から南へ進んで、長さ一・五キロメートルもある直線道路のもっとも奥、心臓部にあたるところに「陵苑」がある。そこから今度は逆に直線道路を北に進むと、まずは那珂八幡古墳の被葬者の居館、すなわち政を行ったと思われる中枢域に至る。そこを越えると、博多湾交易の要である物資を蓄えたと思しき倉庫群街へとたどり着く。

こうした機能を異にする複数の空間・場を持つ遺跡は、もはや水田稲作民の居住地と言うよりも、それ以上の存在である可能性が高い。それが「都市」と呼ばれるゆえんである。

遺跡に暮らした人びとについても多種多様だったようで、工房で青銅製品、鉄製品、ガラス製品などを作る工人たち、韓半島から近畿まであちこちから物資を求めて集まった人たちなど、血縁関係の薄い大勢の人びとが寄り集まっていた可能性も十分考えられる。

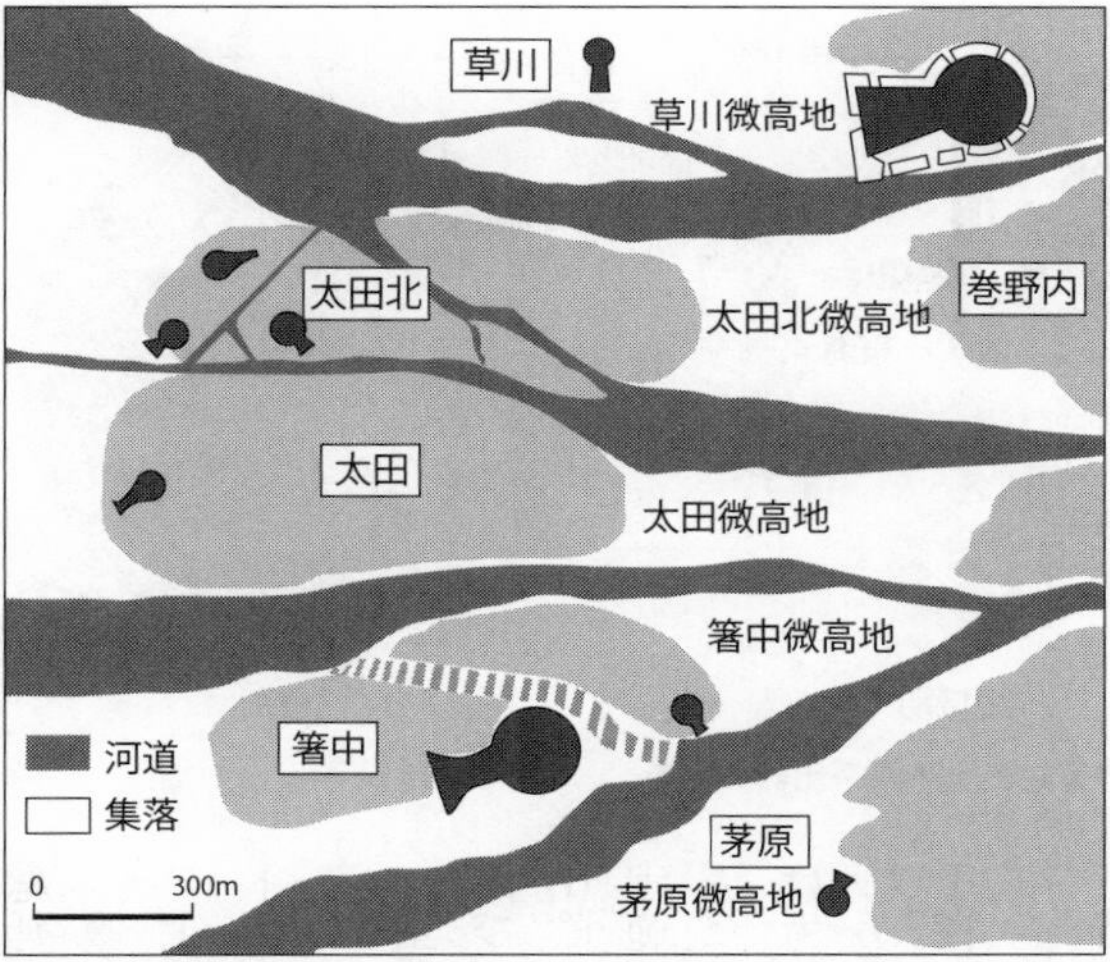

図6　纏向地域の復元（薄いグレー部分は古墳時代前期における狭義の纏向遺跡）

纏向遺跡

続いて、纏向遺跡に目を移そう。纏向遺跡は奈良県の東南部、三輪山西麓の扇状地にある遺跡で、庄内0式土器の段階に突如として出現したとされている（図30）。寺沢薫によれば、それは従来のいかなる巨大弥生集落とも異質な政治的な都市の誕生であった（『王権誕生』）。

寺沢の言う「マチ」の建設は、巨大な運河の造成から始まったとされる。三世紀前半には、その広さが一キロ四方に、三世紀後半には一・五キロ四方に拡大すると言われており、なんと唐古《からこ》・鍵《かぎ》遺跡の六倍にも達するという（図6）。運河は両岸をヒノキの矢板で補強されていて、

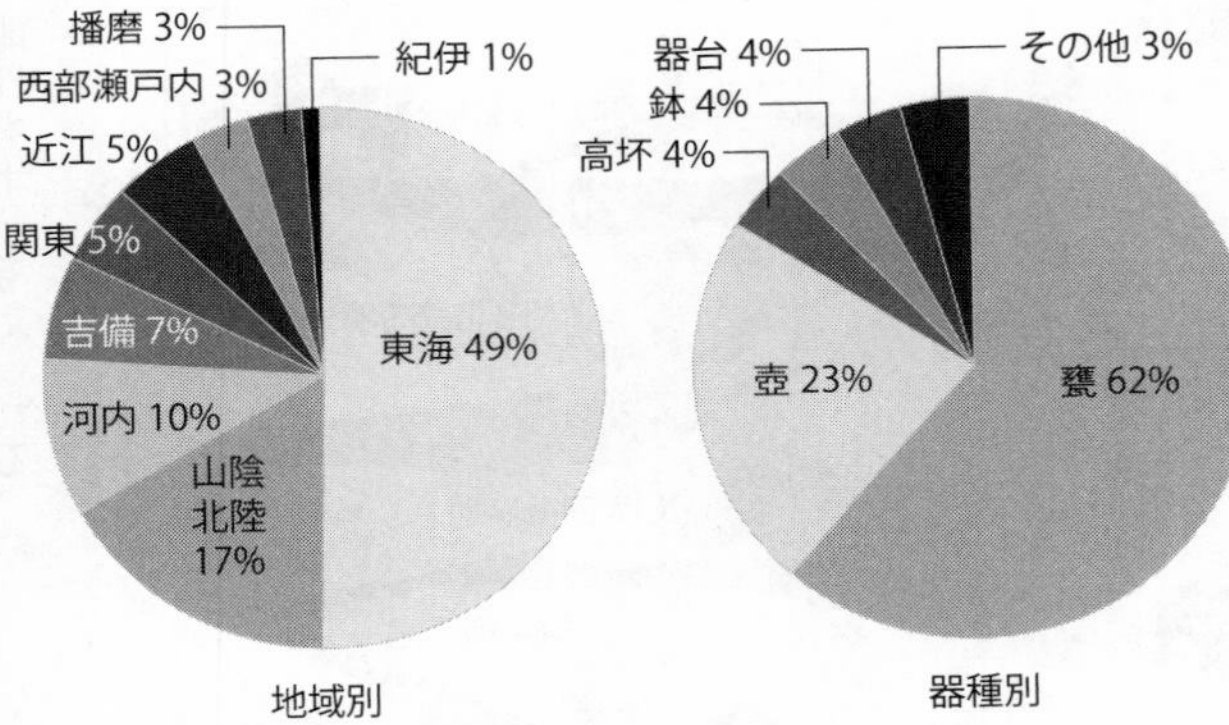

図7　纏向遺跡出土外来系土器の比率

総延長は二・六キロメートルに及ぶ。

纏向遺跡の出土遺物の特徴は、なんといっても在地の土器以外の外来系土器の比率が平均で一五パーセントもあることだ。地点によっては三〇パーセントを越えるところもあるという（図7）。

土器の製作地は、南は九州から東は関東南部までに及び、なかでも中心になったのは瀬戸内中・東部地域、山陰、北陸、伊勢湾沿岸地域だった。当時の倭国の推定範囲すべての土器がみられるということは、単に物流だけの関係ではなく、政治的な理由があったと寺沢は考えており、たとえば建設や古墳造営のために王都にかり出された「転勤族」が存在していた可能性や、王権を構成し支えた国々の出先機関が設けられていた可能性などを挙げている。

寺沢は、纏向遺跡周辺は大阪湾から大和川、初瀬川とさかのぼる途中、陸路に切り替わる地点のもっとも奥まった港市であったと考え、重要視している。

岡山の状況

纏向や比恵・那珂遺跡に比べると、岡山の遺跡については調査面積が限られているために集落群の全体像が把握しづらい。

しかしながら、墓については津寺・加茂遺跡群の北側から西側にかけての丘陵上に、甫崎天《ほさきてん》神山《じんやま》をはじめ、郷境《ごうざかい》・黒住《くろずみ》・矢部などの方形の墳丘を持つ個別墓群が並び、その一角に墳丘長が約五〇メートルに達する前方後円墳の矢部大圦《やべおおぐろ》古墳がある。また、南東側丘陵上にも墳丘長約三五メートルの矢藤治山《やとうじやま》古墳が築かれている。松木武彦は、この事実をもって吉備にも「陵苑」が発達していた可能性が高いと論じている（『古墳とはなにか』）。

3　博多湾交易の成立——新たな対外交易機構

鉄素材の確保と古墳時代成立説

ここで、中国鏡や鉄素材など、列島内では生産できない器物がどのようにして海を越えて列島社会に入ってくるのか、その仕組みとしての交易機構について確認しておこう。

中国鏡や鉄素材などは、中国や韓半島から海を越えて列島社会にもたらされる。これらの貴重な器物を生産地から消費地まで安全に輸送するには、輸送を担う海人集団を把握し、ルート上の安全などを保証する必要がある。

そうした交易機構について、九〇年代までの学説では、もともと九州北部勢力が掌握していた状況が、弥生時代後期に倭国で起きた争乱（倭国大乱）を機に変化し、瀬戸内や近畿の勢力が奪取、それによって瀬戸内や近畿への鉄素材の供給量が増大した、と説明されてきた。そのことが、古墳時代が始まる重要な契機の一つとなったとも考えられていた。

しかし後述するように、二〇世紀の終わりごろから、三世紀になっても九州北部に大量の鉄が保有されていた事実は変わらないことが徐々に明らかにされていった。現在では、少なくとも鉄素材に関しては、古墳前期以前に掌握権の移動は起きていなかったと考えられている。

博多湾交易の成立

現在は、定型化した前方後円墳が完成する布留《ふる》0式土器の段階に至る直前の時期（庄内3式段階）に、博多湾を窓口とする「博多湾貿易」が興り、そのルートを通じて海外の物資が列島にもたらされたという説に賛同する研究者が多い。

博多湾貿易は、二〇〇七年に久住猛雄がはじめて提唱したもので、三世紀前葉に成立したとされる（「「博多湾貿易」の成立と解体」）。当時の対外交易機構の新しい見方として注目された。

先に述べたように、比恵・那珂遺跡のある福岡平野で、韓半島から近畿に及ぶ広い範囲の土器が三世紀ごろから出土するようになったことも、交易機構の玄界灘沿岸地域側のハブが、糸島から博多湾に移ったことを裏付ける証拠と考えられている（図8）。

そもそも海外の器物は、前三世紀の弥生中期前半以来、韓半島の慶南勒島《キョンナムヌクト》から原《はる》の辻《つじ》・糸島ルートを通じて、九州北部の糸島地域、それからさらに東方へと流れていた。

弥生後期になると、ルートの途中途中にハブと言える拠点ができる。福岡県の西新町《にしじんまち》遺跡や比恵・那珂遺跡、岡山県の足守川流域などである。

やがてこれらのハブのなかでも纏向遺跡が突出した存在となり、中継地点としての確固たるポジションを確立する。そのことが、纏向型前方後円墳の造営につながったと考える研究者は多い（寺沢薫『王権と都市の形成史論』、下垣仁志『古墳時代の国家形成』ほか）。

ただし、その時期を庄内式古段階と考える寺沢と、博多湾交易が成立する庄内3式段階と考える京都大学の下垣では、想定する時期が異なる。

ともあれ、新しい対外交易機構の媒介者として隆盛を極めた纏向遺跡が、定型化した前方後円墳ができる前に成立したことは、中国鏡や鉄素材が列島内を流通する上での一つの画期だったと言って差し支えないだろう。

3：大和型庄内甕
（比恵遺跡群）

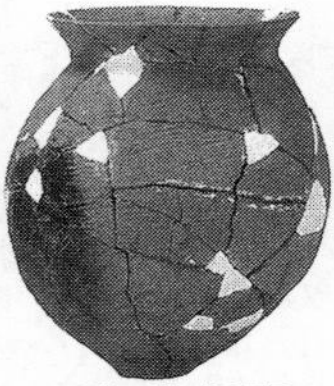

2：近畿Ｖ様式系甕
（多々良込田遺跡）

1：西新式甕（雀居遺跡）

6：矢羽状タタキの筑前型
庄内甕（雀居遺跡）

5：筑前型庄内甕
（下月隈Ｃ遺跡）

4：筑前型庄内甕
（雀居遺跡）

9：手焙形土器（雀居遺跡）

8：東海系Ｓ字状口縁台
付甕（博多遺跡群）

7：北部九州型布留甕
（博多遺跡群）

図8　3世紀の福岡平野の土器

4 「古墳」とは何か?――成立をめぐる議論

古墳時代のはじまりをめぐる、これまでの議論

弥生時代から古墳時代への移行期、そして古墳時代のはじまりの時期については、墓制の変化を指標に議論されている。松木武彦による整理にしたがえば、大きく言って通説は次のA～Cの三つに分けられる（「岡山平野における居住高度の通時的推移」）。

Ⓐ岡山県楯築墓、島根県西谷《にしだに》墳墓群3号墓など、五〇～八〇メートルもの大きな墳丘を持つ墓が出てくる二世紀半ばを画期とする。古墳時代のはじまりをもっとも早く考える説である。松木武彦に代表されるが、間壁忠彦・葭子、石野博信のように、墳丘を持っているものは古墳と見なし、古墳時代の開始をさらにさかのぼって捉える研究者もいる。

Ⓑ奈良県東南部に纒向遺跡が成立するとともに、墳長が一〇〇メートル以下の墳丘を持つ前方後円形の墳墓が現れる庄内式段階を画期とする。細かく分けると、庄内式古段階説と新段階説の二つに分かれる。はじめて纒向型前方後円墳と纒向遺跡の出現を指標に用いて古

墳早期説を提唱した寺沢薫をはじめ、森岡秀人、岸本直文らがいる。ただし、寺沢は庄内式古段階のはじまりを三世紀初めとしている（布留0式段階は三世紀後半〜末としている）。

Ⓒ定型化した前方後円墳である箸墓古墳が出現する布留0式段階を画期と捉える。古墳前期を古墳時代のはじまりとする説である。近藤義郎、都出《つで》比呂志、白石太一郎、広瀬和雄、土生田《はぶた》純之《よしゆき》、車崎正彦、福永伸哉、北條芳隆、上野祥史《よしふみ》、下垣仁志、辻田淳一郎などがいる。

三つの説を年表にまとめたのが図9である。以下で順にみていこう。

コラム1　古墳成立の論理

これまで古墳が近畿中枢部で最初に出現する理由についていろいろな説が出されてきたが、年代ごとに有力とされてきた説は以下のようにまとめることができる。

一九五〇年代は、弥生後期の大近畿社会を母胎に古墳が成立すると考えられた。大近畿社会たるゆえんとして、近畿地方における稲作農耕の安定性、銅鐸など広域青銅器祭祀の

西暦	年輪年代	中国	時期区分 上野2017 松木2021	時期区分 寺沢2000	中国鏡 上野	主な遺跡	その他
				I			
	前156					八日市地方	
前150				II	漢鏡2期		少雨・乾燥
	前113					八日市地方	
前100		前漢	中期				
				III	漢鏡3期		多雨・寒冷化始まる
	前52						
前50						池上 須玖岡本 三雲南小路	
前1 後1				IV	漢鏡4期		
		8 新 25				井原鑓溝	
50			後期		漢鏡5期		東方世界で鏡片・穿孔
100		後漢		V	漢鏡6期	楯築（岸本） 石塚（岸本）	過去2600年で最大の降水量
	127						
150			庄内　早期 I A 庄内古 終末	VI	漢鏡7期	楯築 西谷3号墓 楯築（寺沢）　平原（寺沢）	広形銅矛 銅鐸祭祀の終焉
200		220 魏	庄内新 早期 II B	庄内1〜2 早期	創作模倣	纒向石塚（寺沢） ホケノ山（上野）	画文帯神獣鏡配布（福永・下垣） 画文帯神獣鏡（多面副葬） 鉄製刀剣
250		265 西晋	布留 古墳前期 C	庄内3 前期 布留0 布留1		ホケノ山（寺沢） 箸墓（松木 岸本） 箸墓（寺沢）	三角縁神獣鏡 仿製三角縁神獣鏡
300							

図9　考古事象の年表（弥生中期〜古墳前期）

優位性を前提とした伝世鏡論（古墳などから出土する後漢鏡は弥生時代にもたらされて伝世し、古墳時代になって副葬されたものであるという論）、方形周溝墓の存在などが挙げられた。近畿主導による政治的なつながりを重要視する立場だ。

一九六〇年代以降になると、岡山県を中心とする弥生後期の中国地方において、埴輪の起源となるような特殊器台や特殊壺を使ったまつりが、五〇メートルを超える墳丘を持つ墳丘墓上で行われていたことが明らかになった。これを受けて、近畿の優位性のもと、中部・瀬戸内が協調することによって、近畿中枢部に古墳が造られることになったと説明された。

二〇〇〇年を過ぎると、筑前・吉備・出雲・讃岐の集団指導体制のもと、大和に古墳を造ることになったという説が有力になる。近畿の優位性などは存在せず、大和はただ土地を貸しただけという位置づけである。

Ⓐ古墳時代二世紀中ごろ開始説

弥生後期になると、中国地方で青銅器のまつり文化が終焉を迎える。そして代わりに大型の墳墓を造り、その上で首長の死を弔うまつりが行われるようになる。Aの説は、こうした墳丘上で行われるまつりを起点とし、古墳時代が始まったと捉える。ここで指標とされるのは、五〇メートルを超える巨大な墳丘を持つ墓と、墳丘上で行われたまつりの「出現」である。

この説に対する批判としては、副葬品に中国鏡を含まない点をはじめ、前方後円墳につながる要素がこの段階では限定的であるということや、出現したのが中国地方だが、普及・定着したのは主に近畿というように地域が一貫していない点、長大な墳丘を持つ墓がこの時期には中国地方の一角にしかみられない点などが挙げられている。

そうした批判に対して、A説を支持する松木武彦は、水田稲作が玄界灘沿岸地域で限定的に行われていた段階でも弥生早期と認めることと、原理的には同じであると反論している。

しかし、先述したように、水田稲作のはじまりから農耕社会の成立までが一貫して玄界灘沿岸地域で通して行われた弥生早期と、地域が一貫していないこの時代との違いは依然明確である。

Ⓑ古墳時代庄内式開始説（古墳早期説）

Bの説では、いわゆる「定型化した前方後円墳の要素」をほぼ備えて、かつ初期前方後円墳と同様に広域に広がり階層性を持つ纒向型前方後円墳が出現する時期、すなわち庄内式古段階から古墳早期と考える。寺沢薫をはじめ、墓制だけでなく複数の指標による総合的な判断として、Bの説を支持する研究者は多い。

ただし、この時期は副葬品のなかに中国鏡が含まれていない墓もあり、まだ被葬者個人に鏡の所有権がなかったとみられている。また、墳丘規模が比較的小さく、定型化した前方後円墳と同一視するには差がありすぎるという指摘もある。

いずれにしても、B説は複数の指標を根拠とする点で、墓制という単独の指標に依拠するA説とは根本的に異なる。

ⓒ古墳時代三世紀半ば開始説（古墳前期説）

C説は、はっきりと定型化した前方後円墳だと認められる箸墓古墳の出現をもって、時代を区切る。前方後円墳は複数の指標の集合体と言うことができるため、その意味ではB説に近い。しかし、出現ではなく定着・普及した時点を重視する点が異なる。

C説の支持者のなかでも、出現期の前方後円墳をより細かい二つのグループに分けるべきだと提唱する、東海大学の北條芳隆のような研究者もいる（『古墳時代像を見なおす』、図10）。一つ目のグループは纏向型前方後円墳や讃岐型前方後円墳であり、弥生終末期に出現したものという位置づけである。そして二つ目が箸墓系列とされる第2群前方後円（方）墳だ。北條は、後者の出現をもって、古墳時代のはじまりと見なすべきだと唱えた。

定型化した前方後円墳の指標の一つである中国鏡を軸に考えると、流入時期が製作年代前後に限定されないという問題が残るのだが、それについては、上野祥史が示唆に富んだ発言をしている。いわく、南北朝時代には多彩な漢鏡が流通したことが知られており、たとえば古墓を破壊して得た盗掘品などもあった。日本でも同様の経緯で漢鏡が供給された可能性も低くないという（「南北朝時代に保有した鏡」）。

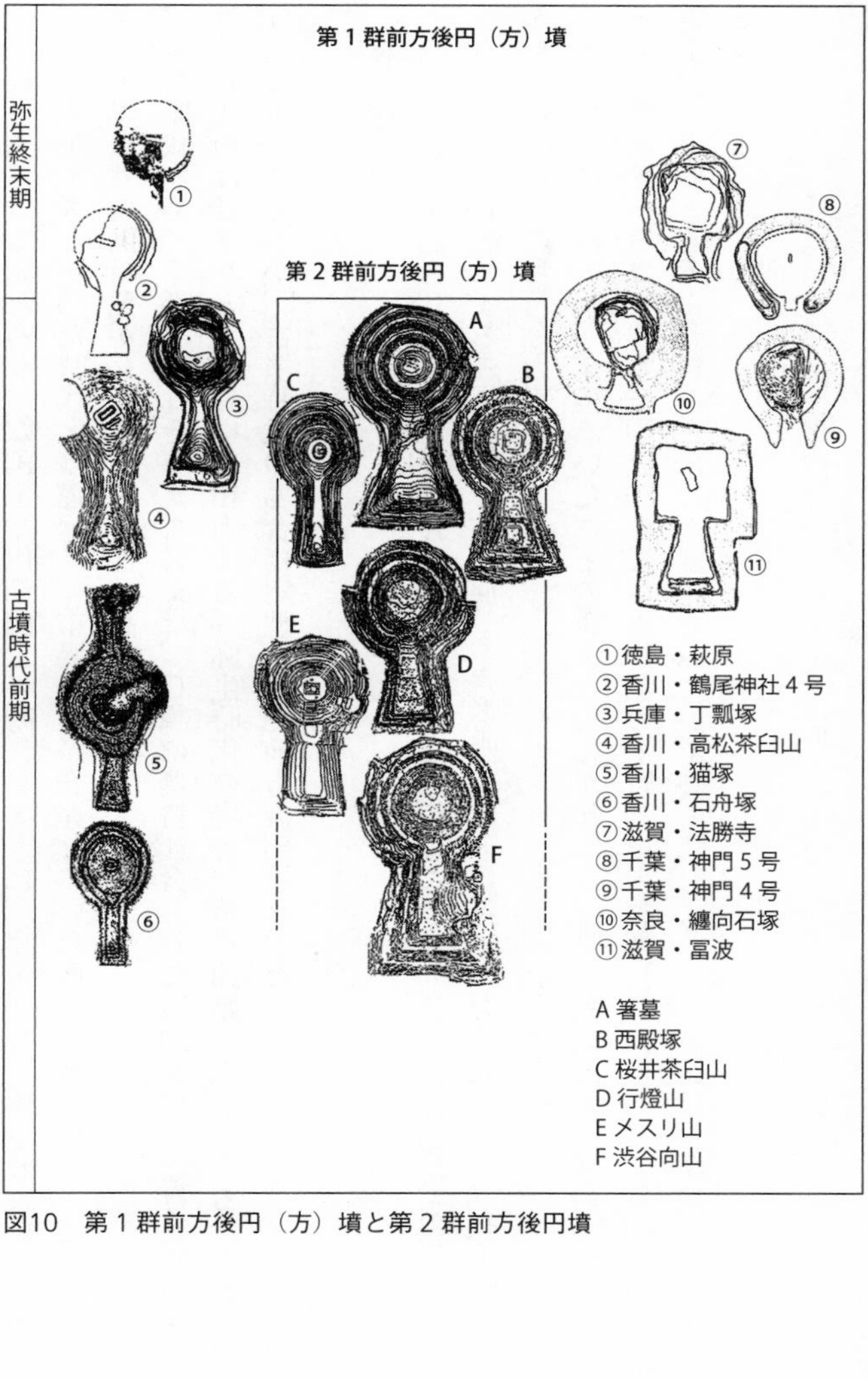

図10　第１群前方後円（方）墳と第２群前方後円墳

これはありうる話だろう。奴国王や伊都国王の時代のように、皇帝から下賜されない限り中国鏡を入手できなかった時代とは違って、市場経済が発達していた南北朝時代においては、公式な下賜以外の供給源が存在した可能性は高い。

弥生時代をめぐる議論になぞらえて言えば、C説は農耕社会として質的転換を遂げた時点を弥生時代のはじまりとする立場に相当する。弥生時代の場合、時代開始の焦点となる考古資料は環壕集落であるが、古墳時代の場合は定型化した前方後円墳なのだ。

移行期の設定

以上の議論を総合して、本書ではA説にもとづく二世紀中ごろ（寺沢説は二世紀後葉だが）を起点、そしてC説による三世紀中ごろ（同じく寺沢説では三世紀後半）を終点として、弥生時代から古墳時代への移行期と考える。

では、このほぼ一〇〇年のあいだにどのようなことが起こり、日本列島はどう変わっていったのか。次節からは、松木や国立歴史民俗博物館の上野祥史の整理にしたがって、墓制、鏡、青銅器、土器と、考古資料ごとにその変化をみていくことにしよう。とりわけ、所属性の変遷に注目する。

コラム2　国立歴史民俗博物館総合展示にみる移行期の扱い

筆者が勤める国立歴史民俗博物館の展示において、弥生から古墳への移行期がどのように扱われてきたのか、この三〇年間で行った二度の展示にみてみることにしよう。

一九八三年に開館した歴博の総合展示では、弥生時代を扱った「イネと倭人」、古墳時代を扱った「前方後円墳の時代」というテーマ立てであった。展示を作った白石太一郎・春成秀爾《はるなりひでじ》・杉山晋作は、古墳時代を以下のように説明する（『歴博ガイドブック』二〇一一、一〇頁）。

日本各地で各々特色ある墳丘をみせる墳墓が作られた弥生時代の末期には、大規模な墳丘をもつ首長墓も登場しました。その後、3世紀後半から4世紀初頭にかけて、はるかに巨大な規模で画一的な内容をもつ墓として、前方後円墳が西日本各地に現われます。この現象は、西日本各地の有力首長層のあいだに、広範囲な政治的同盟ができたためであると考えられます。

つまり弥生終末期は古墳展示の冒頭に、弥生時代の末期、すなわち古墳時代の前史として位置づけられ、多様な墳丘墓が各地に造られたと紹介されている。古墳時代の冒頭には巨大な箸墓古墳の模型が古墳時代の象徴として置かれていたのである。

次いで二〇一九年にリニューアルした際に、古墳時代を担当した上野祥史・松木武彦・高田貫太は、「倭の登場」という大テーマ名で、弥生中期末から古墳前期初めまでを移行期として独立した展示とした。移行期と、次の古墳時代の大テーマ「倭の前方後円墳と東アジア」は次のように説明されている。

（前略）倭の対外交流は朝鮮半島南部を越えてひろがり、日本列島各地の様子と関係も変えていきました。このテーマでは、中国から朝鮮半島へ、対馬、壱岐、九州北部、瀬戸内海沿岸、日本海沿岸、近畿、東海、中部関東と海を通じた交流について、倭人がみていた心象風景を通してみていくことにしましょう。最後に纏向型前方後円墳と箸墓古墳の模型があります。どちらが古墳時代のはじまりにふさわしいでしょうか。皆さんも考えてみて下さい。

対外交流を通じて倭国内の各地の倭人が、どこかの勢力に統制されたわけでもなく、自由に交流して地域色豊かな文化を育んでいたことがわかります。そして移行期の最後に、ホケノ山と箸墓古墳を置くことによって、庄内3式と布留0式を移行期の最後に位置づけた点に特徴をもちます。

続いて「倭の前方後円墳と東アジア」では、このように説明している（『国立歴史民俗博物館ガイドブック』二〇一九、一〇～一一頁）。

3世紀に入ると、各地の結びつきが強くなり、有力者たちは、中国や朝鮮半島との交流や競合のなかで、やがて3世紀の中ごろには一人の王の下につながる仕組みを作り出しました。倭王の誕生です。倭王を頂点とする岩手県から鹿児島県に至る各地の有力者（王）の地位や勢力は、倭王の墓である200メートルを越える巨大な前方後円墳を代表とする同じ形の墓を、地位や力に応じて規模や内容を異にして作りました。（後略）

このことからもわかるように、まだ纏向遺跡や纏向型前方後円墳が明確に定義されていなかった八〇年代の初めごろには、移行期が弥生終末に位置づけられ（弥生Ⅵ期）、日本各地に多様な首長墓が存在した段階として捉えられていた。

それとは対照的に、古墳前期になると巨大で同じ形の前方後円墳が西日本の各地に現れ、近畿と各地の有力首長層とのあいだに広範囲な政治的同盟が結ばれていたと考えられた。

しかし、二一世紀になると、箸墓古墳の成立までは移行期として独立した展示となり、中国（楽浪郡）から関東までの地域間交流や対外交易をメインとした展示となった。

そうした地域間交流は三世紀に入るといっそう強まり、対外交易を円滑に進めるために、三世紀中ごろには一人の倭王の下につながる仕組みが生まれた。そして、東北から九州までの地域に、各地の有力者（王）の地位や勢力に応じた規模や内容で、倭王の巨大な前方後円墳と同じ形の墓が作られることになる。

展示の文言は、それまで結びつきの背景とされていた「政治的同盟」という言葉は消え、「対外交渉で生じる利害の調整を目指し、結びつきが強まる」に変化している。そこには唯一の有力な地域首長は存在せず、各地の有力首長たちによる調整の結果、誕生した倭王が存在すると結論づけられた。

5 前方後円墳の誕生――指標① 墓制

前方後円墳のパーツ

そもそも前方後円墳とは何か。六〇年代からこの分野の研究をリードした岡山大学の近藤義郎の定義によると、弥生時代の墳丘墓の地域性を断ち切った画一性を持ち、規模や副葬品の量を飛躍的に拡大させた大型の前方後円形の墳丘を持つ墓である。被葬者が葬られた円形の墳丘の前面に、方形の張り出しがついているという特徴がある。弥生時代の各地に存在した墓の要素を統合しながら、新たに創造された構築物と考えられる。

パーツそれぞれの由来は、大型の墳丘および墳丘上で行うまつりが吉備や出雲、葺石《ふきいし》が出雲、竪穴式石室が東部瀬戸内、豪華な副葬品が九州北部といった具合である。本節では、弥生時代の墓にみられる前方後円墳のルーツについて、寺沢薫、北條芳隆、松木武彦の見方を参考にしながら、たどってみることにしよう。

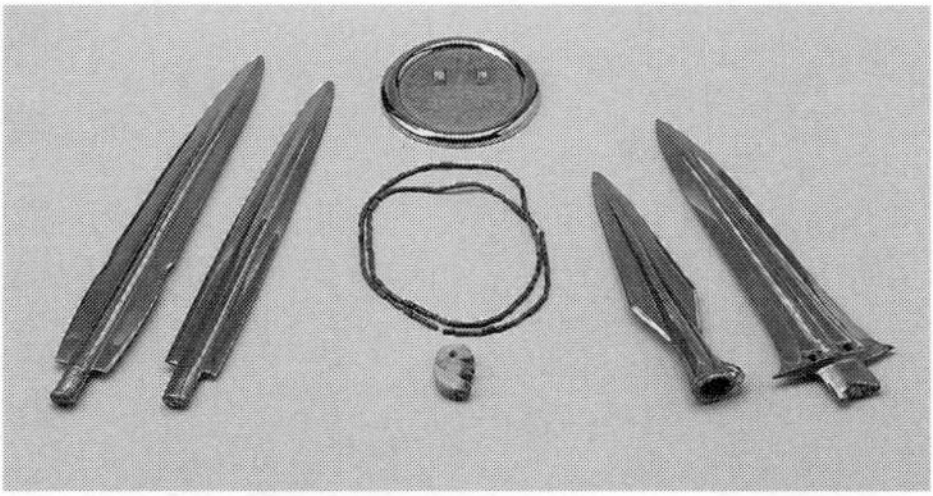
図11　最古の王の副葬品復元複製品（原品：福岡市博物館）

弥生厚葬墓の出現

もっとも古い厚葬墓として、福岡市の吉武高木《よしたけたかぎ》遺跡三号木棺墓が挙げられる。

この墓からは、鏡・剣・玉という、のちの三種の神器につながる組み合わせの副葬品が出土しており、前四世紀後半（中期初頭）のものと考えられている（図11）。

鏡はつまみ（鈕《ちゅう》）を複数持ち、精緻な幾何学文様があることから、多鈕細文鏡《たちゅうさいもんきょう》と呼ばれる。製作地は韓半島のようだ。加えて、剣・矛《ほこ》・戈《か》という青銅製の武器、ヒスイ製の勾玉《まがたま》と碧《へき》玉《ぎょく》製管玉《くだたま》が発掘されている。

注目されるのは、副葬品の置かれ方である。とくに遺体の左側に鏡と武器を重ねておくという方法は、副葬品の種類だけでなく、当時の韓半島で行われていた置き方の決まりまで忠実に守っている。

そして、海外の貴重な品々や財物を惜しげもなく副葬してしまう「喪主」とその一族の気前の良さ。九州北部玄界灘沿岸地域にみられるこうした副葬の仕方は、それをみた人びとの心に彼らの特別な立場や地位、財力を印象づけるに十分だったようだ。

王墓を頂点とするランクづけ

いわゆる伊都《いと》国王、奴国王の墓として知られる福岡県の三雲南小路《みくもみなみしょうじ》遺跡と須玖岡本《すぐおかもと》遺跡D地点（図12）。弥生中期のものである。

ここから出土した高さ一メートルを超える超大型甕棺には、前漢鏡など中国製の大型鏡が三〇面以上副葬されていた。これは、前期の前方後円墳にも匹敵する量である。

それだけではない。前漢の皇帝から下賜されたと考えられるCDのような形をしたガラス製の璧《へき》、木棺の装飾用金具など、中国でも王侯貴族しか持っていないような品々が惜しげもなく副葬されている。

高倉洋彰や常松幹雄の指摘によれば、当時の九州北部（福岡・佐賀・長崎）には、伊都国王や奴国王を頂点とする首長のランクづけが存在した（図13）。これは、古墳前期の前方後円墳にみられる序列と格差づけの先駆けのように思われる。

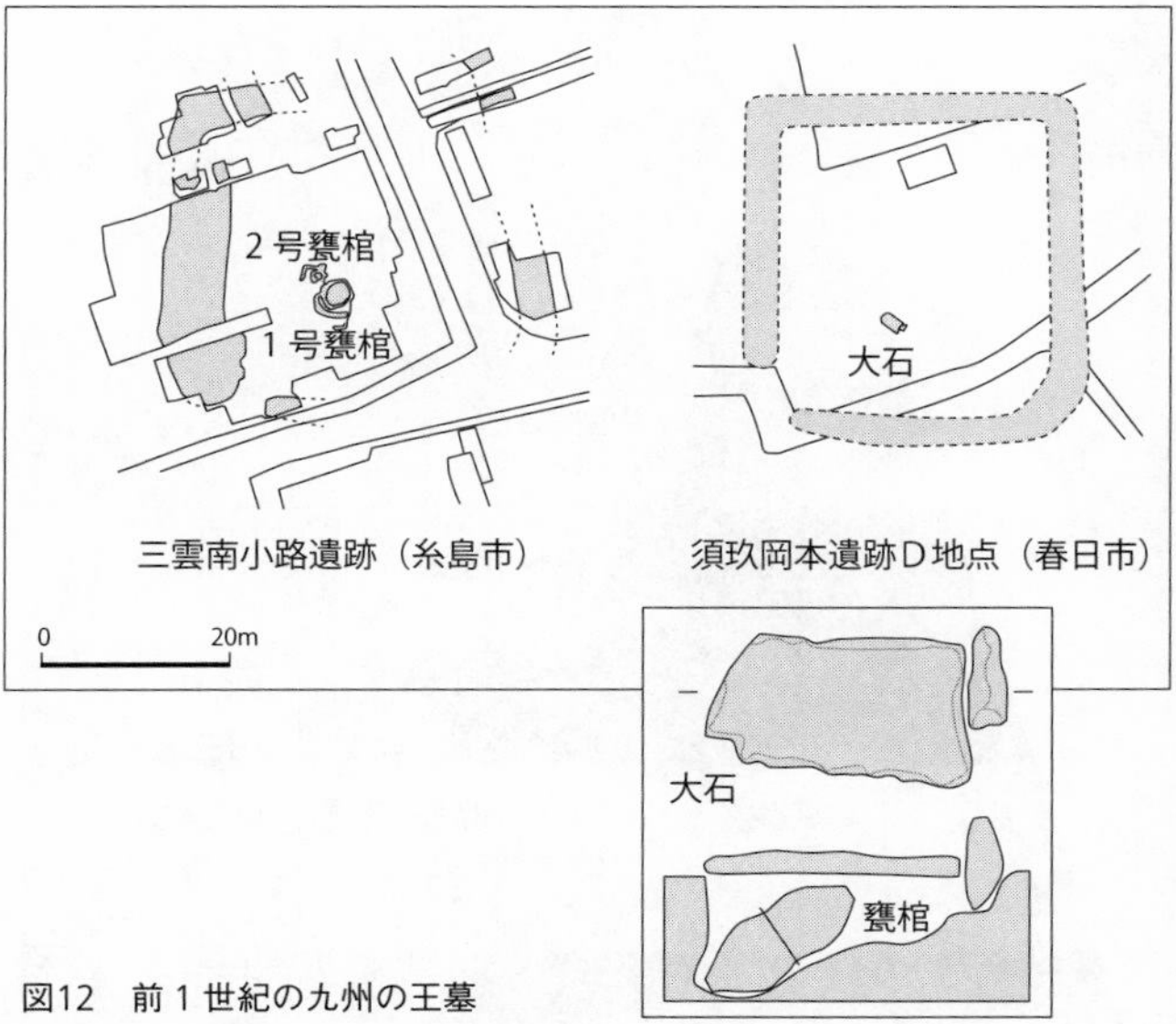

図12　前1世紀の九州の王墓

中国鏡の枚数と鏡面の大きさ、あるいは青銅武器を持っているのか、あるいは青銅製武器しか持っていないのかといった、副葬品の特徴から推定されるのは、個々の親族やむらの「系図」の枠組みを超えた、九州北部一円に及ぶ広い範囲での結びつきである。外交や戦いの場で活躍する九州北部の有力者たちが寄り集まった、一種の「連合組織」だったのではないかとも考えられる。

いかにもプロト古墳といった趣の連合組織だが、のちの古墳にみられるように、甕棺に葬られた被葬者を神格化するような意図を読み取ることはできない。そのため、彼らはあくまでも現実的な社会において、当時の九州北部の社会的な代表者かつ差配者として認識されて

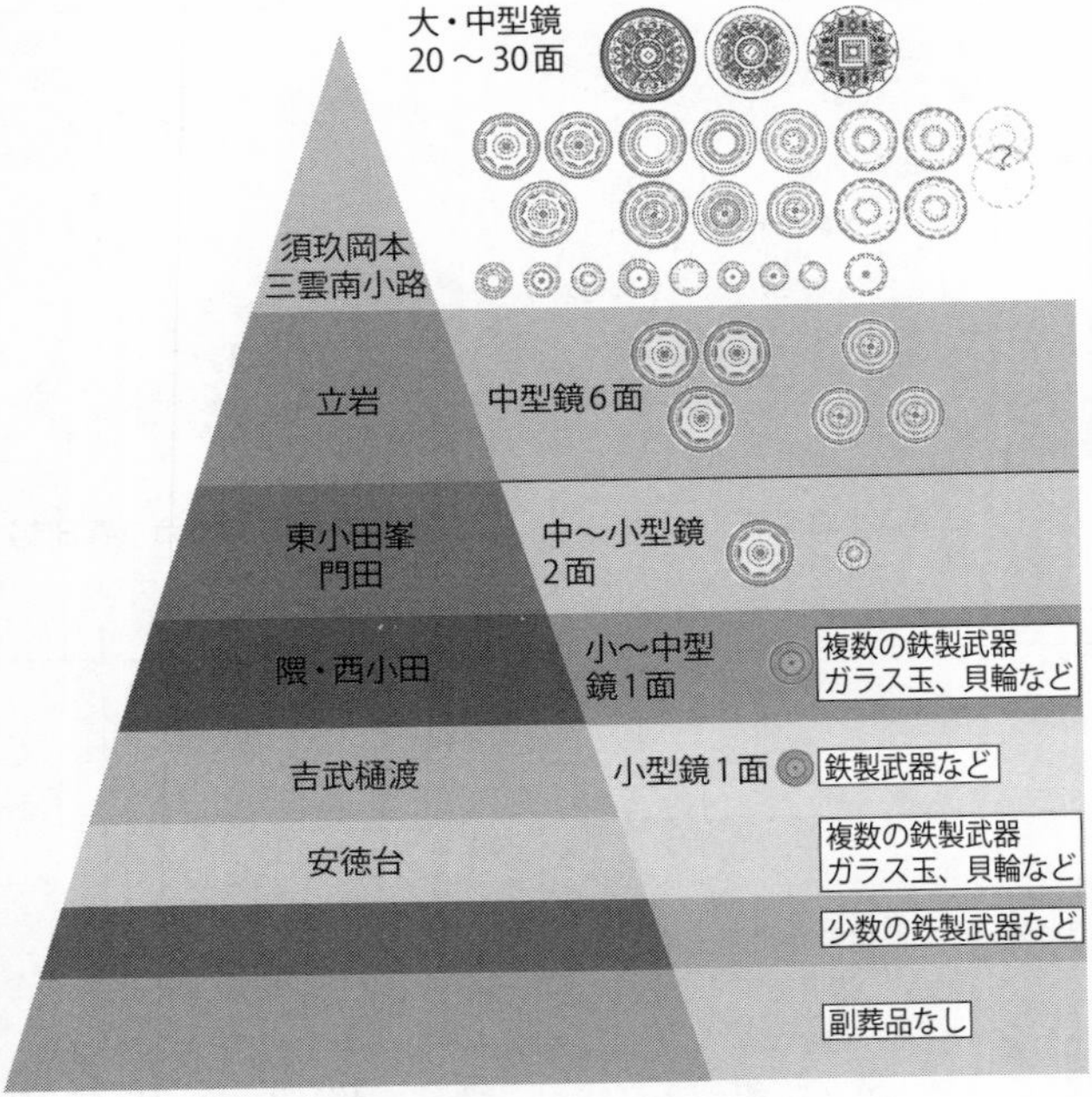

図13　王（首長）墓の副葬品と格差（福岡県内）

いたと推測することができる。

この伝統は、隣の中国地方で墳丘が巨大化する弥生後期になっても変わらず、貧相な外観と豪華な副葬品という二面性が維持される。古墳時代になっても、玄界灘沿岸地域では一〇〇メートル以下の小さな前方後円墳が造られ続ける。

大陸に近い九州北部ではすでに紀元前の時点で、鉄素材など海外の貴重品の流通や生産活動を現実社会のリーダーが取り仕切るという仕組みができあがっており、共同体のメンバー全般に承認されてい

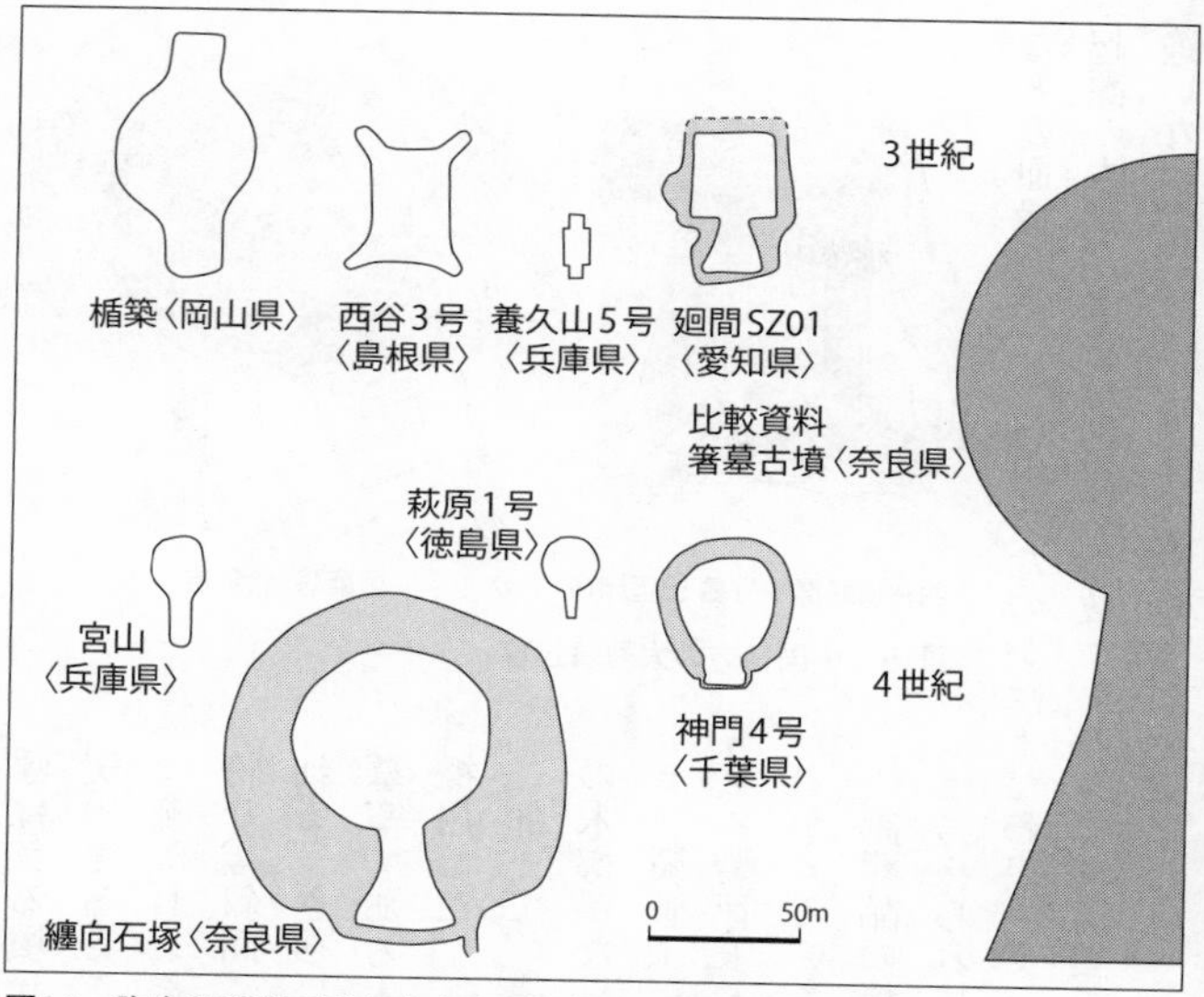

図14　弥生墳丘墓の形と大きさ（年代観は90年代のもの）

たのではないかと考えられている。

墳丘の拡大

弥生後期中ごろになると、山陰や吉備において五〇メートル以上の墳丘を持つ墳墓が現れ始める。これらは前方後円墳が持つ巨大な墳丘の先駆けだ。

図14は、弥生後期の墳丘墓と定型化した前方後円墳である箸墓の大きさを示したものである。弥生後期から、庄内式段階の纒向石塚までは少しずつ大きくなっていることがわかるが、箸墓とのあいだには越えがたい壁があることもわかる。例として、出雲の西谷墳墓群三号墓と吉備の楯築墓を取り上げよう（図15）。

西谷墳墓群三号墓は、四隅突出型と

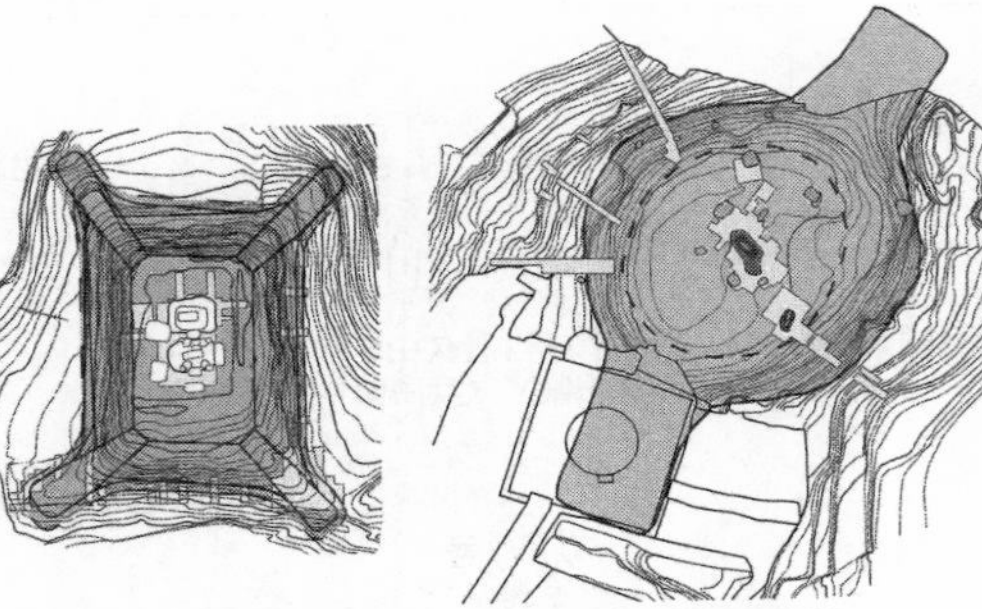

西谷墳墓群３号墓（出雲市）　楯築墓（倉敷市）

図15　中国地方の大型墳丘墓

呼ばれる墳丘を持ち、方墳の四隅がヒトデの手のように突出するところに名の由来がある。突出部を入れた長さは縦におよそ五〇メートル、横におよそ四〇メートルを誇り、斜面には前方後円墳の葺石につながる貼石《はりいし》がみられる。さらに中国や韓半島に由来する、身分の高い人の墓室である木槨《もっかく》（木棺をさらに木の外箱で包んだ部屋）を採用した。

加えて、豪華な副葬品にも特徴がある。墳丘には二基の木槨がならんで造られ、そのうちの一つから鉄剣・ガラス製管玉、もう一つからはコバルトブルーの勾玉、ガラス製管玉・小玉、碧玉製管玉からなる豊富な玉類が見つかっている。

副葬品の種類から、二つの木槨の主は男女一組のペアと考えられているが、血縁関係のある男女なのか、夫婦などの血縁関係にない男女なのかはまだわかっていない。いずれにしても、大きな墳丘、大陸起源の木槨、豊富な副葬品の数々からみて、出雲でも有数の力ある首長の墓であったことは間違いない。

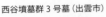

四隅突出墓の起源は、今の島根県から京都府北部に至る日本海側沿岸や広島県の山間部で、前三世紀の弥生中期後半〜末にかけてみられる、貼石を持つ方形周溝墓だ。とくに広島県の三次《みよし》盆地や出雲地域には、四隅の石を少し大きくしたり、外に飛び出させたりして、四つの隅を強調したものが多い。後期になると、飛び出しがさらに延びて舌状に造られるようになり、四隅突出と呼ばれる独特の形が確立する。

規模は一〇〜二〇メートルのものが普通だったが、後期後半になると、突然五〇メートル規模のものが現れ始める。四隅突出の形状の理由について、たとえば山陰と北陸の一部では特定の資質や職能、親族関係などを表す「しるし」として用いられたのではないかと考えられている。

豪華な副葬品を持つ墳墓

弥生後期中ごろ〜後半になると、九州北部以外にも豪華な副葬品を持つ墳墓が現れるようになる。

兵庫県から京都府にかけての北近畿エリアでは、出雲のように大型の墳丘が造られたわけではないが、山の尾根を加工して造った台状墓に木棺を埋葬し、なかに鉄製刀剣、鉄製矢尻、ヤリガンナ、刀子、斧、鎌などの農工具、ヒスイ・ガラス・水晶の勾玉、管玉からなる装身具が副葬されていた。

鉄製の武器や農工具、装身具の副葬を盛んに行っていたのは、この時期、北近畿だけだったようである。台状墓は親族墓で、有力な親族の台状墓には豊富な副葬品が納められていたと考えられている。

やがて、墳丘長が三〇メートル弱の墳丘墓が現れた。大きな木棺のなかには、豊富な副葬品も納められている（京都府大風呂《おおぶろ》南《みなみ》一号墓）。しかし、豪華な副葬品を持つ木棺墓が墳丘上に単独で埋置されているわけでもなく、中小の木棺がその周りを取り巻いていることから、親族の墓から抜け出ていないことがわかる。

北近畿の弥生後期人は、墳丘の形や大きさにこだわるよりも、たくさんの品々を死者に持たせることを重要視していた。この地域は弥生中期以来、鉄製工具を使った玉製作が盛んなところであり、古くから鉄の入手を現実的に差配する有力者が存在した。そのため、九州北部と同じく、入手した海外の器物を自身の墓に副葬品として納めることが社会的に広く認められていたと考えられている。

葬送儀礼のはじまり

出雲の西谷墳墓群三号墓と並び、弥生後期でもっとも大きな墳丘を持つのが岡山県の楯築墓である。

径が五〇メートルもある円形の墳丘に、さらに東西に方形の突出部がつく双方中円形の墳丘だ。合わせると八〇メートル規模を誇り、纏向型前方後円墳を除けば、弥生時代全体でも最大の墳丘を持つ墳墓として知られる（図15）。

楯築墓から古墳へと引き継がれるもっとも個性的な特徴は、墳頂部で行われたまつり、そしてそれに付随する設備と器物である。

その一つが特殊器台と呼ばれるものだ。円筒埴輪に形状が似たもので、高さが一メートル以上もあり、上に特殊壺と呼ばれる土器を置いて用いる（図16）。もともとは集落や一般の墓から見つかるもので、川沿いや谷筋などで行われる水の祭祀に用いられたもののようだ。それが楯築墓では、人を葬送するためのまつりの場面で使われたようである。比較的大型ではあるが、円筒埴輪のように持ち運びできないというわけでもなく、ポータブルな利用法だったと思われる。

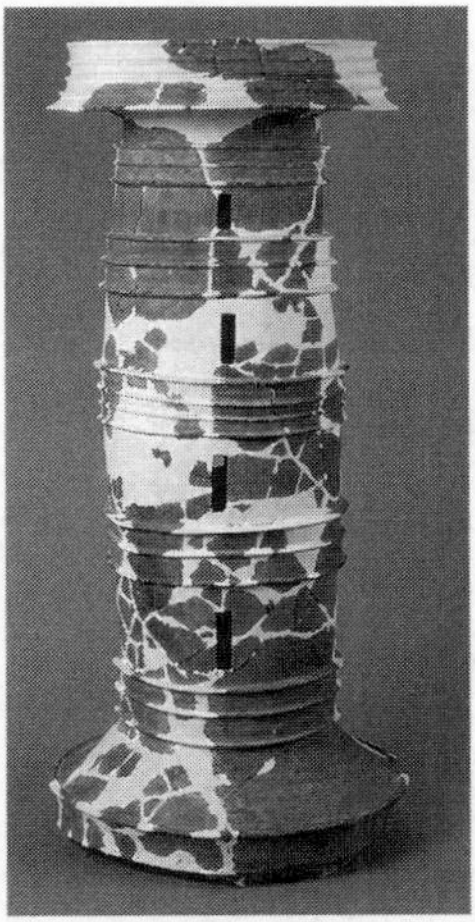

図16　岡山・楯築墓の特殊器台

器台には、ノコギリの刃のような形を連ねた鋸歯《きょし》文と、並行する縦線のあいだを互い違いの斜線で埋める綾杉文、そして何本もの線を束ねてS字状にうねらせる弧帯文が刻まれているのが特徴だ。これらは三大文様と呼ばれ、かつては銅鐸に使用されていた。『王権誕生』で、寺沢は農耕儀礼に関わる象徴体系を構成していたと提唱している（図17）。

　楯築墓には、西谷墳墓群三号墓にみられた木槨もある。その木槨を飾るように二つの弧帯石が見つかっている。弧帯石の表面には、龍のシンボルの可能性があるS字の弧帯文が彫刻されていると国立歴史民俗博物館の春成秀爾は言う（図18）。

　農耕儀礼を形象する伝統的な三大文様で飾られた特殊器台、そして中国起源の龍の思想を象

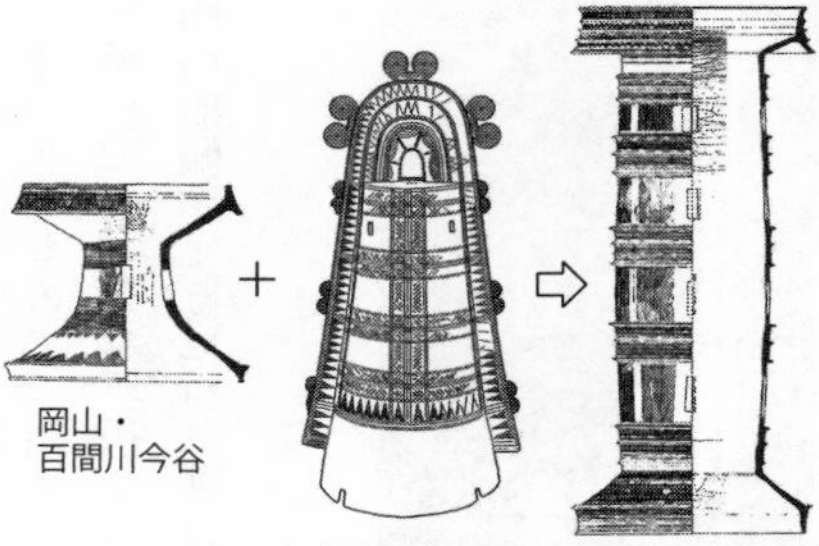

図17　銅鐸から特殊器台へ

図18　楯築墓出土の弧帯石複製品（原品：鯉喰神社）

徴するS字の弧帯文を持つ弧帯石の存在から、農耕儀礼と中国思想に由来するシンボリックな権威づけが、楯築墓のリーダーに対して行われていた可能性が読み取れる。

いわば呪術的な宗教性に根ざす首長のあり方は、九州北部や北近畿でみた海外の器物を差配する現実的なリーダーたちのそれとは対照的である。弥生後期の西日本では、それぞれの地域の地理的・社会的な特性に応じた多様な形態をとりながら、首長の権威が増大していったと言えよう。

近畿の方形周溝墓

対して、近畿中央部の方形周溝墓は、特異な墳丘の形を持たず、かといって多種多様な副葬品を持つわけでもない。溝で四角く囲んだところに多少の土盛りをして葬るという、誰でも思いつくシンプルな墓である。規模も大きくはない。ある意味、シンボリックな個性を持たないのが最大の特徴とも言える。

しかし、この近畿中央部の方形周溝墓の定型こそが、のちの古墳に引き継がれていくもっとも重要なものだと松木武彦は唱えている。

近畿中央部の墓の特色は、最初から一人の遺体だけを単独で葬る形であるというところだ。このことは、近畿中央部の首長やその一族の権威が、他の地域よりも強く発出している顕れと考えられる。

これまで私たちは、有力な家族墓が出てきたのち、最後に有力な家族のなかから首長だけが隔絶されて、首長墓が生まれてくると習ってきた。近畿中央部の方形周溝墓の発見によってこの見方が否定されるわけではないが、松木の言葉を借りれば、右の説は首長の誕生に至る「第二の道」である。

一方、何もないところから個人用の墓を造り、発展させていく近畿中央部のようなあり方を松木は「第一の道」と呼んでいる。このように両輪で考えておくと、古墳時代への移行期における各地の位置づけも整理しやすい。

松木いわく、伊勢湾沿岸や関東南部は第一の道、北陸は山陰ほど副葬品の数は多くはないが、第二の道を歩むという。

第一の道の実態

第一の道があったとすれば、どのような発展の道筋を歩んできたのか。想定されているのは、ごく一部の上位層への個人崇拝のために大規模化が起きたのではなく、社会的な造墓原理が変化した可能性である。

造墓原理の変化は、弥生墳墓から古墳への重要な転換点として注目される。九州大学の田中良之が歯冠計測モデルから導き出した結論によると、当時の倭国の造墓主体は、キョウダイ関係の二親等である可能性が高いという。この研究成果も、個人用の墓が発展して古墳につながったとする「第一の道」説の信憑性を高める材料として注目に値する。ただし、近年の核ゲノムの分析から、キョウダイよりも広い三親等から四親等の親族集団が造墓主体であった可能性も出てきている（清家章「古墳時代前期首長墳被葬者の親族関係——高松茶臼山古墳を中心に」）。いわば第一の道と第二の道の混合のようなイレギュラーな展開をたどった地域があった可能性もあり、今後の研究から目が離せない。

纒向型前方後円墳の成立

先に述べたように、前一世紀前葉に起きた多雨・冷涼化という気候変動、および一二七年に代表される大雨の影響を受けて、淀川左岸地域や伊勢湾沿岸地域、足守川下流域で集落立地の変化と人口の流動化が起きた。

近畿中央部において、個人墓が発達するのはちょうどこうした時期である。年代観は研究者によって異なるが、二世紀後葉から三世紀初頭にかけてのことだとされる。史書によれば、倭国大乱の最中あるいは終了後にあたる。

三世紀になると、弥生時代の大和の中心的大集落であった唐古・鍵遺跡が位置する初瀬《はつせ》川の上流部に、先述した纒向遺跡と纒向型前方後円墳が現れる。

ここにおいて、個人とその家族を他のグループと比較したときの関係性や序列を、墓に「図解」するという動きがみられるようになる。つまり、古墳出現の根本をなす画期が、いよいよもたらされるのである。

冒頭で説明したように、纏向型前方後円墳は、後円部に対して前方部が未発達な墳丘を持つ墓の総称である。前方部の長さは後円部径の約二分の一、墳丘の高さも後円部に対して極端に低いという特徴を持ち、鹿児島から福島まで列島の広い範囲に分布するという（図19）。二〇〇年前後から三世紀中ごろまで造られたと考えられている。もっとも早く造られたのは、纏向石塚（図20）と言われている。未調査ということもあって、二世紀後半、三世紀初め、三世紀前葉という三つの異なる築造年代説がある。

残念ながら、纏向型前方後円墳に対する正式な発掘調査の例は少ない。そこで、次からは貴重な実例のうちの一つである奈良のホケノ山古墳についてみてみよう。

ホケノ山古墳（墳丘墓）

ホケノ山古墳は、箸墓古墳の東三〇〇メートルに位置する。後円部径が五八メートル、全長八六メートルを誇る。前方部は高さ二〜三メートルと低く、後円部径の約三分の一と短い（図21）。

まずは名前から説明を加えよう。右で纏向型前方後円墳の発掘例と述べておきながら、古墳と呼ぶことに違和感を持つ方もいるかもしれない。この呼称は築造年代に関係する。上野祥史によれば、副葬されていた中国鏡の製作年代を根拠にすれば、ホケノ山古墳の築造が二三〇年

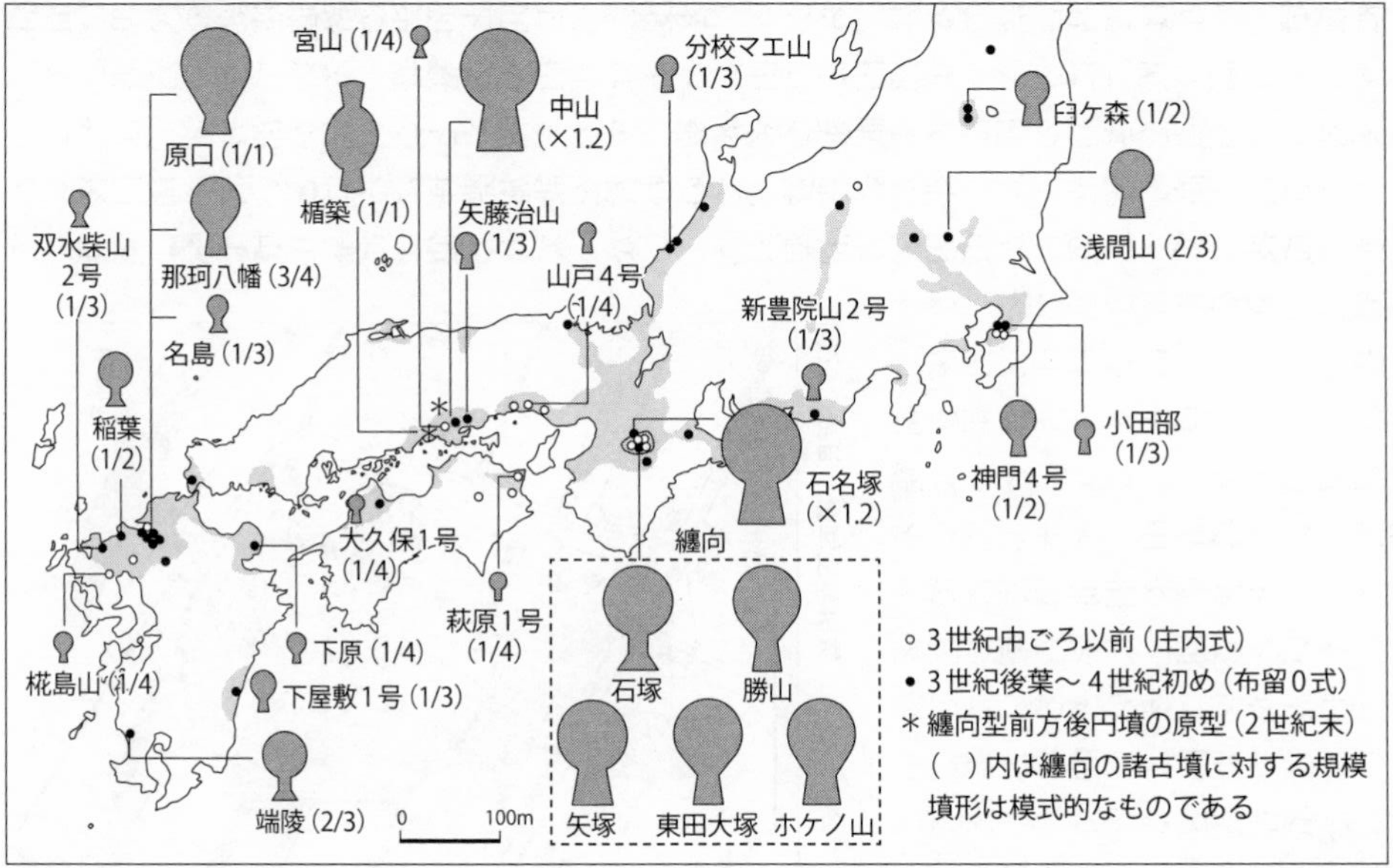

図19　全国の纒向型前方後円墳の分布
さらなる詳細は寺沢2011を参照

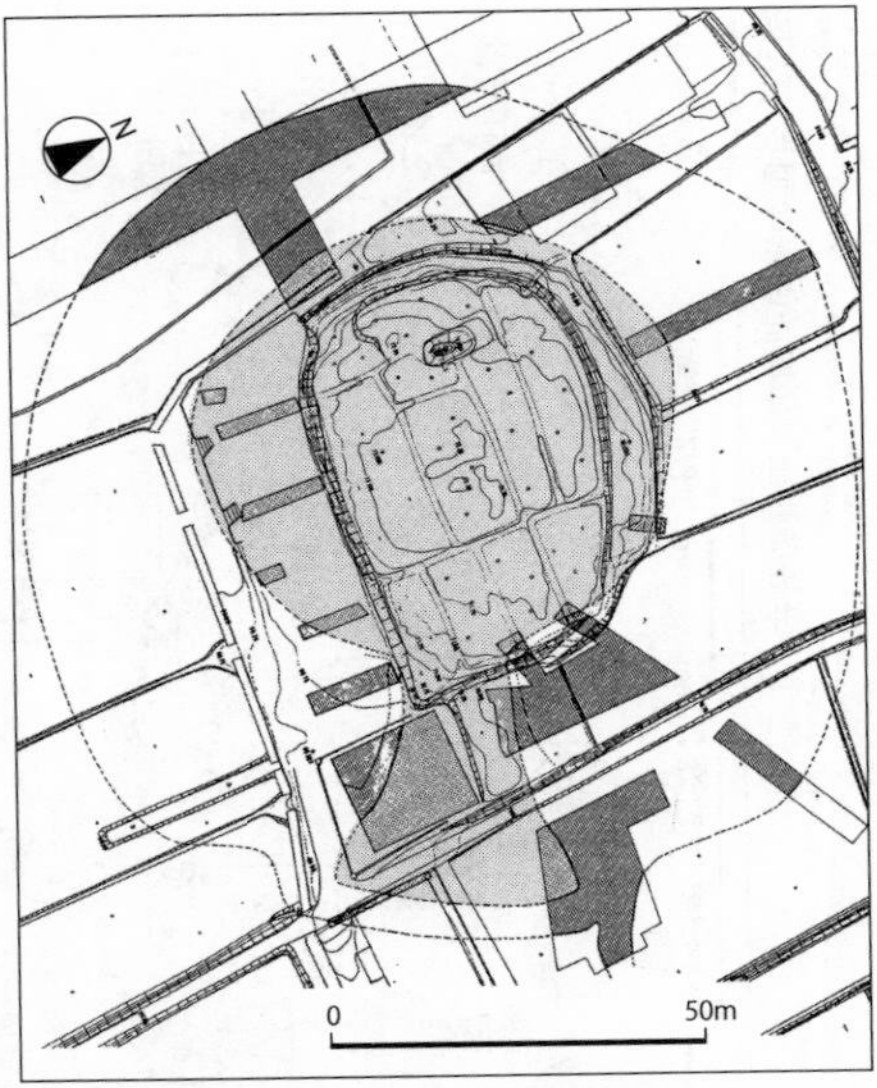

図20　奈良・纒向石塚墳墓

より古いことはないという。

これはつまり、三世紀中ごろの築造と考えられている箸墓古墳との年代差が、考古学的には区別できないほど近接しているということを表している。箸墓の築造年代と同じということは、すでに古墳前期の所産ということになるので、ホケノ山古墳という名称で問題ないということになる。実際、発掘調査報告書にも古墳と明記されている。

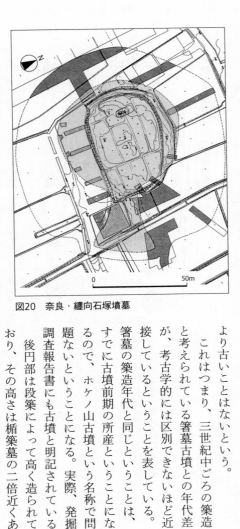

後円部は段築によって高く造られており、その高さは楯築墓の二倍近くある。段築は弥生墳丘墓には使われていない、纒向型前方後円墳から現れる築造技術である。しかも後円部の高いところに埋葬施設を営むので、被葬者が葬られる位置も高くなる。

これは、前方部が低いことも相まって、被葬者の永眠する位置の高さを強調する効果につながると考えられている。箸墓の後円部はホケノ山の後円部よりさらに二段分高いという。その斜面は現代の高速道路の法面と同じ三〇度というから、昇るのは容易ではない。墳丘には葺石

図21　奈良・ホケノ山古墳（北から）

がふかれている。

埋葬施設は、後円部の中央部に深さ一・五メートルの墓穴を掘り、その底に長さ約五メートルの木棺をしつらえたものである（図22）。木棺は、木槨という木の外箱で包まれ、さらにその外側の四周を石積みで囲んでいる。つまり、竪穴式石室ほどしっかりと自立したものではなく、木枠によって支えられた構造物に近い。こうした二重構造は、定型化した前方後円墳との中間的要素だと考えられている。棺には長大なコウヤマキ製の刳《く》り抜き式木棺が使用されている。

松木武彦によれば、もともと埋葬施設に石を用いるのは劣位の人びとの墓で始まったとのことで、まず九州に始まり、二世紀後半には吉備に到達していたようだ。そして三世紀前葉になり、纒向型前方後円墳に採用される。三世紀中ごろ以降の定型化した前方後円墳の埋葬施設は、大きな竪穴式石室を築くため、完全なる石の世界と化す。最終的には木棺も石棺に取って代わられる。

副葬品は、銅鏡や銅鏃《どうぞく》のほかに、素《そ》環頭《かんとう》大刀《たち》（柄頭《つかがしら》に環を持つ大刀）を含む九点以上の刀剣類、約八〇点以上の鉄鏃《てつぞく》、ヤリガンナ、ノミなど各種の鉄器がある。定型化した前方後円墳の量には遠く及ばないものの、当時の畿内としては飛び抜けて

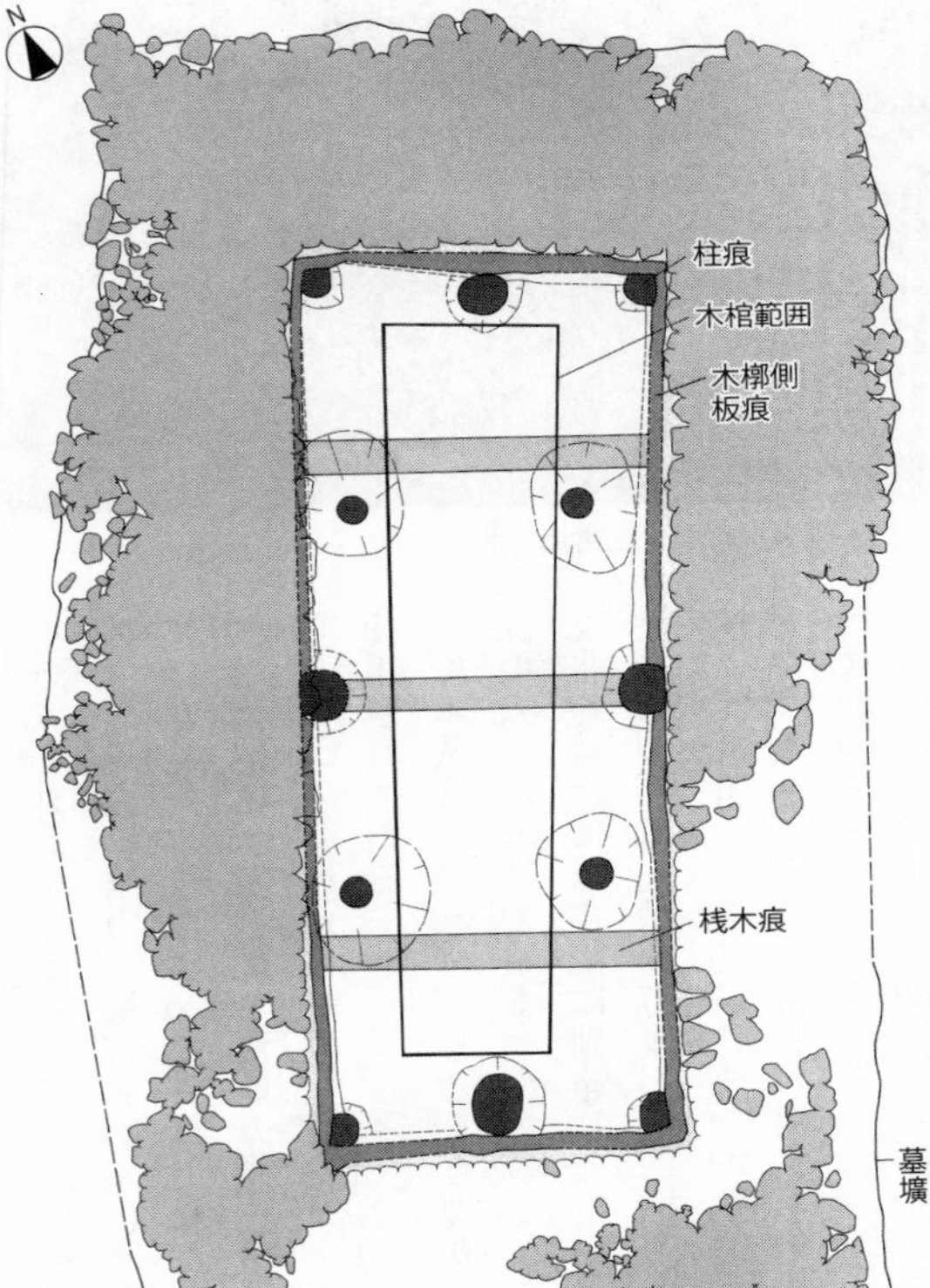

図22　奈良・ホケノ山古墳の石囲い木槨模式図

鉄器の量が多いことは特筆に値するだろう。

鏡以外の碧玉製腕輪類をはじめとした石製品、筒形銅器や巴形銅器などの威信財（権力者の権威や権力を示す財物）、冑《かぶと》、盾・靫《ゆぎ》などの武具、鉄鎌・鉄鋤などの大型の農具は、弥生墳墓にはまったくみられず、古墳時代前期中ごろ以降に多くみられるものだ。そうした副葬品が、ホケノ山古墳から出てくることの意味は大きい。

墓にみる変遷

続けてみてもらいたいのは、前方後円墳が生まれる過程を寺沢薫が整理した図23である。前方後円墳へとつながるパーツの故地が視覚的にまとめられている。

ここまでの議論を振り返ると、二世紀代に楯築墓や西谷墳墓群三号墓など墳丘長が五〇メートルを超える墳丘墓が中国地方に現れ、三世紀前葉にかけて一〇〇メートル以内の規模の墳丘墓が各地に造られるようになったことをみてきた。しかし、一〇〇メートルを超えるものはこの時点ではみられず、三世紀半ばにいきなり三〇〇メートル近いものが定型化した前方後円墳として出現するのを待たなければならない。弥生墳丘墓と古墳とのあいだで、墳長の差はかなり開いている（図14）。

墳形は、弥生墳丘墓は方形原理が主流だった。それが庄内式土器の段階になると、大和・吉備・讃岐で円形原理の墳丘が首長墓に採用され始める。この理由については、「天円地方」と

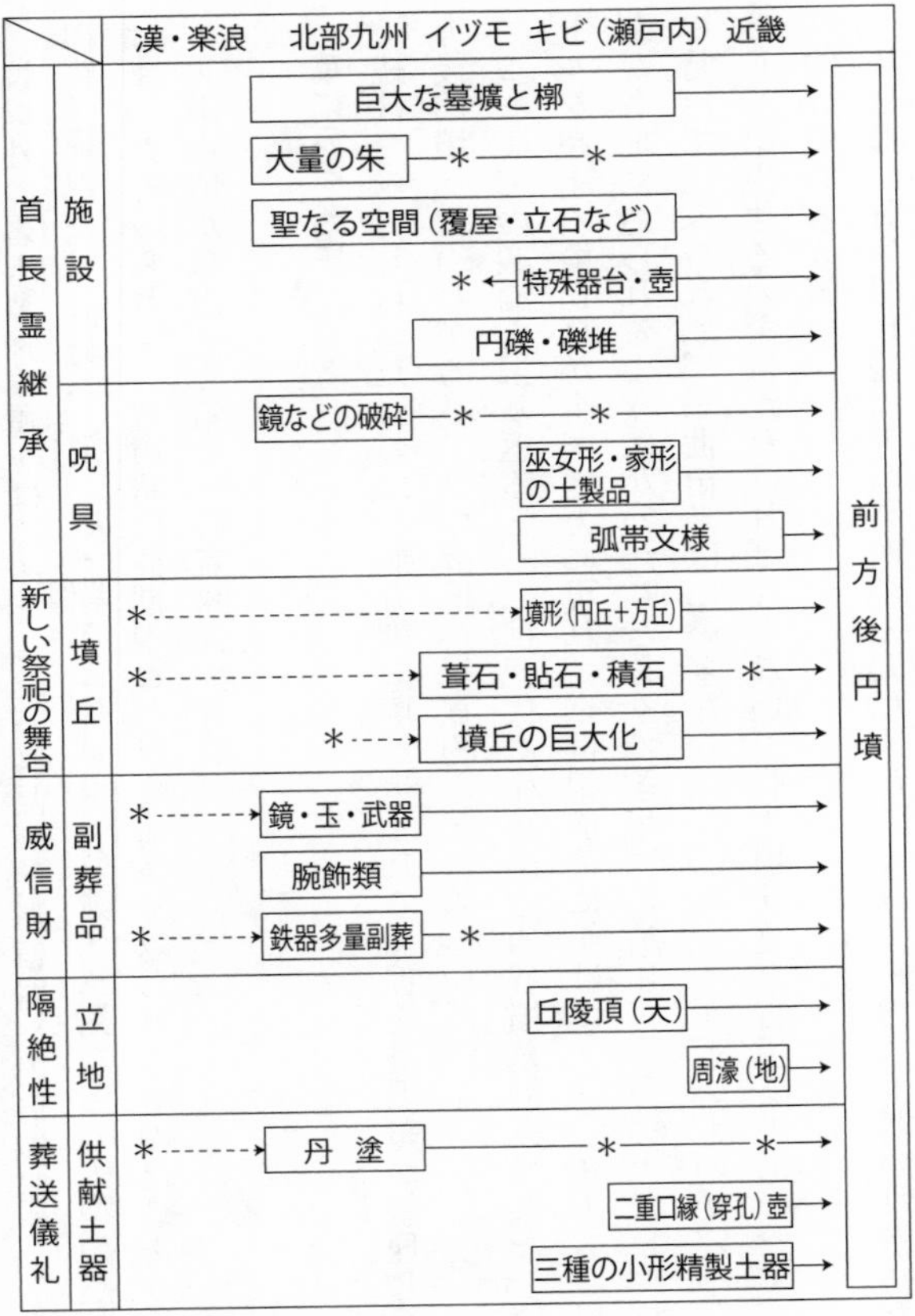
漢・楽浪　北部九州　イヅモ　キビ（瀬戸内）近畿
首長霊継承
施設
巨大な墓壙と槨
大量の朱
聖なる空間（覆屋・立石など）
特殊器台・壺
円礫・礫堆
呪具
鏡などの破砕
巫女形・家形の土製品
弧帯文様
新しい祭祀の舞台
墳丘
墳形（円丘+方丘）
葺石・貼石・積石
墳丘の巨大化
威信財
副葬品
鏡・玉・武器
腕飾類
鉄器多量副葬
隔絶性
立地
丘陵頂（天）
周濠（地）
葬送儀礼
供献土器
丹塗
二重口縁（穿孔）壺
三種の小形精製土器
前方後円墳

図23　前方後円墳への過程

いう中国の思想の反映を読み取る興味深い議論がある（広瀬和雄『前方後円墳国家』）。円丘に長方形の通路状の墳丘がついた墳墓は、二世紀になると関東南部や四国東北部でもみられるようになる。そして三世紀になると、前方後円形の墳墓が現れる。寺沢の表現を借りると、「円丘＋方丘」が吉備に登場する。

外表施設である葺石の祖型は、弥生中期後半、紀元前二世紀代の四隅突出墓にすでにみることができる。古墳の葺石につながると思われる貼石については、二世紀中ごろの西谷墳墓群三号墓にみられる。また、楯築墓には、古墳の円筒埴輪へとつながる特殊器台・特殊壺をみることもできる（円筒埴輪は三世紀後半に成立する）。ちなみに、箸墓は特殊器台・壺と円筒埴輪との中間点に位置づけられるという。

内部主体

二世紀中ごろの楯築墓の内部主体（埋葬施設）は大陸系の木槨である。朱をまいた木棺内に遺体を葬っている。また竪穴式石室と割竹形木棺（丸太を縦に二つに割って、竹のように中をくりぬいた木の棺）という組み合わせは、三世紀に入ると東部瀬戸内でもみられるようになる。また単独埋葬となり、集団から完全に隔絶されている。

ホケノ山古墳には長さ五・三メートルにも達するコウヤマキ製の舟形木棺がみられる。長大な割竹形木棺を特色とする前方後円墳に限りなく近いものだが、石囲い木槨という個性的な施設に納められている点が、前方後円墳との違いである。
棺内を真っ赤に染める水銀朱は、もともと九州北部にみられたものだ。その後、吉備・出雲・丹後の前方後円墳に引き継がれる。木棺を据え付けた粘土床や、竪穴式石室の天井を粘土で分厚く覆う装置は、弥生時代にはみることができない。

6 中国鏡の多面副葬——指標② 鏡

東方における所有形態の変化

本節では、副葬品のなかでも前方後円墳でとくに重要な機能を持つ中国鏡についてみてみよう。

一度、図9に戻ってもらいたい。図中央に、弥生中期後半から古墳前期までの中国鏡の年代観と考古事象を示す列がある。上野祥史による整理にもとづくものだ。中国鏡の年代は、製作された上限年代を示している。別個の年代観を持つ研究者の議論については各論で触れることにするが、まずはこの分類を覚えておいてほしい。なお、庄内式土器の出現年代と箸墓の成立年代は、歴博が測定した炭素一四年代にもとづいて得られた較正《こうせい》年代をもとに、それぞれ二世紀末葉と、二四〇〜二六〇年のあいだとする。

コラム3　交差年代法と中国鏡

古墳が造られた年代を知る方法として、副葬されている中国鏡を使う方法が一般的である。中国鏡は製作された上限年代がわかっているものが多いためである。大正時代に、弥生中期の九州北部における甕棺の年代を知るために使われたのがはじまりだ。

このように、文字のない地域の年代を知るために、文字のあった地域からもたらされた製作年代のわかる資料を手がかりにする方法は、交差年代法と呼ばれる。ヨーロッパでもっとも古い青銅器文明であるエーゲ文明の年代を知るために、エジプトの考古資料を使ったのが端緒と言われている。日本の場合、エジプトに相当するのが中国である。

基本的な考え方はこうである。中国鏡を副葬するためには、中国鏡が製作された年代以降に古墳が造られることが必要である。中国鏡の製作年代以前に古墳を造ることは当然できないのだから、製作年代以前の築造年代はありえない。加えて、竪穴式石室のように、一度閉じてしまえば後から鏡を入れることができない古墳では、埋葬後に作られた鏡を副葬することも不可能だ（横穴式石室のように追葬ができる古墳の場合は別）。

鏡の製作年代から古墳の築造年代を調べる研究は、京都帝国大学の梅原末治《すえじ》によって本格化した。梅原は当初、鏡の製作年代は古墳の築造年代の下限を示すと考えていた。中国で作られてからすぐに日本にもたらされて、ただちに副葬されたという前提に立っていたからである。鏡が伝世するという考えはまだなかった。

やがて梅原が伝世を想定するようになると、副葬された中国鏡の製作年代は古墳が造られた上限年代を示すというふうに考えを変えた。その後、梅原は古墳に副葬される後漢鏡はすべて伝世されたものであり、魏晋代以降になって副葬されるようになったものなので、中国鏡の製作年代とは無関係に、日本の古墳の上限年代は魏晋鏡の輸入後であると結論づけたのである。

鏡の個人所有か集団所有か

鏡は、弥生時代から古墳時代へと継続してみられる考古資料の一つである。また、権威や権力を持つリーダーが集団から区分されたかどうかを判断するためにも有効だ。上野祥史によれば、同じ鏡を持つことで人びとに「価値が共有」され、そのことによって得られる紐帯《ちゅうたい》が、弥生時代から古墳時代にかけての「統合」のあり方を変質させた重要な要素だという（「弥生時代から古墳時代へ」）。

すなわち、弥生時代は価値を持つ鏡を共有すること自体に意味があり、共有するだけで結びつきの機能が評価できた。対して、ただ持っているだけではダメで、どのくらいの大きさの鏡

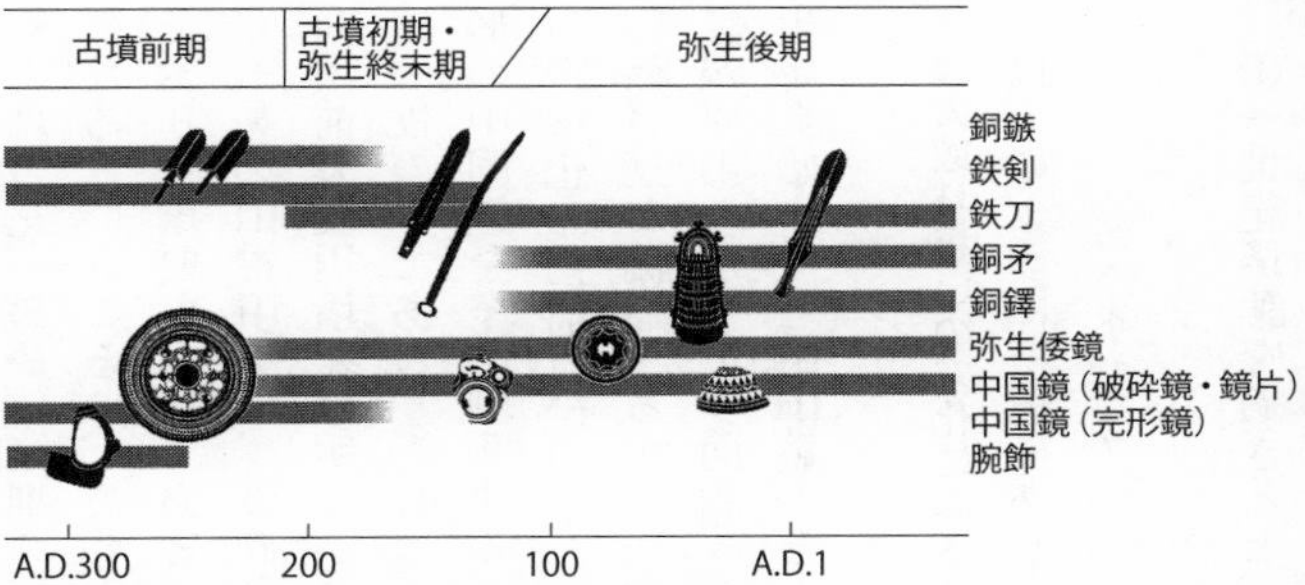

図24　弥生から古墳にかけての副葬品の移行

を、何枚ぐらい持っているのかによって、保有者が格付けされるようになるのが古墳時代なのである。このように、弥生時代から古墳時代へと移り変わるにつれて、鏡を持つ意味も変わっていく。

それでは、どの時点で変わるのだろうか。その変化を時期ごとに追いかけてみよう（図24）。

瀬戸内東部以東の東方地域に中国鏡がみられるようになるのは弥生後期前葉ごろからだ。この段階ではまだ集落遺跡で破片が廃棄されたような状態で見つかるのが常で、墓に副葬されているわけではない。しかも、こうして見つかる破片同士で、接合できるものは一片もない。そのため、もともと破片になっていた鏡が大陸から列島にもたらされた可能性が指摘されている（辻田淳一郎『鏡の古代史』）。

九州北部以外の地域で中国鏡が墓に副葬されるようになるのは、三世紀前葉の庄内3式土器の段階になってからである。しかもホケノ山古墳を除けば、基本は纏向型前方後円墳に破鏡が一枚だけ副葬される単面副葬である。しかし、たった一枚とは言え、破砕鏡（埋葬時に破砕して副葬された鏡）が九州北部以外の地域で副葬されるようになるということは、被葬者個人の器物として中国鏡が認められるようになったことを意味しており、重要な画期である。

ホケノ山古墳では、破砕されてはいるものの、中国鏡が多面副葬されているので、ほかの纏向型前方後円墳とは明らかに一線を画す。ただし、完形なのは足元に置かれていた画文帯神獣鏡一枚のみである。これは、定型化した前方後円墳と異なるところである。前方後円墳は、完形の中国鏡を多面副葬することが特徴だからだ。

定型化した前方後円墳が出現する三世紀半ば（布留0式段階）になると、三角縁神獣鏡や三国西晋鏡が流通するようになり、近畿を中心に九州から関東にかけての広域に分布する。完形鏡が原則となり、多面副葬も増えてくる。さらに三世紀後半になると中国鏡を模倣した倭鏡の生産も始まり、中国鏡とともに流通するようになる。

鏡の取り扱いの変化にみられる画期

以上のように、鏡のあり方は三世紀初めまでと三世紀前葉、そして半ば以降と三つの段階を経て、大きく変わっていった。以下であらためて整理しよう。

①一世紀後葉を過ぎると、廃棄されたような状態で、分割された鏡や研磨・穿孔した鏡片が

東方地域で出土するようになる。しかし依然として墓に副葬されるのは九州北部に限定されていた。このような鏡片や破鏡は、九州北部からの距離に応じて、離れれば離れるほど希薄になる。そのため、隣接する地域を結ぶ中継交易を通じて東方へ伝わったものだとされている（上野祥史「中国王朝と弥生列島」）。

②次に三世紀前葉になると、破片とはいえ中国鏡が副葬されることが多くなる。副葬されていた鏡は、後漢後期の漢鏡七期の鏡で、二世紀後半以降に作られた画文帯神獣鏡などがある。まだ破鏡や破片が一枚見つかるだけの単面副葬がほとんどであるが、九州北部以外の地域でも個人に鏡が帰属するようになったことを意味し、大きな画期と考えられる。

③定型化した前方後円墳が成立する三世紀半ばを過ぎると、大半が完形の三角縁神獣鏡を多面副葬するようになる。特定の個人に鏡が帰属するようになったことが、共通の規範としてさらに広く周知されたと言える。ここにも人びとの鏡をめぐる意識の変化をみて取ることができる。

このように、紐帯と区分（ランク分け）という社会的機能や、集団に帰属するのか、それとも個人に帰属するのかといった帰属意識などの観点から、移行期に鏡の役割が大きく変わることを確認できる。

画文帯神獣鏡をめぐる議論

もう一つ、鏡をめぐって取り沙汰されているのが「画文帯神獣鏡」の配布問題である。その前に説明しておかなければならないのが、三角縁神獣鏡だ。三国時代や西晋代に作られた三国西晋鏡のうち、神獣や獣像を浮彫で表現した図像・装飾を持つ鏡を、三角縁神獣鏡と呼ぶ。三角縁神獣鏡は、とくに縁の断面が三角形をしているところに名前の由来がある。定型化した前方後円墳の段階になると、三角縁神獣鏡の配布が行われるようになる（図25下段）。対して、画文帯神獣鏡（図25中段）とは後漢後半に作られた中国鏡で、三角縁神獣鏡と同じく神獣や獣像が浮彫で表現されている。この画文帯神獣鏡が、前方後円墳段階の一つ前の庄内式土器の段階においても、畿内中枢で配布されていたのではないかと考える研究者がいるのだ。背景として、古墳前期の三角縁神獣鏡の配布に先行して、すでに弥生終末期（古墳早期ではないことに注意）にみられることを重視する。

一方、上野祥史と辻田淳一郎は、畿内中枢による中国鏡の配布は、古墳前期になって始まる三角縁神獣鏡が最初であるとする説をとる。どういうことか、順に説明しよう。

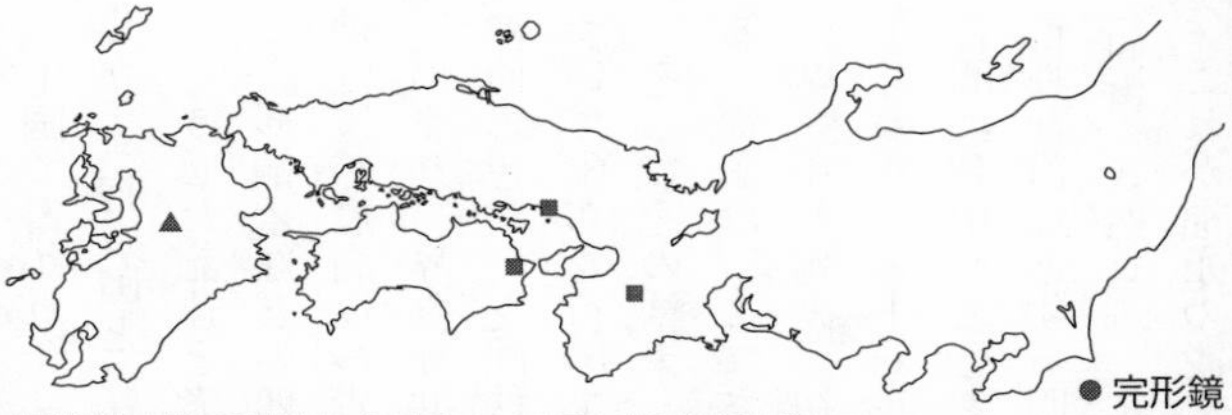

弥生時代終末期の遺跡から出土した画文帯神獣鏡（辻田、2007）

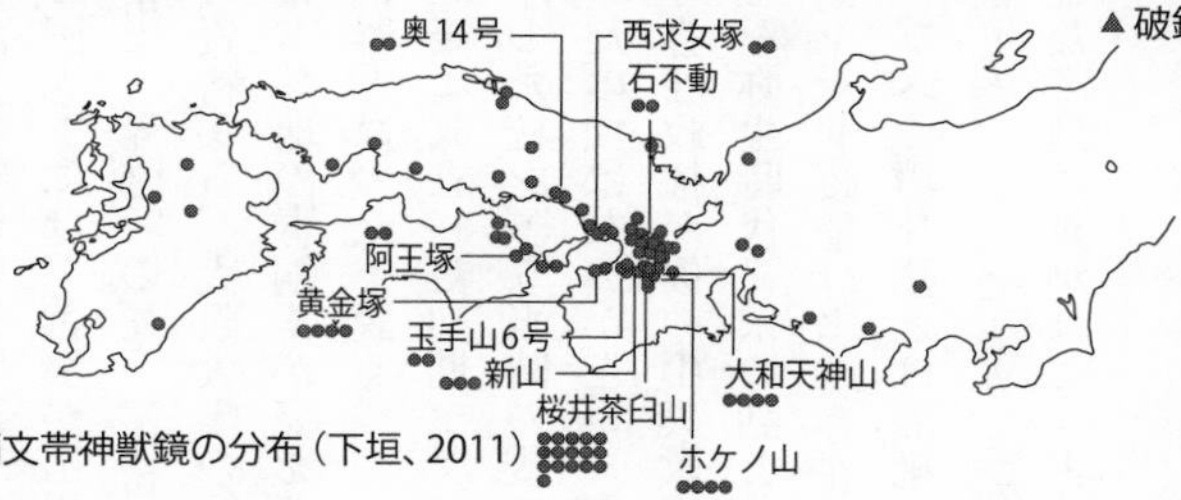

画文帯神獣鏡の分布（下垣、2011）

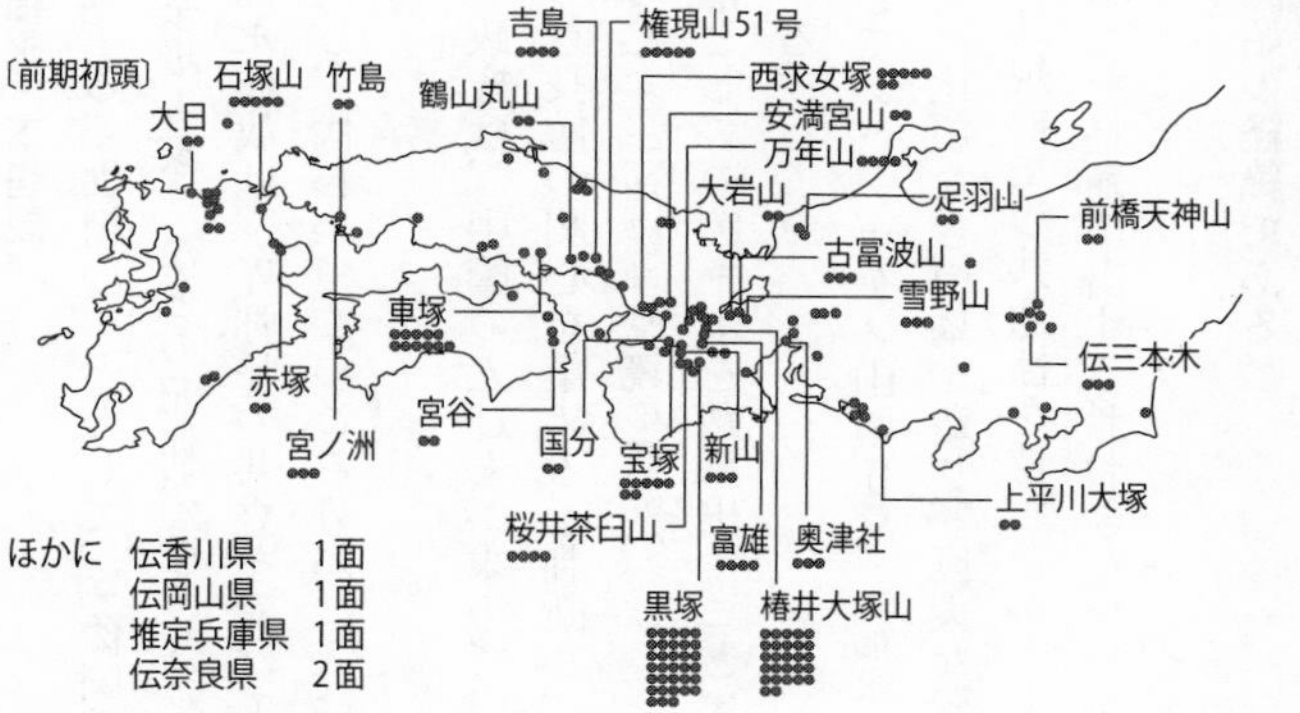

三角縁神獣鏡の分布（下垣、2011）

図25　画文帯神獣鏡と三角縁神獣鏡の分布

初期ヤマト政権による画文帯神獣鏡の配布説（福永・下垣説）

中国で書かれた『三国志』には、古墳が出現する三世紀のこととして、「倭国乱」「卑弥呼の共立」「狗奴国との抗争」「卑弥呼の死」「径百余歩の冢」などの記述がある。

そうした記述と考古資料から、大阪大学の福永伸哉は、卑弥呼の共立を受けて、突線鈕銅鐸や広形銅矛などの西日本各地の青銅器が姿を消し、代わってこのころ列島に入ってきた画文帯神獣鏡が最高位の青銅器となったと説く。

つまり、卑弥呼共立後に成立した初期ヤマト政権は、中国の人びとが求めていた不老長生の神仙思想が、支配秩序の永続を願う当時の倭の首長層の関心を集めると判断し、畿内に重点をおいて配布を行っていたのではないかというのだ（『三角縁神獣鏡の研究』）。

そしてその結果、卑弥呼政権が倭の中央政権としての第一歩を踏み出すことになったと論じる。福永は、ここまでを弥生時代終末の話とする。

卑弥呼の死後、初期ヤマト政権は当時存在していた「ホケノ山墳丘墓」（福永の表現による）などの八〇メートルクラスの墳丘墓とは隔絶した比類なき墳墓を造り、巨大な記念物として儀礼的に利用することにした。このことが、「列島規模での共通性を持ちながらも、大和の最高首長を頂点とする明確な序列に貫かれた「古墳」を整備創出するおおきなきっかけとなった」（同書、八四頁）。

これが福永の説による箸墓成立と古墳時代開始の経緯である。

関連して、畿内中枢による画文帯神獣鏡の規制を主張するのは京都大学の下垣仁志である。どういうことか、上野祥史の作成した漢鏡七期の鏡の図をみてみよう（図26）。いずれも弥生終末期の鏡で、なかでも一定の数が存在して注目されているのが上方作系浮彫《じょうほうさくけいうきぼり》式獣帯鏡・斜縁神獣鏡、そして先述した画文帯神獣鏡である。

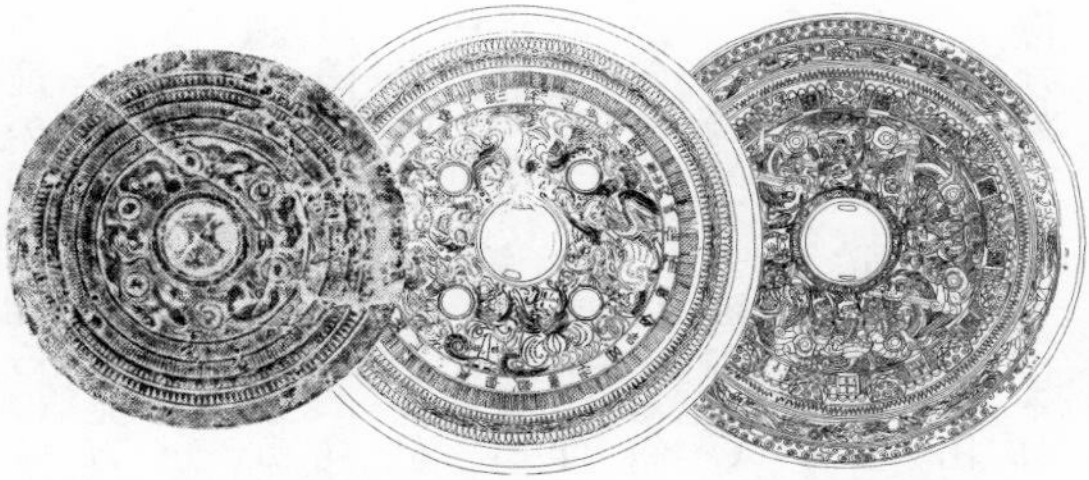

図26　後漢後半の諸鏡

　図左側の上方作系浮彫式獣帯鏡・斜縁神獣鏡は、環瀬戸内中・東部の分布密度は高いものの、ある程度分散的で、畿内に偏ってはおらず、九州北部にも存在する。

　それに対して画文帯神獣鏡の分布（図25中段）は、九州北部玄界灘沿岸地域には一切なく、畿内〜瀬戸内沿岸部に八割以上が密集し、かつ畿内に集中する。そのことから、畿内中枢が画文帯神獣鏡の入手から流通にいたるまで独占的に規制をかけていたのではないかと考えられるのだ。

画文帯神獣鏡非配布説（辻田・上野）

　一方、弥生終末にそこまでの畿内中枢の関与はなかったのではないか、と考えるのが辻田淳一郎である。辻田は、漢鏡七期の鏡が配布されるのは古墳前期以降であるとする（『鏡と初期ヤマト政権』）。

こうした二つの見方ができてしまうという問題は、遺物の捉え方の違いに起因する。すなわち、漢鏡七期の鏡を分析する際に、遺構とは切り離して純粋に遺物だけをみるのか、あるいは遺構からの出土状況から、一括性や組み合わせも重視してみるのかによって、描かれる移行期の様相が異なる（上野祥史「青銅鏡の展開」）。

下垣のように、鏡を遺物として遺構から切り離してみた場合は、弥生終末期と古墳前期で連続して同じ鏡を副葬することから、画文帯神獣鏡の分布が近畿を中心に東部瀬戸内に集中してみえる。対する上方作系浮彫式獣帯鏡は列島西半に広く分布し、どこにも集中しない。鏡の縁が斜めになっている斜縁神獣鏡は、列島に広く分布しつつも近畿に中心を持つ。

この分布形態の違いを、流入・流通の段階差として捉えると、画文帯神獣鏡の流通をもって近畿を中心とする鏡システムの確立と位置づけ、斜縁神獣鏡の流通を三角縁神獣鏡と併行した古墳前期と見なすことができる。

それに対して、辻田や上野は遺構からの出方を重視する。終末期の遺跡から出土する鏡は散漫な分布を示し、それは画文帯神獣鏡も同じだという（図25上段）。

そして、三角縁神獣鏡をはじめとする三国西晋鏡が流通する古墳前期になって、ようやく近畿を中心とする鏡システムが確立したとみる（図25下段）。

以上のように、画文帯神獣鏡の位置づけをめぐっては、二つの説が並列している状態が続いている。画文帯神獣鏡を副葬する古墳の築造年代を発掘調査で明らかにするまでは決着がつかない問題だけに、早く発掘調査が実現することが期待される。

コラム4　鏡の年代——わかる年代と推定できる年代

上野祥史は、中国鏡からわかる年代には四つの年代（時期）があるとして、中国鏡が製作されてから副葬されるまでの流通について詳細に分析した（「古墳時代における鏡の分配と保有」）。四つの年代というのは、順に挙げると、中国で作られた製作年代、列島にもたらされた入手年代、各地へ配られた分配年代、そして最後が副葬年代である。

このうち考古学的に確認できるのは最初と最後だけなので、途中の二つの時期についてはいろいろな状況証拠から研究者が推定することになる。ただ、王権中枢からいつ配られたのかという、肝心要の配布年代が推定年代になっていることが、さまざまな学説が出てくる要因となっている。

画文帯神獣鏡を例に挙げると、製作年代は二世紀後半以降（漢鏡七期）、副葬時期は二三〇年以降という二つの年代が確認されている。前者の上限は判明しているが、いつまで製作されていたかを示す下限年代はわからない。後者はホケノ山古墳の調査による。ここから先は推定なのでそのつもりで読んでほしいが、入手時期を二〇〇年ごろと推定すれば、福永・下垣説のように庄内式土器の段階の配布が想定できる。一方、入手時期を三世紀前葉（ホケノ山古墳の築造年代の上限）まで引き下げると、辻田・上野が言うように三世紀中ごろ以降、すなわち古墳前期以降の配布ということになる。

さらに詳しく説明すると、福永・下垣の説は、画文帯神獣鏡を型式別に新古に分類することによって、それぞれの分布の傾向から、初期ヤマト政権による弥生終末期（庄内式段階）における配布説をとっている。また、辻田・上野の説は、遺構の時期ごとに画文帯神獣鏡の分布を細かく分析した結果として、古墳前期以降の近畿を中心とした配布説をとっているのだ。

どちらの説が妥当なのか、現状では決めることができない。少なくとも、上野が言うように、画文帯神獣鏡も三角縁神獣鏡も同じ論理立てで解釈すべきであり、鏡の種別によってロジックを変えるべきではないことだけは確かである。

ちなみに、三角縁神獣鏡の解釈はすべての研究者が遺構単位で行っていることも付言しておこう。

三角縁神獣鏡の研究の進展

本節の最後に、定型化した前方後円墳の築造年代を考古学的に確定する決め手ともなる、三角縁神獣鏡の研究の進展について簡単に触れておこう。

初期の三角縁神獣鏡研究の代表格は、なんと言っても小林行雄だった。彼の没後には、京都大学考古学研究室の面々による三角縁神獣鏡の研究が活発化する。代表的なものとして、新納《にいろ》泉の「権現山鏡群の型式学的位置」や岸本直文の「三角縁神獣鏡製作の工人群」などが挙げられる。

こうした研究によって、三角縁神獣鏡を少なくとも四期程度に分類することが可能となった。製作期間は、小林行雄が想定していた一〇年間程度の短い期間ではなく、半世紀程度の長い期間にわたっていた可能性も高まった。

それまで多くの研究者は、二～四期の三角縁神獣鏡を副葬品として持つ京都府の椿井大塚山《つばいおおつかやま》古墳の鏡群を根拠に、定型化した前方後円墳が三世紀後半に成立すると考えてきた。しかし、研究の進展とともに、三角縁神獣鏡一～二期の鏡しか持たない神戸市の西求女塚《にしもとめづか》古墳をはじめ、出現期の古墳の存在が明らかにされたことで、出現期の古墳の築造年代が早まる可能性も浮かび上がってきた。

最新の定説では、出現期の古墳のなかでも一～二期の三角縁神獣鏡しか持たない古墳の築造年代は、三世紀中葉までさかのぼる可能性が大きいと考えられている。

7 武器ではなく、祭祀の道具として——指標③ 鉄剣・鉄刀、青銅器

鉄製の刀と剣

鏡と並び、弥生時代から古墳時代にかけて継続する資料が鉄製の刀と剣である。鉄製の刀と剣のうち、鉄剣は弥生後期から広い範囲で共有されており、瀬戸内東部以東の地域では、二世紀から三世紀前葉に副葬されるようになる（図24）。東方地域の鉄剣には、鹿角製の柄をつけるという独自性があるという（上野祥史「青銅器と鉄器のかがやき」）。

一方、鉄刀は、対外交渉の窓口である九州北部を除けば、日本海沿岸の首長にしか保有されていない。鉄刀が副葬されるということは、対外交渉を担当した首長が日本海側地域にもいたことを示す（上野祥史「中国王朝と弥生列島」）。

瀬戸内ルートと並んで、日本海側にも物流ルートが存在したことがわかる。

日本海側は、九州北部に次いで鉄製刀剣類の保有が多く認められる地域であるが、鏡の保有は逆に薄い。このことは、九州北部からの物流の動きが副葬品の種類ごとに異なっていたことの証左であろう。弥生から古墳へと継続する数少ない資料である鏡と鉄剣・鉄刀の二つでさえ、その様相は一様ではない（上野祥史「墳墓と王の姿」）。

続いて、逆に弥生時代から古墳時代にかけて徐々に消えていく青銅器についてみてみよう。

東方世界の青銅器

弥生時代後期に盛んに出土する広形銅矛や突線鈕式銅鐸だが、およそ二世紀後半から三世紀末のあいだに広いエリアで姿を消す（一部、近畿周辺で三世紀前葉までみられる場合もある）。銅鐸分布圏では、小銅鐸や帯状円環型銅釧《くしろ》などの小型青銅器生産が連動するように展開されていく（上野祥史「青銅器と鉄器のかがやき」）。

小銅鐸とは、利根川以西の中部高地から東海東部にかけての地域にみられる青銅器で、西方社会の青銅器を模倣したものである。もう一つの帯状円環型銅釧は、九州の銅釧に対して幅のある帯状の円環を持つ釧（腕輪）で、この地域だけにみられる特徴的な青銅器である。工房から銅鐸片などが見つかっているため、銅鐸の破片が青銅素材として使用されていたことがわかっている。

青銅器祭祀と墳丘上祭祀の違い

九州北部、近畿、東海では、弥生後期も青銅器祭祀が継続された。そのうち、近畿や東海では、明らかな墳墓が出現するのが少し遅れる（図27）。

これは、その地域の人びとが社会秩序の安定と維持の方法を何に求めたのかの違いによるも

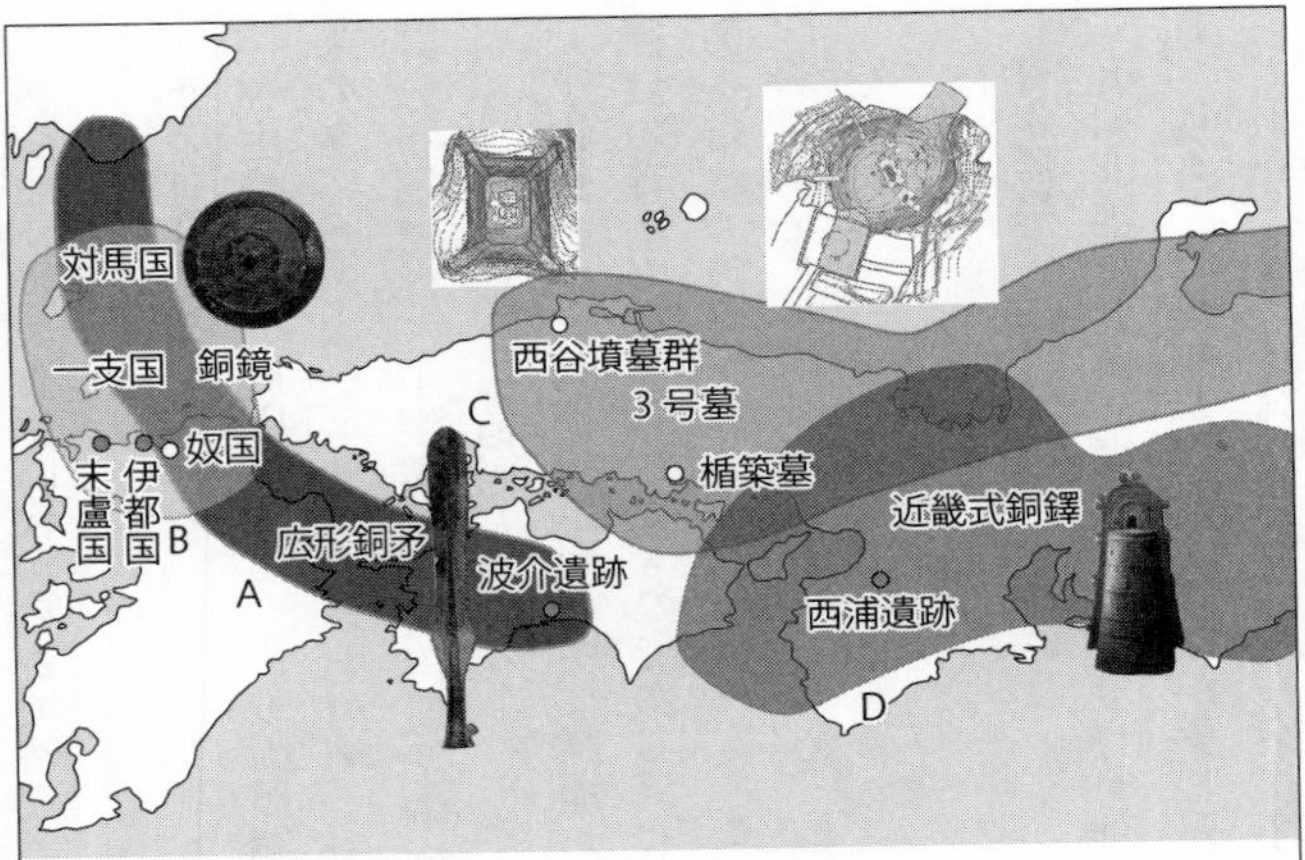

A：奴国を中心とする広形銅矛の文化圏
B：伊都国を中心とする鏡の文化圏（伊都国・末盧国に矛は希薄）
C：中国地方と北陸までの日本海側は大型墳丘墓の文化圏（北近畿を除くと非青銅器祭祀圏）
D：近畿〜東海を中心とする近畿式（三遠式）銅鐸の文化圏。原材料はA・Bに依存

図27　青銅器と墳丘墓の文化圏（倭国乱の前後）

のなので、社会の進展度を意味することにはならない。これまでどおりの共同保有による青銅祭器にそれを求めるか、それとも物資・情報の流通を保証するリーダーに求め、その死によって社会秩序が乱れないように盛大に悼む墳墓祭祀を行うかの違いである（上野祥史「墳墓と王の姿」）。

さらに言えば、二世紀後半に日本海側や中国地方に王墓とも言えるような巨大な墳墓が現れるが、まだ複数の被葬者が同じ墳丘に葬られていることをみても、地域社会を束ねた特定のリーダーが突出した存在とされて

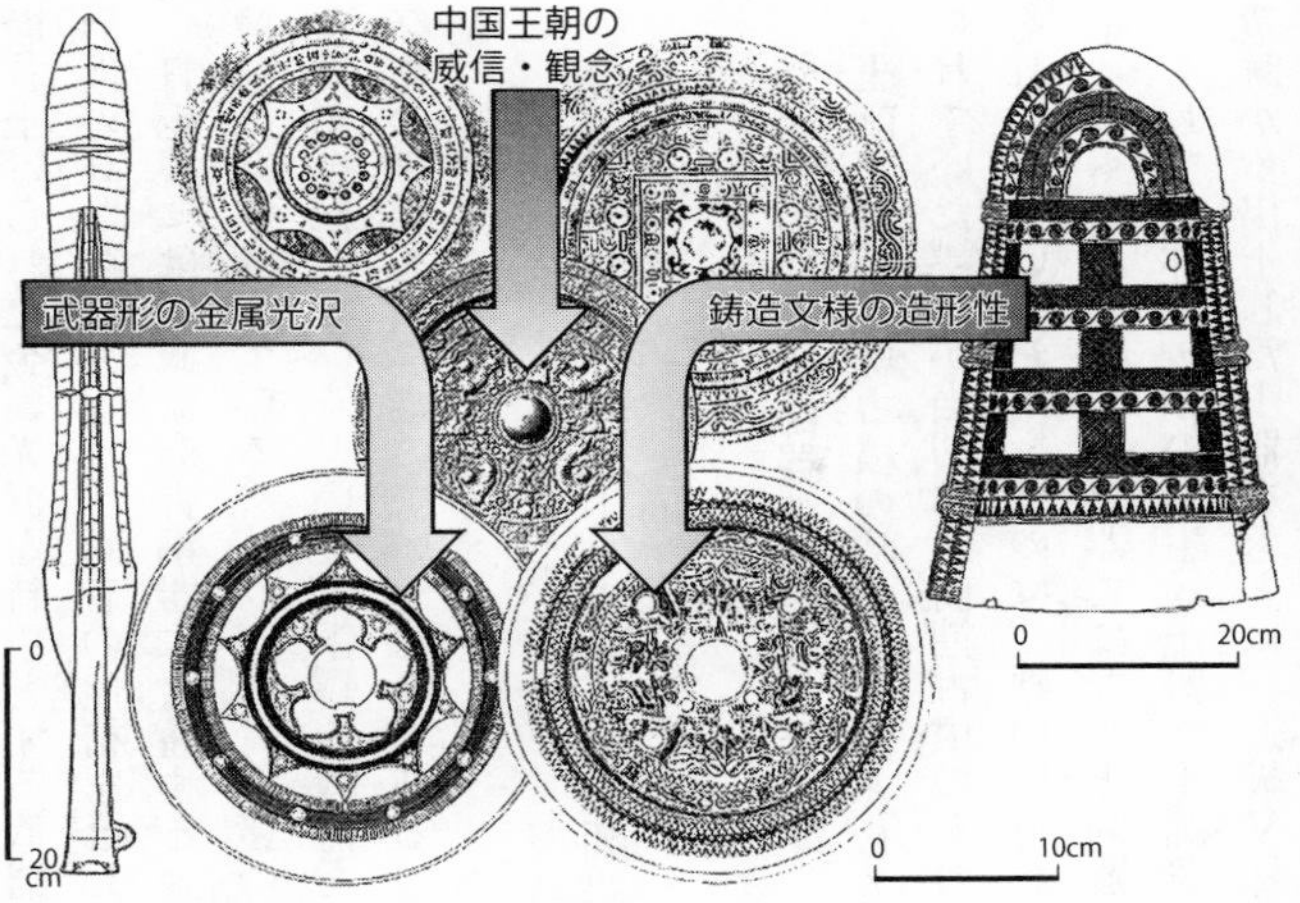

図28　銅鏡に継承された弥生青銅器の二相

いたとは言えない。

よって、墳墓儀礼を通じた社会儀礼が行われているからといって、必ずしも特定個人が突出する古墳時代へ連続するわけではないのである。

武器形青銅器＋銅鐸＝鏡

弥生時代の主な青銅器は、武器形青銅器、銅鐸、銅鏡である。先にみたように、銅鏡だけは古墳時代へと継続するが、前の二つは古墳成立という時代の転換期にあたって役目を終え、新たな祭器が作り出されることも、土のなかからふたたび取り出されることもなくなった（吉田広「青銅器のまつり」）。

継続する鏡と、消えていった武器形青銅器と銅鐸。この両者の違いに挑んだのが、愛媛大学ミュージアムの吉田広である。吉田は、磨き上げられた金属光沢を特色とする武器形青銅祭器と、大きくて鮮明な鋳造文様を持った造形性の高い銅鐸という、両者の性格を合わせ持っていたのが鏡であると言う（図28）。

青銅鏡には、武器形青銅器に共通する金属光沢が鏡面に、銅鐸が持っていた文様の造形性が鏡背に継承されている。こうして青銅鏡のみが新たな「祭器」として、古墳祭祀のなかで重要な役割を担っていくという。銅鐸の機能を引き継いだ特殊器台と中国鏡は、弥生時代の青銅器祭祀の神髄を引き継いでいったのである。

8 土器の変遷——指標④土師器

弥生式土器から土師器へ

土師器は、高塚古墳の時代の土器として、祝部土器（今の須恵器）と並んで明治時代から知られていた。だが当初は、前期古墳のものに相当する土器は須恵器であると考えられていた。それが間違いとわかったのは、戦前に行われた奈良の布留遺跡の調査によってである。前期古墳にともなうのは、須恵器ではなく土師器であることがわかったのだ。

そして、弥生後期の弥生式土器と土師器とのつながりが考えられるようになったのは、唐古遺跡から出土した土器をもとに、近畿V様式編年が確立して以降のことである。弥生後期の第

V様式土器にみられる粗製化や簡素化が、土師器の特徴に近いことが明らかにされた。

実は、弥生後期の土器に地域の枠を越えて均一性が高まる段階が存在することは、戦前から小林行雄によって指摘されていた。しかし、どこから土師器とするのかを検討する研究が進まなかったのは、先述したように、三角縁神獣鏡が副葬された古墳の学術調査が一九五〇年代まで行われてこなかったことと、古墳が最初に出現する近畿地方における古式土師器の型式学的設定が、一九六〇年代までずれ込んだことが原因である。

古式土師器への関心が高まるのは、一九六五年に奈良国立文化財研究所の田中琢が庄内式土器を型式学的に設定してからである（「布留式以前」）。

庄内式甕は、細筋の溝を刻み込んだ板で形を整えるために叩き、内側をヘラ状の道具で削る（ヘラ削りと呼ばれる）。その結果、甕の表面に細かい叩き目が残り、器壁の厚さが二〜三ミリメートルの薄さに仕上がる。

弥生後期の近畿ではヘラ削り技法が途絶えてしまっていたようなので、薄く仕上げる甕をまだ作っていた吉備など他地域の影響でできあがった可能性がある（図29）。

庄内式に後続する布留式甕には、山陰地方の飾りの風習と、吉備地方の底づくり技法がさらに加わったとみられている。この庄内式土器を古式土師器と考える田中と、弥生時代でももっとも新しい弥生VI期の土器と考える都出比呂志とのあいだで、論争が行われた。

弥生VI期（終末期）の土器だと都出が結論づけた背景には、土器型式の検討だけでなく、バ

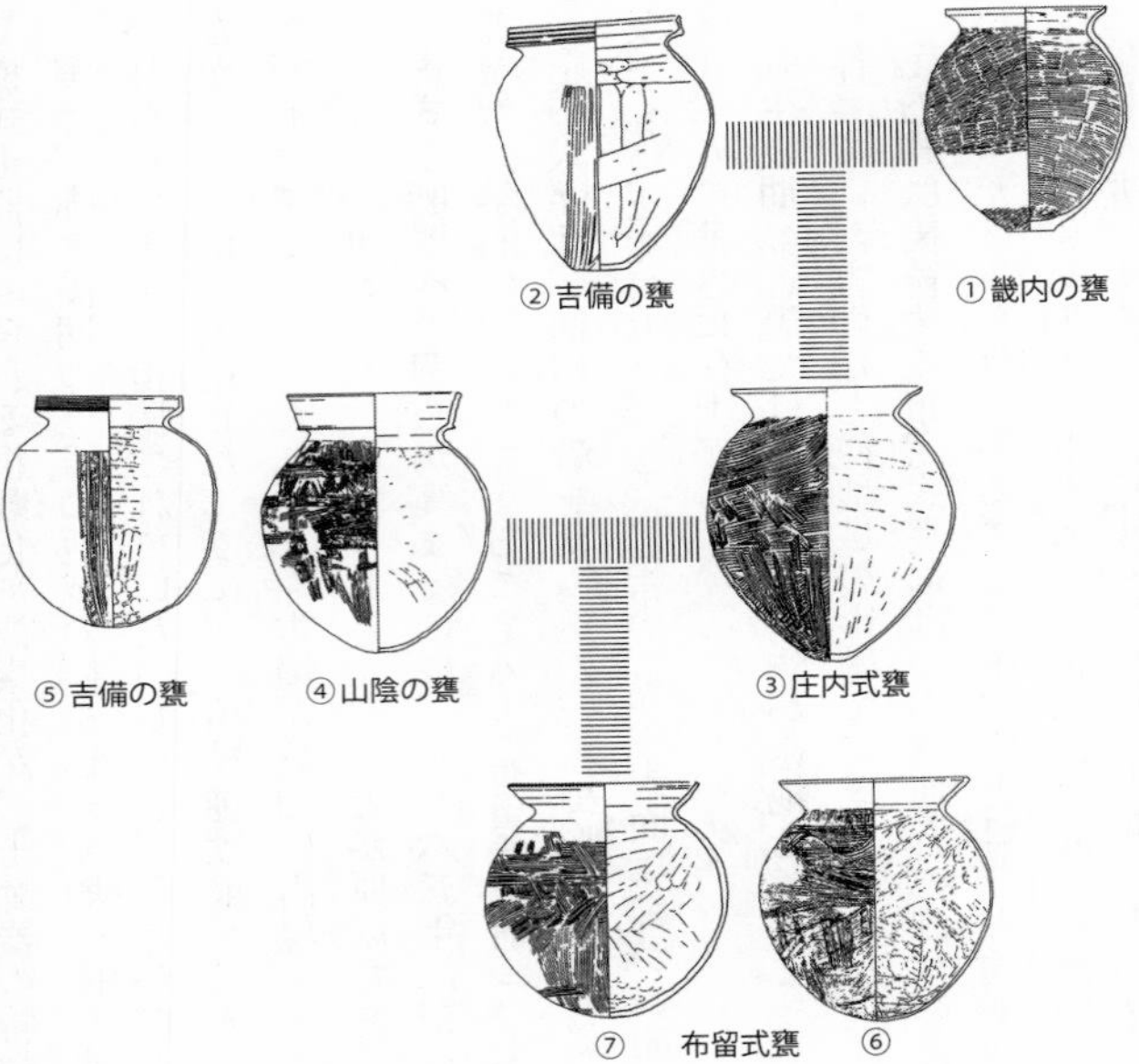

図29　庄内、布留式甕の成立模式図

ラエティのある大型墳丘を持つ首長墓が各地に存在するのが弥生Ⅵ期なのだという、時代性の解釈も含まれている。そのような背景下に現れた庄内式土器であるから、地域性がみられなくなり、かつ定型化した前方後円墳の成立以前の時期である弥生Ⅵ期のものと位置づけることは、都出にとって当然のことであったようだ。

　こうした議論の難しさは、土器だけで時代の区分を決められないという、弥生時代から古墳時代への移行期における指標の複合性に由来する。

　余談だが、板付縄文水田の発見とともに沸き起こった時代区分論争の渦中、佐原真によって提唱された、水田稲作を生活の軸とする時代を弥生時代とする斬新な捉え方は、田中と都出による論争にインスパイアされたものだということは知られた話である。

コラム5　弥生式土器と祝部土器は大陸の故郷を同じくする民族の土器であった

今でこそ弥生土器から土師器へと、両者を時期差と捉えることに疑いを持つ人はいないが、戦後すぐまでは弥生後期と古墳前期は時期的に重なっていたと考える研究者は梅原をはじめ多かった。その発端は、第二章で述べた鳥居龍蔵の固有日本人論までさかのぼる。

こうした誤解の理由は、弥生後期と古墳前期にみられる資料の共通性である。石器がほとんどみられない弥生式土器が出土する遺跡で、古墳の副葬品にみられるような鉄製の刀剣や鉄滓《てっさい》が出てくることや、弥生式土器の装飾と埴輪づくりの手法が相通じていること、弥生式土器の一部が古墳築造期前半も用いられる容器であること、銅鐸を遺した人たちの墓制が初期の高塚であることなどが挙げられる。

小林行雄は、古墳が築造される以前の時代、すなわち弥生式時代文化単純期の存在を想定した。それを「眞《しん》の弥生式時代」と捉え、古墳の築造が始まった時代に併行すると思しき弥生式土器は「土師器」と呼ぶことができると述べている（「古墳時代文化の成因について」、一一六頁）。

古墳を指標に古墳時代を区分する

こうして、土器頼みでは弥生時代と古墳時代を画する議論に無理が生じるということが、研究者の共通認識になる。そして、土器ではなく、古墳という特徴的なモニュメントの成立を古墳時代のはじまりの指標にしようという気運が高まる。

近藤義郎は、「時代の動きや地域性それにもまして社会関係を反映するものが、考古学的資料のいわば複合体である古墳においてもっとも特徴的にあざやかに把握できると考える」（「古墳とはなにか」、四頁）と述べた。

これ以降、土器に画期を求めるのではなく、墓制上に画期を見つけ、古墳時代のはじまりを検討する方向に舵《かじ》が切られることになる。

「布留式以前」が古墳出現年代に与えた影響

先述した田中琢による庄内式土器の設定によって、弥生第V様式と古墳前期の土師器である布留式とのあいだに、古式土師器として数型式の土器が差し込まれた。このことは、古墳の出現年代の議論に大きな影響を与えることになる。

一九六〇年代当時、弥生後期は三世紀の大部分に相当すると考えられていた（田辺昭三・佐原真『近畿』）。

そして古墳時代のはじまりが三〇〇年ごろと考えられていたから、三世紀のわずか一〇〇年のあいだに、弥生後期の土器と庄内式土器を入れ込むとしたら、かなり窮屈なことになる。検討の結果、近畿における弥生後期の開始年代が押し上げられるなど、庄内式土器の設定による影響の余波が広がっていくことになるのである。

庄内式土器

庄内式土器に続いて、一九七〇年代の終わりごろから調査が始まった奈良県の纒向遺跡での調査成果によって、古式土師器の編年が進んだ。

それとともに、それまで地域性が強くみられた土器が、甕を中心に広域に移動すること、纒向遺跡では在地の土器に比べて外来系の土器の比率が高いことなどが注目されるようになっていった。

二世紀末（庄内式段階）になると、筑紫・吉備・山陰・近畿・北陸・東海各地の薄手の甕が、隣接する地域社会を越え、より遠方に運ばれて出土するようになる。なかでも西新町遺跡や纒向遺跡のように、東海以西の人びとが集まるハブとも言える遺跡からの出土が目立つ。

東西・南北を縦横につなぐその分布は特定の地域に固まっておらず、各地の自由な結びつきが利根川以西の地域を広く覆ったことを示している（上野祥史「考古学からみた邪馬台国の時代」）。

容器の中身こそが重要な壺と違い、煮炊きの道具である甕が動くということは、甕の持ち主が移動先で料理をしたということだろう。移動先で甕をつくることもあったに違いない。ハブの遺跡では、韓半島の土器や北海道の続縄文土器なども出土していることから、弥生文化圏を越えた広域のネットワークが存在したことも予想される。

こうした結びつきは、鏡や金属製腕輪が広い範囲で共有される現象と軌を一にする。青銅祭器や墳墓の儀礼など、結びつきのある地域圏が明確だった前時代的な社会統合とは異なり、地域圏を越えた紐帯の形成が意図されていると言えよう。まさしく庄内式段階は、列島世界における「自由で開かれた」交易機構が生まれた画期であり、新しい時代の幕開けと呼ぶに足る大きな変化だったと考えられる。

9 古墳時代のはじまり──四つの画期

四つの画期

ここまで、定型化した前方後円墳を構成する要素がどのように現れ、変化してきたのかを器物もしくは考古資料ごとにみてきた。最後の節では、右でたどってきた資料の変化を時期ごとにまとめ、弥生後期中ごろから古墳前期までの移行期について総括しよう。

まずは図30をみてほしい。この図は縦軸に器物、横軸に土器型式を取り、時期ごとの変化をみたものである。年代の解釈は研究者によって異なるので、主な年代観を書いておいた。しかしここではあくまでも土器型式ごとに変化をみている。大きな画期は次の四つである。

第一段階：長大化した墳丘墓上での祭祀の開始（二世紀中ごろ）

まず第一の画期と言えるのは、弥生後期半ばごろに中国地方でみられる広域青銅器祭祀の終了と、巨大な墳丘墓の出現、そして墳丘の上で行われる葬送儀礼のはじまりである。

中国地方で出現する墳長が五〇メートルを超えるような墳丘墓、貼石や特殊器台・特殊壺などの外表施設、木槨など大陸系の内部主体、遺体を保存するための大量の朱の散布（これは九州北部のほうが古い）など、新たな大陸由来の埋葬方法が中国地方に登場する。

墳頂では、物資・情報の流通を司るリーダーの死に際して、秩序の維持と安定のための墳墓祭祀が行われるようになる。副葬品は玉類や鉄剣などで、鏡はまだみられない。松木武彦の区分では、古墳時代早期Ⅰにあたる。

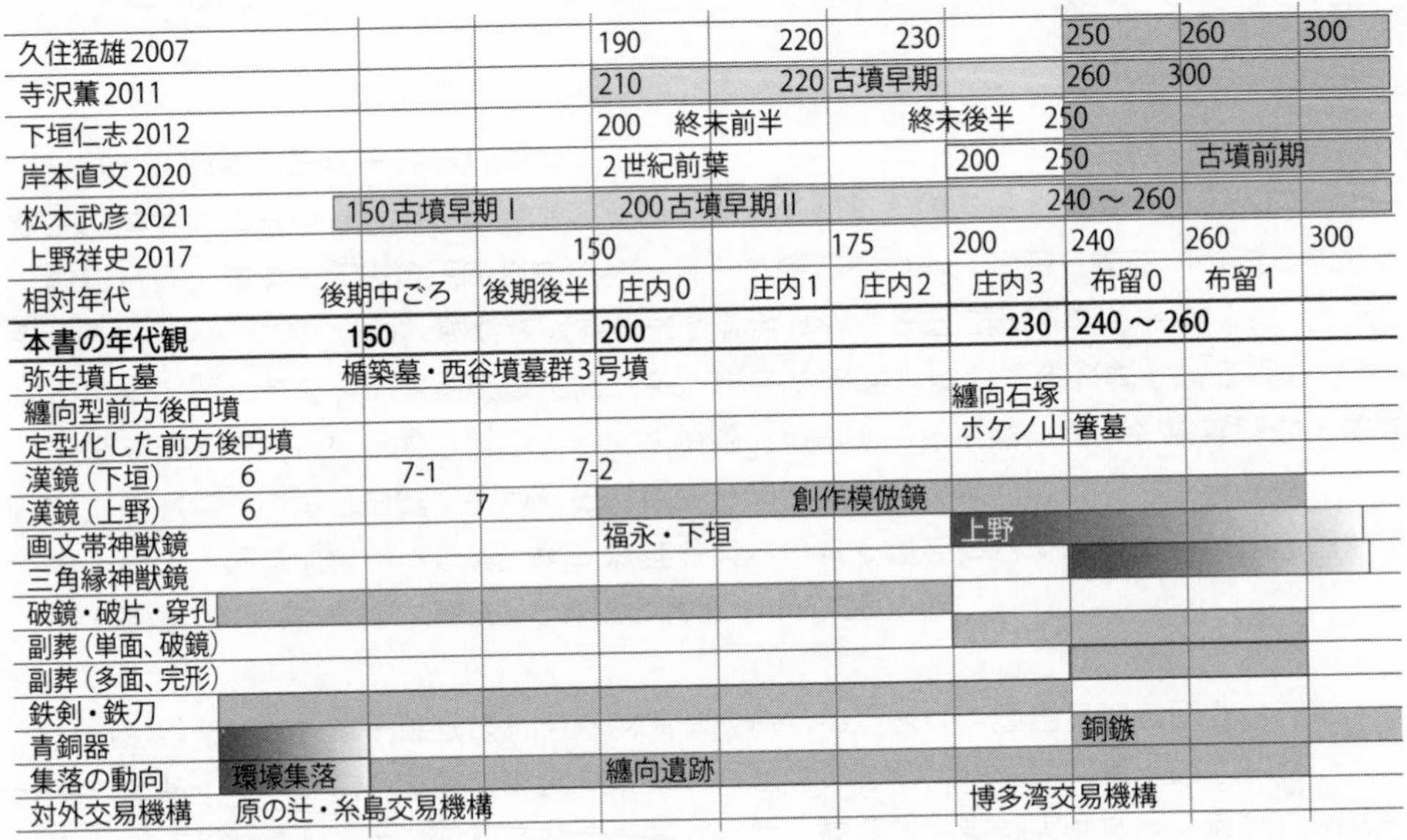

図30　弥生から古墳へ　諸属性の変遷

縦軸に器物、横軸に土器型式をとり、土器型式ごとの変化をみた図である。土器型式の実年代についての考え方は研究者ごとに異なるので、主な研究者が土器型式の実年代をどのように考えているのかがわかるように描いた。たとえば、庄内0式土器の開始年代をみると、岸本の2世紀前葉から寺沢の210年まで、約70～80年のズレがあることがわかる。

第二段階：纏向遺跡の出現、庄内式土器の成立（庄内式古段階、二〇〇年前後）

初期ヤマト政権の宮都とされる纏向遺跡が成立し、纏向型前方後円墳が出現する。二世紀代と解釈する岸本直文と二〇〇年過ぎからとする寺沢薫がいるが、いずれも古墳早期とすることに異論はない。寺沢説では、墳長一〇〇メートル以下の纏向型前方後円墳が奈良東南部を中心に出現したのち、西日本各地にも同様の形式を持ったものが造られるようになる。また、内部主体としての竪穴式石槨が登場する。

より重要なこととして、東海から九州北部にかけての対外交易機構のハブとも言える遺跡で、熱効率重視の甕——庄内式の甕に特徴的な器壁の薄いタイプ——が登場することである。これは、高い品質を誇るアイテムが土着のものに代わって定着する現象が広範囲で起こっていたことを表す。二世紀代の墳丘墓や土器にみられるような、地域性が豊富な時代に比べると、大きく変わり始めた出発点とみて間違いない。

この段階は、画文帯神獣鏡の配布が始まる時期と想定されてもいるので、画期とするに十分であろう。松木は古墳早期Ⅱと位置づける。

第三段階：東方地域における中国鏡副葬の開始（庄内式新段階、三世紀前葉）

この段階では、纏向型前方後円墳のうち、時期がはっきりとわかるものや、讃岐型前方後円墳と呼ばれるタイプのものが登場する。この時期に纏向遺跡と纏向型前方後円墳が「都市」的な様相を帯び、対外交易機構における中継地点、および媒介者として傑出するという見解は、どの研究者もほぼ一致している。

対外交易の窓口も、原の辻・糸島ルートから博多湾を窓口にする博多湾交易へと転換する。また、中国鏡の破片を副葬する墳墓が、東部瀬戸内や近畿など九州北部以外の東方世界でも現れるようになる。

纏向型前方後円墳のなかに中国鏡を副葬するものが登場するということは、被葬者個人に鏡が帰属することを意味し、中国鏡の扱いが明らかに変質していることが読み取れる。なかには奈良県のホケノ山古墳のように、画文帯神獣鏡の完形鏡と破鏡を複数、副葬している墓もある。

定型化した前方後円墳にみられる多面副葬には及ばないものの、その萌芽はすでにみられる。墳長の規模や鏡種の違いを除けば、定型化した前方後円墳を構成する要素のかなりの部分が出現していると言える。その時期は、次に説明する布留0式土器の段階にきわめて近い。およそ一〇年前後の差しかないとされている。だが、纏向遺跡がこの時期に突如として傑出することを重視する下垣仁志は、時期的には近接していても、この二つの段階はそれぞれ異なる画期として明確に区別すべきと言う。

第四段階：定型化した前方後円墳の出現（布留0式段階）

布留0式段階になると、墳長が一気に三〇〇メートルに近づき、超巨大な前方後円墳が奈良

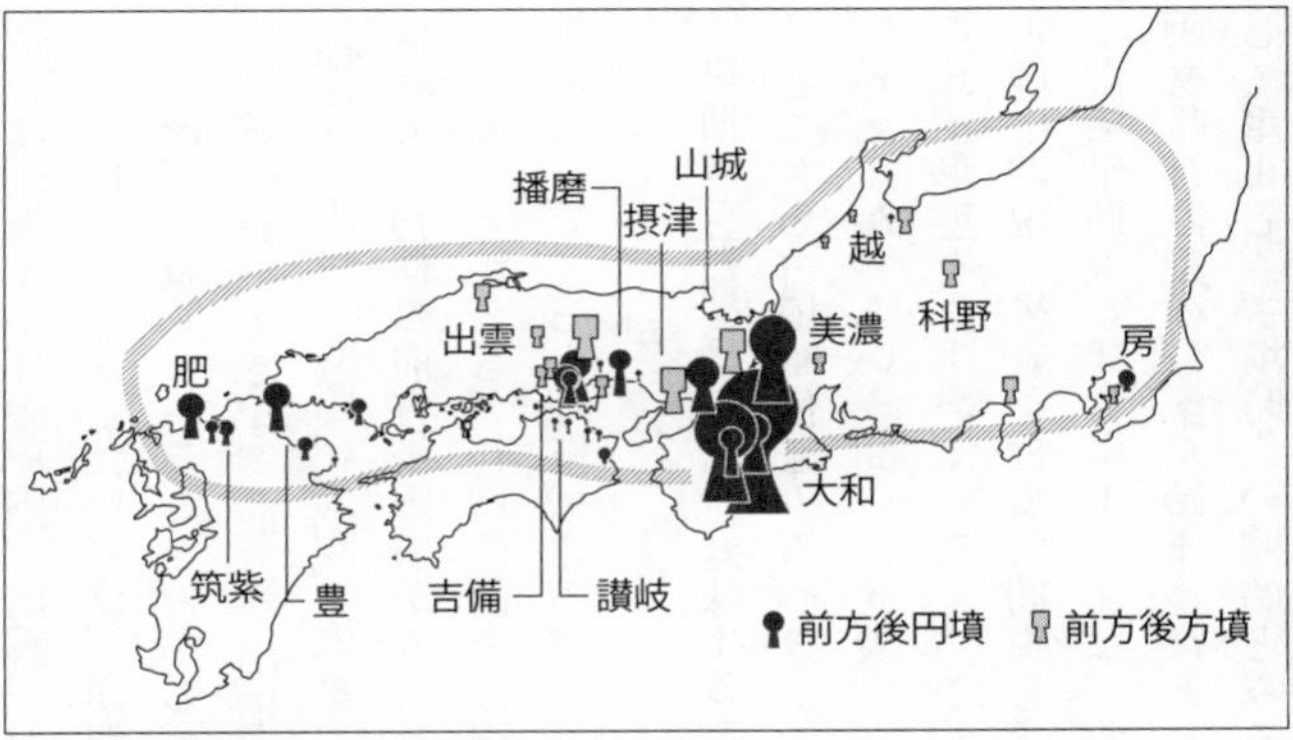

図31　初期古墳の分布

県東南部に出現する。いわゆる定型化した前方後円墳の成立である。

桁外れの墳長の巨大化は、視覚的に首長の権威性を示すという、可視化効果を追求した極みである。その象徴が箸墓古墳ということになる。完形の三角縁神獣鏡が多面副葬されるようになることも、庄内式新段階との大きな違いとされている。

とくにこの時期の前方後円墳では、墳長の長さや三角縁神獣鏡の枚数に差をつけることで、格付けと序列が行われている点が重要だ。この画期をもって古墳時代の開始とみる研究者は多い。

初期前方後円（方）墳の分布

松木が作成した図31は、二五〇～二七五＋－一五年に築造された初期前方後円（方）墳の分布である。

一目みてわかるように、北は千葉県内房～長野～富山から西は佐賀県玄界灘沿岸地域まで分布している。

初めは近畿〜中部瀬戸内、出雲、西部瀬戸内、玄界灘沿岸地域に造られていたこともわかる。

さらに私が注目したいのは、新潟や群馬、埼玉を除くと、弥生時代に環壕集落が造られた地域とほぼ一致していることである。つまり、農耕社会が成立したことを示す環壕集落が造られた地域においてまず、前方後円墳と前方後方墳が成立しているのだ。逆に、山陰、広島東部(備後)、山口、愛媛、高知、佐賀の有明海沿岸、熊本、宮崎、大隅など、環壕集落が存在した地域で、初期の前方後円墳がみられない地域もある。

このことからも、初期の前方後円墳は農耕社会が成立し、かつ、博多湾交易のハブとなった地域に成立すると理解できる。

早期説と前期説の違いが意味するもの

どこから古墳時代とみるべきなのか、という問いは、古墳時代開始期の政治形態をどのように考えるか、という問いと同義でもある。すなわち、卑弥呼の共立から亡くなるまでのあいだの政治形態を弥生終末と捉えるか、あるいは古墳時代と捉えるかという問題だ。前者の立場を古墳早期説、後者を古墳前期説と呼ぶ。

古墳早期説を採る岸本直文は、前方後円形の墳墓とその共有が列島規模で始まるとともに、画文帯神獣鏡の分配が始まったとされる三世紀初頭を卑弥呼という倭国王が共立された時期として重視し、古墳時代の開始とみるべきとする(『倭王権と前方後円墳』)。

具体例として、最古の纒向型前方後円墳である纒向石塚の出現が挙げられる。纒向石塚が出現したのち、広い範囲で墳形が共有されるとともに、舟形木棺を木槨に納める内部主体や、画文帯神獣鏡などの漢鏡七期の中国鏡があちこちで副葬されるようになる。岸本は古墳前期を、箸墓古墳の築造を画期として、前方後円墳を各地に共有する枠組みが本格的に動き出す段階として位置づける（ただし、纒向石塚の出現年代や広い範囲での纒向型前方後円墳の年代がはっきりと確かめられていない状況では、あくまで可能性に留まるが）。

一方で、古墳前期説を採る上野祥史は、古墳時代の成立とその特徴を次のように理解する（「考古学からみた邪馬台国の時代」、一〇七頁）。

前方後円墳の登場は、埋葬施設や副葬品、埴輪などの装置で演出する葬送儀礼の創出に意味があった。埴輪が吉備の儀礼土器に由来するように、各地の要素を複合させて統一の儀礼様式を作り出したのである。（中略）地域圏を意識した青銅祭器が姿を消し、地域圏を超えて共有した鏡や鉄製刀剣が古墳時代の副葬品として継続してゆくことは、日本列島規模での結びつきを反映する器物が選択された背景を雄弁に物語る。三角縁神獣鏡も古墳もともに、共有＝紐帯を示す指標であると同時に、格差＝区分を示す指標でもあった。共有を前提とした格差を日本列島規模で表現することこそ、古墳時代の社会関係、政治関係の本質である。

つまり、古墳早期と目される段階には、まだ格差が生じていないので、弥生終末と考えるべきだというのである。この二つの見方の決着はまだついておらず、今後の研究の進展が待たれる。

弥生時代から古墳時代への移行期

弥生後期中ごろから古墳前期までの移行期についてもまとめておこう。移行期の期間は約百年間ということになる。こちらも四つに区分した。

①弥生後期中ごろ

弥生後期中ごろは、中国地方で、青銅器祭祀に代わって墳墓祭祀が始まる段階である。墳墓祭祀は、定型化した前方後円墳の墳頂で行われるまつりの祖型と位置づけられる。墓制という単独の指標にのみ着目すれば、新しい社会統合のあり方を最初に達成したことをもって、古墳時代早期として位置づけることもできそうだ。

一方で、この段階における墳頂部での墳墓祭祀はまだ前時代的で、いわば対象が青銅器から絶対化していない個人に代わっただけに過ぎない。中国地方で別の目的のために行われていた墳頂部での祭祀を、多数の完形の中国鏡を加えることによって意味を転換し、新たに創作されたものが前方後円墳祭祀と言われるものだと考えれば、この時期は、変化は始まっているものの、まだ弥生時代の枠内という判断が成り立つと思われる。

②庄内式古段階

庄内式古段階は、それまで中国地方に留まっていた、墳長五〇メートルを超える巨大な墳丘墓が、奈良県東南部に遷移したのち、纒向型前方後円墳として西日本中心に広がる段階だと言われている。最古の纒向型前方後円墳である纒向石塚の例から考えれば、少なくとも墳形・墳長・内部主体などの墓制には、程度の差こそあれ、前方後円墳の祖型の登場という画期を認めることができる。ただ、実際の調査はまだそれほど多くないので、今後の実証に期待したい。

今後のポイントとなるのが、漢鏡七期の鏡のあり方である。そのうち画文帯神獣鏡については先述したが、研究者のあいだで見解の相違が著しい。とくに古式の画文帯神獣鏡と新段階の画文帯神獣鏡に時期差が認められるのかどうかは大問題だ。

個人的な所感としては、古墳前期において、三角縁神獣鏡の配布枚数が首長間の序列をはかる指標として重要視されていることを考えると、中国鏡の副葬自体がまだ始まっていない庄内式古段階から、古墳時代と認めることは難しいという意見にも一理あるように思える。

③庄内式新段階

庄内式新段階は、定型化した前方後円墳が出現する直前の段階である。博多湾交易が始まり、纒向遺跡が「都市的性格」を帯びて、対外交易機構のハブとして躍進したということに異論はない。

こうした社会・経済状況のなかで、纒向型前方後円墳であるホケノ山古墳にみられる鏡の副葬のあり方は、定型化した前方後円墳の埋葬法に大きく近づいたとも言える。副葬される鏡の枚数による首長間の格差と序列化も、小規模ながらみることができる。

このように庄内式新段階は、社会や交易という側面における最大の画期と考えられる。格差という観点でも、纒向型前方後円墳で鏡を使った順序付けが小規模ながら始まっているし、墓制に「個人への所有権の帰属」という画期をみることができることも大きい。

問題があるとすれば、一〇〇メートルに満たない纒向型前方後円墳と三〇〇メートルにも達しようという箸墓古墳との、墳長の絶対的な差をどう捉えるかという点だ。

また、先述したように、ホケノ山古墳の築造時期（二三〇年以降）と、定型化した前方後円墳の築造時期（二四〇〜二六〇年）とのあいだには、最小だと一〇年ぐらいの差しか考えられない。これを考古学的に同じ局面と考えることもできる。庄内式古段階から庄内式新段階への質的なステップに比べて、庄内式新段階から布留0式段階へのステップは量的な部分が大きいのが特徴だ。現代のビジネス用語ふうに言えば、ゼロからイチへの変化（庄内式古段階→庄内式新段階）と、イチからジュウへの変化（庄内式新段階→布留0式段階）と言えようか。

④布留0式段階

布留0式段階は、箸墓古墳が築造される段階である。最古の定型化した前方後円墳の登場だ。古墳時代の指標のすべてがそろっており、しかも三〇〇メートル近い墳長を持つ点が他を圧倒していることを考えると、古墳時代のはじまりと呼ぶにふさわしい。

ただし、格差の誕生を画期として重くみるなら、見方は少し変わる。右で確認したように、纒向型前方後円墳にも格差は存在していたので、この段階はすでに古墳時代への移行後ということになる。定型化した前方後円墳にみられる序列化は、格差が大規模に固定化・定着した段階とみることができよう。

古墳時代のはじまり

末尾になるが、ここまでの議論をふまえて、筆者なりの見解を記そう。一部、重複する説明もあるが、ご容赦願いたい。

弥生後期から古墳前期のあいだを移行期とみたとき、まず起こるのは一〇〇メートル以下の墳丘墓の登場と墳頂祭祀のはじまりであった。鏡の副葬こそまだだが、鉄製武器や玉類などの副葬は九州北部以外の地域でも、楯築墓などですでに始まっていた。被葬者はまだ家族墓のなかから突出しておらず、しかも中国地方という一地域に限られている。それ以外の地域では、まだ巨大化した青銅器に遠距離交易に関わる調整の役割を求めている段階なので、変化は始まっているものの、弥生後期と位置づけるのが妥当と考える。

庄内式古段階になると、古墳時代に向けての動きの中心が大和東南部に遷る。この時期に現れた纏向遺跡と纏向石塚は、政治と祭祀がセットになった共有現象として、もっとも古い画期である。また、庄内式土器の全国への波及がみられることからも、経済・流通面ですでに質的な変化が起きていることは間違いない。

もしも今後の調査で、纏向諸古墳の現れた時期の年代が確定し、この時期の画文帯神獣鏡の配布が認められることになれば、この時期を社会が変革した時点と見なすことは十分可能だ。そうなれば、古墳早期を設定することができよう。

庄内式新段階には、博多湾交易という新しい対外物資の物流が始まるとともに、纏向型前方後円墳のあいだに、画文帯神獣鏡の枚数や完形鏡の有無などの格差が生じる。被葬者への鏡の所有権の帰属と格差のはじまりは、社会の変化が墓制にも確実に及んだものとみることができる。

布留0式段階において、二四〇年から二六〇年のあいだに定型化した前方後円墳が成立するとともに、三角縁神獣鏡の枚数で表される序列化が完成し、墓制面の古墳時代化がすべて完了する。庄内新式段階から、さらなる飛躍があったことに異論はない。

これらを総合すると、程度の差はあれ、鏡の個人帰属が確実に始まっている庄内式新段階には古墳時代に入っていたと考えられる。だが繰り返せば、布留0式段階との年代差は、もっとも短くて一〇年ぐらいしかなく、考古学的に時期差を判断できるほどの時間差ではない。

したがって、鏡の機能変化と首長による所有権の確保、纒向諸古墳の格差のはじまりと箸墓古墳の築造は、考古学的に同時と考え、古墳時代前期のはじまりと見なすことにする。今後、さらなる調査によって纒向諸古墳の築造年代が確定し、規格性が存在していたのか、画文帯神獣鏡の配布が行われていたのかどうかなど、諸々の議論に決着がつけば、さらに庄内式古段階までさかのぼる可能性もゼロではないということで結論としたい。現状では、ホケノ山は古墳前期の古墳ということになる。

筆者が考える古墳時代のはじまりは、庄内式新段階である。布留0式段階との時間差はごくわずかだと思われるので、古墳時代のはじまりの年代は、三世紀中ごろ（前葉を含む）で不変と言えよう。すっきりしない結論だが、これが文献のない先史時代研究の宿命なのである。

終章

先史時代を生きた人びとの文化

列島各地の暮らし

本書の締めくくりであるこの章では、先史時代の人びとが激変する世界をどのように過ごしてきたのかに焦点をあてたい。

三万七〇〇〇年前にヒトが列島に現れて以来、古墳時代までの先史時代において、列島の人びとは旧石器時代から縄文時代、縄文時代から弥生時代、弥生時代から古墳時代という三つの移行期をくぐり抜けてきた。ただし、三つの移行期をすべて通ってきたのは、古代の領域にほぼ一致する範囲、すなわち仙台平野のあたりの東北中部から、鹿児島県南部の大隅半島までの地域の人びとに限られる。

各章で述べたように、それ以外の地域では、右の類型とは異なる移行の仕方がみられた。たとえば北海道は、縄文時代から続縄文時代、続縄文時代から擦文時代という二つの移行期をたどる。東北北部も、水田稲作を行う時期が三〇〇年近くあるものの、基本的には北海道と同じ経緯である。対して南部の奄美・沖縄では、旧石器時代から貝塚時代という一つの大きな移行期のなかに、貝塚前期から貝塚後期というミクロな移行期がある、といった具合である。

移行期のあり方で列島の各地域を分けていくと、藤本強が設定した文化圏、すなわち北の文化（＋北のボカシ）、中の文化、南の文化（＋南のボカシ）の区分とまさしく一致する。そこで、ここからは藤本が指摘した地域単位ごとに特徴を比較していくことで、あらためて先史時代の特徴をあぶり出してみたい。

1 中の文化——アニミズムと穀霊

中の文化の移行期とは

本書が焦点をあててきたのは、移行期ごとに登場する、次の時代を告げる指標であった。今一度振り返ってみると、旧石器時代から縄文時代への移行は、森林性食料に依存する網羅的生業構造の開始が指標となる。これは後氷期の温暖化にともなう変化である。縄文時代から弥生時代への移行は、列島外からの灌漑《かんがい》式水田稲作の持ち込みによる選択的生業構造の開始、および青銅器文化にもとづく社会・祭祀体系の成立が、指標としてもっともふさわしい。

弥生時代から古墳時代への移行は、新たな対外交易機構の成立、交易のハブとしての纏向《まきむく》遺跡の発展、巨大な前方後円墳の成立、中国鏡の多面副葬の開始など、複数の指標にもとづき、総合的に考えるべきだろう。

これらの移行がすべてみられるのは、先に述べたように、「中の文化」の地域に限られる。あらためて述べると、東北中部から九州中部までの地域である。同地域では、紀元前一〇世紀以降、約七〇〇年かけて水田稲作が始められた。また、前方後円墳がおよそ三五〇年のあいだ造り続けられ、古代国家も同地域で成立する。

当然のことだが、指標として選んだ以外にも、各時代における変化は多数みられる。本節では、指標には選んでいないものの、人びとの暮らしぶりを示す特徴的な変化に簡潔に触れておきたい。

墓制――縄文から弥生にかけての変化

まずは墓の変化である。縄文時代から弥生時代への移行期に、農耕社会が成立したことを示す環壕集落が出現する。集落は、溝によって区画される。集落を画するということは、墓域と居住域を画するということでもある。これは、生の世界と死の世界が同心円状に連続する縄文時代と明確に異なる点だ。実際、縄文時代には区画用の溝をめぐらして地上を画する集落は基本的に見られない。

第二章で紹介したように、福岡の板付《いたづけ》遺跡からは環壕の外側に玉などの副葬品を持つ子供の壺棺が見つかっているし、愛知の朝日《あさひ》遺跡では、弥生前期後半の環壕の外側に成人の共同墓地が造られていた。農耕社会の成立とともに生の世界と死の世界が分離していることがわかる。

こうした分離の観念は、韓半島からもたらされた青銅器文化の影響と考えられる。実際に、稲作とともに渡来した韓半島系の支石墓や方形周溝墓のうち、支石墓は九州西北部に限定して分布するものの、方形周溝墓は、弥生終末までに会津盆地にまで広がることが知られている。

弥生時代から古墳時代への移行期には、古墳以外にも「共同墓地」が築かれたと目されている。大阪にある長曽根《ながそね》遺跡では、径二〜三メートルほどの不整形の土壙墓《どこうぼ》が七〇〇基近く見つかっている。これらは小群を構成しており、木棺など棺が使用されたとは考えづらく、祭祀土坑らしきものをともなうものもある。土壙墓分布域内にある流路に対応する計画的な配置の跡がみられ、土器がわずかに出土する。副葬品は出土していない。

このように数百にものぼる優劣差のない土壙墓だけで墓域が形成されていることは、一般庶民とも言える人びとの墓地が成立していたことを物語る根拠と捉えられている（福永伸哉「共同墓地」、一二〇—一三三頁）。

まつり

次に、祭祀の変化である。縄文時代のまつりの道具として土偶を取り上げたが、「中の文化」では、水田稲作が始まると土偶は出土しなくなる。水田稲作を円滑に行うために人びとに求められた行動原理が、土偶祭祀に何らかの理由で抵触したのだと考えられる。では、それは一体どんな理由だったのだろうか？

筆者の見解はこうだ。縄文時代の人びとは、動植物などの生物から、山や川、森などの自然、無機物に至るまで、すべてのものに霊が宿るというアニミズムの世界観を持っていた。しかし弥生時代になると、コメの豊穣を約束する穀霊が唯一絶対の信仰の対象となる。そのため、多様性を前提とするアニミズムと、唯一絶対的な存在としての穀霊信仰という、正反対の世界観が対立することになった。こうして、土偶祭祀が衰退したのではないか。

付け加えれば、土偶はアワ・キビ栽培を生業の一部に加えた段階では無くならないが、水田稲作が始まると姿を消し、新たに男女の表象からなる木偶が現れる。土偶は基本的に女性を表すとされる。ということは、男女の交わりを豊穣のメタファーとする農耕文化の隆盛と、祭祀道具の変化とはやはり無関係ではないだろう。

古墳時代に入ると、弥生時代の武器形祭器や銅鐸のような青銅器は姿を消し、代わって日常で用いるいろいろな道具、たとえば鏡や武器、農工具、機織具、調理具、酒造具などが、神まつりの具として用いられた。これらには埋納された形跡がないため、神まつりの場に供えられることはあっても、地中に埋めるべきものとは考えられていなかったようである。

農具——弥生から古墳にかけての変化

続いては農具である。黒崎直によると、弥生時代から古墳時代への移行期に、水田稲作を支える灌漑の技術が大きく飛躍するという。新しい構造の堰《せき》、川の流れをせき止める堤防の構築、自然の河川を人工的に付け替える工事など、規模・質ともども弥生時代を大きく超える。また農具の改良や新田の開発にも、前方後円墳が生まれる時代にふさわしい農業土木技術の高まりをみることができるという。

そのころの新たな農具としては、広鍬《ひろぐわ》としても鋤《すき》としても使える、形がナスを縦方向に切断した形に似ているナスビ形農具、湿田耕起用の泥除け具の出現を挙げることができる。いずれも古墳時代の初めごろに、湿田の開発に関心が向けられたことを物語る資料だ。

一方、なかなか鉄器化せず、石のまま長きにわたって使われた穂摘具として、石庖丁が挙げられる。古墳時代になって、ようやく鉄製手鎌へと置き換わる。これは根刈り用の鎌ではなく、石庖丁と同じく稲穂の摘み取り具だったとみられる。このことから、三世紀になっても稲穂が熟し実る時期はバラバラだったことがわかる。

さらに五世紀になると、韓半島の影響を受けて、木製の鍬や鋤の刃先にU字形をした鉄製の刃を装着する鍬先と鋤先、そして鉄製の根刈り鎌が登場する。これによって、現在に続く日本の農具の基本形は完成したと考えられている（黒崎直「農具の革新」、六一―六五頁）。

水田と畑

古墳時代の水田についても触れておこう。火山灰に埋もれた状態で発掘された、群馬の同道《どうどう》遺跡における水田は、大アゼで区画した内部を、さらに小アゼで区画するものが大半だった。等高線に平行方向の小アゼと直交方向の小アゼによって、一枚が約三〇平方メートルの大きさに区画されている。小アゼは用水を湛水《たんすい》したり、排水が均等に行われたりできるように設けられたものである。

私たちが見慣れている田んぼの畦《あぜ》は、ここで言う大アゼのことである。上の幅が五〇センチメートル前後、水田面からの高さが一五センチメートルほどで、耕作土と同じ土を盛り上げて作られる。大アゼは、災害に遭っても同じ位置に復旧されていることから、地割りや水利、耕作権の表示など、重要な役割を果たしていたと考えられている。同道遺跡では、二〇〇年間にわたってほぼ同じ水田地割りが維持されていたことがわかっている。

六世紀中葉には、榛名山の大規模な火山噴火が起こった。そのとき噴出した軽石によって埋没した群馬の黒井峯《くろいみね》遺跡では、竪穴住居と平地住居から成り立つむらが見つかっている。見つかった集落は、垣根で囲まれている内側に、数棟の平地住居や納屋・作業小屋・掘立柱の高床倉庫、家畜小屋、畦をふくむ畑を持っていた。不思議なのは、大型の竪穴住居だけが垣根の外にあったことである。

垣根の外には水場やむらの祭祀場などがあり、それぞれが道でつながっていた。またむらの周囲にも畑が広がっており、低地には水田がある。見つかった畑には、畝《うね》の残り具合から三つの畑の存在がうかがえる。軽石が降ったときに実際作物が植えられていたと思しき畑と、痕跡程度に畝が残っている畑、そして畝がまったく残っていない畑の三つである。最後の畑には、噴火時に作物が植えられていなかったと推測されるため、連作障害を防ぐために耕地の切替が行われていた可能性もある。

堰

第二章で説明した、日本最古の水田跡である板付遺跡の堰は、流れに直交して一列に打ち込んだ杭に横木をからめて水を止め、水位を上昇させるシンプルな構造だ。こうした構造は古墳時代にも継続して用いられる。古墳時代になって新たに登場するのが、愛媛の古照《こでら》遺跡ではじめて見つかった、合掌形堰と呼ばれるものである。

四世紀代に造られた古照遺跡の合掌形堰は、全長二四メートルに達する。上流に向かって斜めに打ち込んだ杭の上に、横木を置き、それが流れてしまわないように垂直に杭（縦材）を打って固定する。杭のあいだに植物繊維をからませながら、これを数段繰り返し、水位の上昇を図る。斜材、縦材、横材という三つの材を合掌形にくみ上げることが名前の由来である。縦杭だけに頼っていたシンプルな堰よりも構造上の強度が増しており、その分、より多量の水を制御して田に引き込むことができたようだ。

川と川をつなぐ用水路

奈良の纏向遺跡では、三輪山を水源とする小河川から取水し、約一・三キロメートル離れた初瀬川に水を引いた用水路が確認されている。四世紀代に造られた用水路は、幅が約五メートル、深さが一メートル前後の二本からなり、二つの用水路が合流する地点には、「集水升」や堰が設けられ、護岸用の矢板も打ち込まれていた。

この用水路は、流域にある六ヶ所の集落のあいだを縫うように走っているところから、複数の集落相互の水の調整という、政治的な技術の賜《たまもの》であるとも考えられている（黒崎直「田に水を引く」、七一―七八頁）。

民衆のむら

人びとが住んだむらは、台地、河川流域の自然堤防上や沖積微高地に営まれた。そのなかでも、沖積地に築かれる例が増加していく。

埼玉にある古墳前期の五領《ごりょう》遺跡では、生産の単位ごとに住居小群が形成されていた。たとえば北側に隣接する水田を共同で管理していたB区には、二三棟の竪穴住居が密集している。円形に配列された竪穴住居には、炉や貯蔵穴を持つものもある。このような住居小群は、弥生時代にもみられる。

連続性がある一方で、異なる点もある。古墳時代の集落には、環壕が見当たらない。恒常的な防御施設をもはや必要としなくなったからだとか、あるいは中央権力にむらを自衛する手段を奪われたのだとか、いくつかの説が出ているが、いまだ定説には至っていない。

中の文化の移行期の特色

「中の文化」における旧石器時代から縄文時代への移行期には、最終氷期から後氷期への劇的な気候変動が起こったため、人びとの生活全般が大きく変わることになった。生業、暮らし、墓制、まつりのすべてに著しい変化がみられる。

縄文時代から弥生時代への変化は、水田稲作という生業の変化が引き金になった。そのため、豊穣な収穫を達成すべく、あらゆる要素が農耕に対応した仕組みへと再構成されていく。人びとの生活には、やはり全般的な変化が訪れたに違いない。

それに対して、弥生から古墳への移行期にみられる変化は、ハイクラスの人びとの周辺に集中しており、主に質的な変化だと言える。社会の一般成員にまで変化が及ぶのは、製鉄の開始や須恵器の生産開始など、新たな技術革新によって物資の流通が変わる五〜六世紀以降になると考えられる。

2　北の文化——「続縄文」の暮らし

前四世紀に起こった変化——縄文時代から続縄文時代へ

北海道から沖縄までの列島世界が大きく三つに分かれることになった最初のきっかけは、前三世紀中ごろまでに「中の文化」が水田稲作を採用したことである。なかでも、前四世紀前葉に東北北部で水田稲作が始まったことは、北のボカシの地域における隔たりをくっきりと浮かび上がらせる契機となった。この時期から、日本列島は北の文化、中の文化、南の文化に分かれることになり、その地域的な枠組みは、なんと明治政府ができるまでの約二二〇〇年間にわたって基本的に維持されることになる。

本節では「北の文化」の移行期についてみていく。北の文化は、津軽海峡を挟んだ北海道と東北の地に、前四世紀から中世に至るまで隆盛した文化である。南の文化とは異なり、最後まで「国家」が形成されることはなかった。

東北北部で水田稲作が開始されたころ、北海道で始まるのが続縄文文化である。戦前に山内清男《やまのうちすがお》が北海道の縄文晩期直後の土器を「続縄紋式」と名づけたことに由来する。

縄文と続縄文との関係については、二つの見方がある。すなわち、縄文の継続と捉える見方と、縄文に続く別の文化と捉える見方である。後者の考えは、続縄文文化にみられる漁撈活動の活発化、それに依存した新たな生活形態の確立、新規漁場の開拓などが、縄文文化にはみられない規模と方式にあることを重視する（高瀬克範「弥生文化の北の隣人」）。

ここからは、縄文から続縄文への移行期における人びとの暮らしについて、みていくことにしよう。

続縄文時代の生業

縄文時代も続縄文時代も採集・狩猟文化であるという点については変わらない。とくに堅果類（ドングリなど）の採集活動は、ほとんど変化がみられない。弥生文化のように、特定の生業に特化した生業構造になることはなかった。

他方で、漁撈については変化がみられる。続縄文時代になると、サケ科の骨が急増するのだ。主要な食料源の一つであるエゾシカを凌駕するほどの重量が出土している。特定の魚類への食料的依存度の高まりは、道南に限らず、北海道全域で確認される現象である。

もちろん縄文時代の北海道でも、漁撈活動は活発であった。だが、特定の魚に偏ることはなく、ニシン科、アイナメ科、カレイ目の骨を中心に、比較的バランスのとれた網羅的な漁撈活動の痕跡がみられた。

しかし続縄文文化になると、道央ではサケ科、道南ではヒラメ、道東ではメカジキへの依存度が高まる。しかも道南のヒラメは体長が六〇〜一〇〇センチメートルという、いま獲れても最大級の個体が全体の七割以上を占めるというから、先史の北の幸には驚きである。

そのヒラメを捕ったと思われる専用の道具が、魚形石器と呼ばれる道具だ（図1）。これは、大きな釣針の軸部、錘《おもり》、疑似餌の役割を合わせ持った道具であり、道南・道央の続縄文文化の前半にだけ発達し、やがて姿を消す不思議な道具である。

続縄文前半期にみられる漁撈活動の特徴は、縄文文化には基本的にないものだ。これが、続縄文を縄文に続く別の文化と見なす際の根拠になる。

かつての学説では、北海道の縄文人は水田稲作を行いたかったが、寒冷な気候により叶わなかったと説明されてきた。しかし現在では、北海道の厳しい気候のもとで水田稲作を行うよりも、地の利を活かして漁撈活動中心の生活を送るほうが、必要なものをずっと効率的に手に入れることができたため、水田稲作よりも漁撈活動に重点が置かれたのでは、とも考えられている（石川日出志『農耕社会の成立』）。

土地利用の変化

続縄文時代になると、遺跡の立地にも変化がみられた。オホーツク海沿岸では、段丘・台地上から砂丘上にシフトし、河川や内湾での漁撈との両立が図られる。道東の太平洋側でも、やはり海に面した場所に遺跡が造られるようになった。主な獲物は外洋のメカジキなどである。道央では、頻繁に洪水に見舞われる可能性の高い低地に遺跡が営まれるようになる。これは、遡上《そじょう》するサケ科魚類の捕獲に対応したものと考えられている。

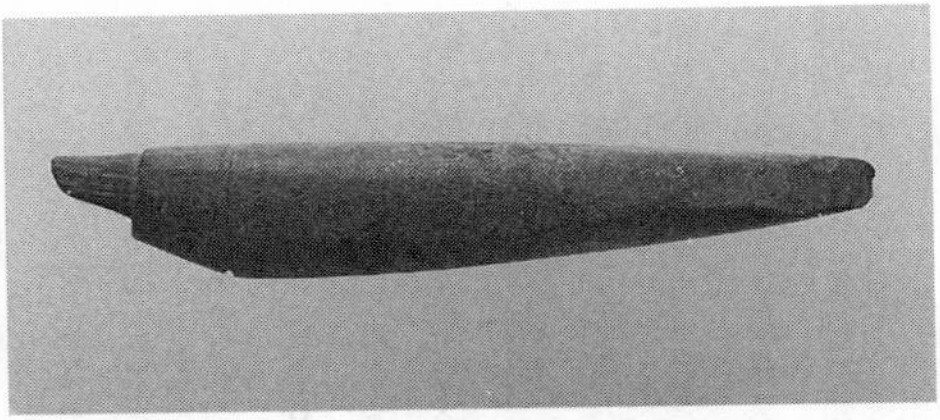

図1　大型のヒラメを捕った道具（魚形石器）前4世紀

このほかにも、集団の編成方法、経済に占める交易の重要性など、単に魚類の利用量や利用方式に違いがみられるというだけではなく、縄文文化と続縄文文化の違いは多岐にわたって挙げられる。

副葬品を持つ狩人たち

採集狩猟文化段階の墓で、副葬品を持つ例というのはかなり限られる。しかし、続縄文文化の墓からは、多量の副葬品が出土することで知られている。

狩猟具、解体処理用具、土器などの日常で使う道具のほか、首飾りなどが主な副葬品である。首飾りのなかで多いのは碧玉や鉄石英の管玉、琥珀《こはく》の平玉だ。管玉は数十、平玉となると一〇〇を超える宝石が連なったものもある。このような副葬品を持つ墓の割合は一〇～一五パーセント前後なので、有力者の墓である可能性が説かれている。

北海道では縄文晩期後半より、狩猟具を副葬されることが一般的になった。とくに多量に副葬されたのは石鏃《せきぞく》である。多量の石鏃を副葬することは死者が優れた狩人であったことを示している可能性もあるが、真相はまだわかっていない。いずれにしても、多量かつ豪華な品々を副葬するという慣行は、縄文晩期後半に成立し、続縄文社会に引き継がれていく。

副葬品のなかには、二〇〇〇キロも離れた沖縄近海でしか採れない貝で作ったブレスレットや、佐渡で作られたと思しき鉄石英製の管玉、原産地不明の琥珀など、遠距離交易で入手したらしき優れた品が数多くある。

「北の文化」の社会において、男性の威信や名声の獲得は、漁撈活動と強く結びついていた。そのため、海洋漁撈を取り仕切る男性に対する社会的評価として、副葬品がもたらされたと考えられる。あくまで想像だが、舟の上から離頭銛《りとうもり》やヤスで大型の魚類・海獣類を狙う姿は、漁師の名声を大いに高めたのだろう。

北海道と共通して、大陸に近い九州でも先史時代の墓に副葬品を納める風習がみられる。逆に大陸から離れれば離れるほど、副葬品の出土時期は遅くなるようだ。関東あたりがもっとも副葬品の風習が遅れた地域として知られている。これは、社会の発展度合いというよりも、貴重な器物を個人に帰属させ、墓に入れてしまうのが望ましいことなのかどうかに対する、共同体の捉え方の違いと見なしたほうがよさそうな事例である。

葬儀に関連して、祭祀の話題も一つ。まつりに関する道具では、クマをシンボルとする各種道具に特徴がある。たとえば骨で作ったクマの装飾を持つスプーンや、クマの把手を持つカップ状の土器が見つかっている。クマをモチーフにした観光みやげに、何か近いものを感じる。いかにも町おこしのヒントになりそうな話ではないだろうか。

続縄文人の交易相手

右で遠距離交易について触れたが、髪飾りなどの輸入品を得るために差し出した交換品は、毛皮や矢羽根用の大ワシの羽などの狩猟、昆布・アワビなどの採集・漁撈活動の産物であった。これらの品目が、古代のオホーツク文化と古代社会との交流品目と同じであることは興味深い。

では、続縄文人は誰と接触していたのか。北海道大学の林謙作は、フゴッペ洞窟の円頭大刀

図2　続縄文時代のサケの加工場復元模型

や礼文島船泊《ふなどまり》遺跡の鹿角装大刀（柄頭や鞘尻に直弧文という呪術的な文様を彫りつけ、鹿角をはめ込んだ大刀）を根拠に、エチゼン王（鹿角利用製品）やヤマトの大王（直弧文）と無関係ではないと言う。続縄文人は隣接する地域との自由な交流ではなく、強大な支配権力との結びつきを望んでいたようだ（林謙作「続縄紋とエピ縄紋」）。

続縄文文化後期

本州の弥生後期に併行する一世紀から道央部で顕著になるのが、後北《こうほく》文化と呼ばれる後期の続縄文文化である。遺跡がきわめて限られているのが特徴で、札幌市のK一三五遺跡や江別市の江別太《えべつぶと》遺跡などが有名である。ここに住んでいた人びとは、サケ・マスなど河川を遡上してくる魚を捕獲対象とした内陸河川での漁撈に傾注した人びとであると考えられる。

札幌駅の構内で見つかったK一三五遺跡は、古墳時代前期に併行する三～四世紀に営まれた。正確には、遡上してくるサケを捕まえて、燻製や天日干しを作る加工場跡（図2）であって、いわゆる集落遺跡ではない。見つかっているのは多数の小さなピットと焼土の跡のみで、竪穴住居は見つかっていない(焼けたサケの骨は大量に出土している)。一万六〇〇〇年前の土器が出土した青森の大平山元I遺跡と状況が似ており、使用目的の共通性が見出せる点も興味深い。

3 南の文化——九州・大陸との交流

九州南部における移行期の状況

「南の文化」は、奄美・沖縄地域に花開いたものである。大隅海峡を挟んだ薩摩・大隅半島部と種子島・屋久島地域は、「南のボカシ」であり、中の文化との境界にあたる。

南の文化における先史時代の移行期には、人びとの暮らしはどのように変わったのであろうか。たとえば同じ鹿児島県でも、西部の薩摩地方と東部の大隅地方とでは、かなり状況が異なっていたことがわかっている。

まず薩摩地方では、前九世紀後半になると、石庖丁や韓半島青銅器文化の無文土器系の壺などが断片的にみられるようになる。この現象は、第二章で触れた縄文晩期末の前池式土器の段階と共通性がある。すなわち、網羅的生業構造のなかに穀物栽培が加わった姿とみなすことができる。そして、弥生前期中ごろ併行の前七世紀に、南さつま市の高橋貝塚などで、水田稲作を営む人びとの暮らしがスタートし、本格的に弥生時代へ突入したとされる。

しかし薩摩地方では、農耕社会の成立を示す指標となるような、明らかな環壕集落がなかなか出現しなかった。付け加えると、前方後円墳も出現せず、地下式板石積石室という墓制を持つ特有の古墳文化が広がっていた。

薩摩地方と対照的な様相を示すのが、大隅地方である。大隅地方における縄文時代から弥生時代への移行期には、水田稲作を行っていたと明言できるむらが見当たらない。しかも、志布志市にある稲荷迫《いなりざこ》遺跡（弥生前期初頭段階）から出土した石製の道具類は、打製石斧を中心とする石器組成で、縄文晩期とほとんど変わったところがない。このことから、畑作の比率の高い農耕文化であったと考えられる。

しかし前三世紀中ごろ（弥生中期中ごろ）になって、鹿屋市にある西ノ丸遺跡に明らかな環壕集落が出現する（図3）。いま見つかっているなかで最南端の環壕集落である。この遺跡があるあたりは、古墳前期になると巨大な前方後円墳が築かれる地域で、大崎古墳群として知られる首長墳が群集する地域へと発展する。

このように、水田稲作の開始という点では先行した薩摩地方であるが、農耕社会の成立から前方後円墳の築造へ向かう進度では大隅地方と逆転する。この背景には、縄文後期後半以来、薩摩地方が担ってきた奄美・沖縄地域との交流の仲介的役割を、弥生中期になって、大隅地方も別ルートで担うようになったことが関係するようだ。

図3　西ノ丸遺跡の環壕集落（中央白い部分より奥）

ここからは、木下尚子による貝交易研究の成果に依拠しつつ、九州南部と奄美・沖縄地域との交流についてみていこう（「貝殻集積からみた先史時代の貝交易」）。

交易以前の交流（縄文後期〜弥生早期）

奄美・沖縄地域と九州との交流の形跡をたどると、縄文後期併行期に奄美地方で採れるオオツタノハ製の貝輪に行き着く。四・二Kイベントと言われる約四二〇〇年前の大規模な気候変動（寒冷化）の開始期に、九州南部の市来式土器を指標とする文化が南進して奄美・沖縄方面に及び、その際にオオツタノハ製の貝輪に関する情報が九州地方にもたらされたと推測される。木下は、これを交易以前の交流と呼ぶ。

鹿児島の十島村宝島大池《おおいけ》遺跡B地点にて、サンゴブロックで作られた石棺に葬られた熟年女性は、三個のオオツタノハ製貝輪を身につけていた。この貝輪は、人骨の年代測定の結果、縄文後期後半のものだということがわかっている（図4）。

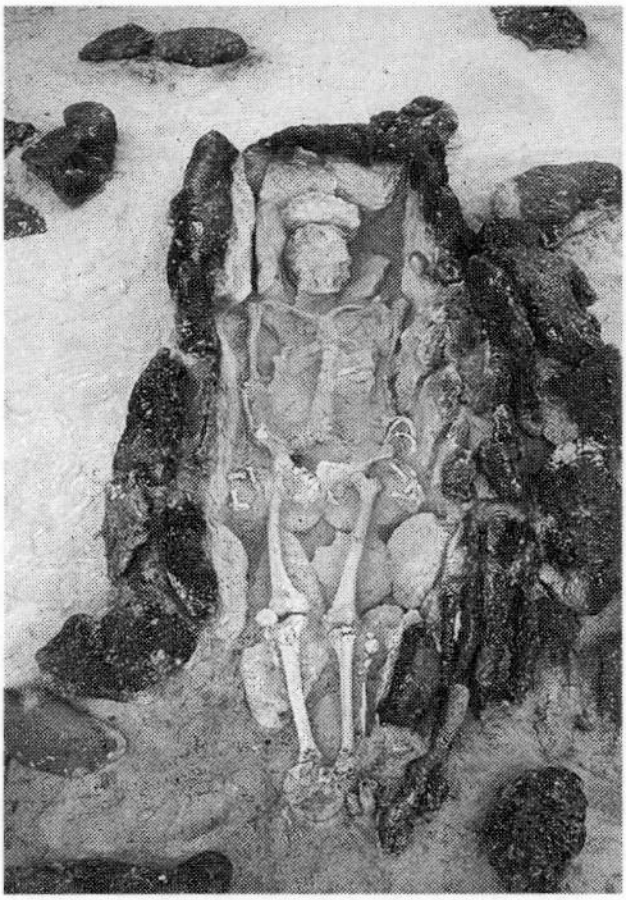
図4　大池遺跡で見つかった女性の墓（前14～前13世紀）

①仲介交易第一段階（弥生早期）

九州本島で最初に発見された、オオツタノハ製の貝輪を身につけた人物は、佐賀の大友遺跡8号支石墓に葬られていた熟年女性であった。玄界灘沿岸地域でも西に偏る大友遺跡は、地域区分としては九州西北部にあたる。南海産の二枚貝製腕輪の仲介に最初に動いたのは、この地域の人びとのようだ。その行動範囲の東限は、山口県の響灘沿岸にまで及んでいる。

②仲介交易第二段階（弥生前期～弥生中期中ごろ）

前九世紀を過ぎると、西北九州沿岸部の支石墓や石棺墓を墓制とする人びとが沖縄島まで行動範囲を広げて、今度は沖縄近海に多いゴホウラやイモガイなど、大型巻貝を求めるようになる。これらの巻貝で作られる腕輪は二枚貝のものよりも厚手で、しかも中国の玉《ぎょく》に近い白い輝きを持つ代物であった。この腕輪は、福岡平野などに住んでいた甕棺を墓制とする渡来系弥生人に重宝されるようになる。これらの人びとの要請に応じて、実際に海を渡ったのが、有明海沿岸から薩摩西部沿岸部の人びとであった。

先述した高橋貝塚では、大型巻貝の粗加工（図5）をしたことがみて取れる。奄美の土器や大型巻貝の破片も出土している。また、沖縄の木綿原《もめんばる》遺跡など、西海岸の砂丘遺跡からは、有明海沿岸から薩摩西部沿岸部の文化に特徴的な突帯文系の甕形土器が出土している。腕輪の素材となるゴホウラやイモガイを砂浜に保管しておく貝殻集積が増設されるのも、このころからである。

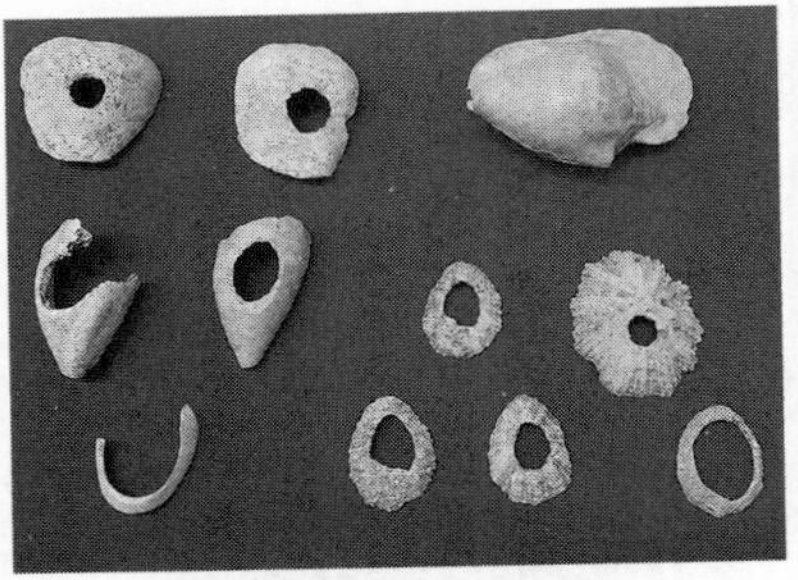

図5　高橋貝塚出土貝輪未製品

③仲介交易第三段階（弥生中期後半～中期末）

薩摩地方の人びとに加えて、奄美・沖縄地域と九州との仲介者に大隅地方の人びとが加わるのは前三世紀、弥生中期中ごろを過ぎたあたりである。このころ、薩摩から有明海へ至るルートに加えて、大隅から日向灘ルートという新たなルートが生まれ、分岐が起こる。こうした変化の原因と考えられるのが、大型巻貝に対するニーズの増加である。弥生社会では、この時期、大型巻貝の消費数が最大となり、沖縄でのゴホウラ不足の兆候も現れ始める。同じころ、沖縄の遺跡で見つかる土器が、大隅地方の山ノ口式土器になっていく。鹿屋市にある西ノ丸遺跡で環壕集落が出現し、大隅地方に農耕社会が成立する時期とほぼ同じである。この時期、豊後や日向、大隅の弥生土器が、瀬戸内海を越えて岡山まで運ばれ始める。このことから、それまでの九州西海岸ルートに加えて、瀬戸内、東部九州、大隅を通る奄美・沖縄ルートが開発された可能性もある。

とはいえ、薩摩を通る西回りルートが廃れたわけではない。南さつま市の下小路《しもしょうじ》遺跡で、有明海沿岸地域の特徴を持つ甕棺が出現することから、貝交易のために有明海沿岸から派遣され、同地で没して葬られた人物がいたようだ。

④仲介交易第四段階（弥生中期末〜後期初頭）

弥生中期末から後期初頭にかけて、九州における貝殻需要が衰退し、貝交易が収束していく。

⑤仲介交易第五段階（古墳前期）

古墳開始期になると、消費地が短期間のうちに九州からヤマト王権の畿内へ移り、近畿地方の古墳人が南海産貝輪を求めるようになる。このことによって、九州東海岸から瀬戸内を介して近畿へと至る交易ルートが発展していったと考えられる。

このような背景のなかで、沖縄との交易関係を強めたのが、種子島の広田集落だ。自ら貝製品の素材となる南海産巻貝の確保に乗り出し、弥生終末から古墳初頭にかけて、精力的に活動していた。関わった人たちの墓と考えられているのが、広田遺跡である。広田の人びとの墓からは、南海産巻貝で作られた豊富な貝製品が出土している（図6）。

図6　広田遺跡出土貝製品（3世紀）

貝塚後期文化の暮らし

九州北部の弥生人たちが追い求めた大型巻貝を大量に採って差し出していた人びとは、どのような暮らしを送っていたのだろうか。

残念ながら、貝交易が盛んになる前一千年紀前半以降の人びとの暮らしを物語る考古学的な証拠はきわめて少ない。そんななかでも、国立歴史民俗博物館で測定した出土人骨の炭素・窒素同位体比分析の結果から、海で獲れる魚介類への食料依存度が高かったことは断言できる。人びとは海浜の砂丘上かその裏側に、三・五×四・〇メートル程度の竪穴住居を造って暮らしていたと考えられている。

副葬品が貧弱な貝塚人

貝塚文化の墓は、木綿原遺跡で見つかっているような、サンゴ石を並べてつくった石棺状のものが主流であった。

北海道と同じく大陸に近いにもかかわらず、続縄文人とは違って副葬品が乏しい印象を受けるのが貝塚人である。木綿原の石棺墓に葬られていた男性は、額の上にシャコ貝を載せた状態で見つかった。何かのおまじないと考えられている。

貝塚人は貝との交換で鉄、青銅製の鏡片や矢尻など、大陸起源のものを手に入れている。九州産の織物絹、コメ、アワ、キビなども手に入れている可能性が高い。しかし、これらの貴重品が墓に副葬されることはなかった。

想像をたくましくすると、サンゴ礁内での漁獲、すなわち潮が引いて逃げ遅れた魚を網などで獲ったり、貝を採取したりする漁の仕方では、続縄文文化の男たちのように、勇猛果敢にメカジキや海獣と激闘を繰り広げるなどといった派手な立ち回りが必要ないので、名声を勝ち取ることができなかったのかもしれない。

4 先史時代の装束——衣服・アクセサリー・入れ墨

先史時代の衣装の復元

先史時代の人びとが何を着ていたのか、毛皮や布などの有機物は長くは残りにくいこともあって、あまりよく知られていない。しかし、わずかに出土する衣装の断片と、土偶や埴輪などの考古資料から、当時の衣装を復元する試みもいくつかなされている。本章の最後に、先史時代の人びとが身につけていた衣装やアクセサリーについて、研究でわかってきていることをごく簡単に紹介する。縄文時代と弥生時代を中心に取り上げよう。

縄文人の衣装

縄文人の衣装について、完全な状態で見つかったことはないが、手がかりとなる二つの状況証拠がある。それは、遺跡から見つかる衣服の材料と思しき遺物やその痕跡、そして縄文人をかたどったと考えられる土偶である。

土偶をみるに、衣服が体にピッタリと張り付いているようにみえる。ここから、一枚の布の中央に切り込みを入れて、頭から被ったような貫頭衣が想定されている。

V字状またはボートネック状で襟があり、膝より上の上着と、その下のズボンに分かれていたようだ。渦巻きや列点を基調とした文様で、鮮やかに装飾されていたと想像されている。また、パンツやズボンを穿いているようにみえる土偶の多くが、手首や足下に手甲や脚絆を付けているようにみえることも手がかりとして有力だ。

普通の人が着ていた服の材料は、シカの皮の可能性も捨てがたいが、遺跡から出てくる断片から推測すると、民具などに残るアンギン（網衣）と呼ばれる編布の可能性がもっとも高い。網衣はさまざまなタイプのものが出土しており、ウルシの漉《こ》し布や、カラムシ、アカソ、カジノキなどの植物繊維でつくった縄なども低湿地遺跡から出土している。また、土器などの底に数多く写し取られた痕跡から、編み物が実施されていたことも推定できる。

弥生人の衣装

弥生人が着ていた服は、『魏志』倭人伝の記述から、頭からスッポリ被るポンチョのような貫頭衣が想定されていた。しかし、遺跡から出土する織機から、弥生時代には幅三〇センチメートル強の布しか織れないことがわかった。

したがって、二幅の布が使われたという推定にもとづいて、体の中央と脇をかがった貫頭衣だったのではないかと推定されている。

佐賀の吉野ヶ里《よしのがり》遺跡では、縦糸方向に対して直角に二枚の織物を縫い合わせた織物片が見つかっていて、袖の一部に相当すると考えられている。和服とは異なり、現在の洋服と同じような方法で袖が縫い付けられていた可能性が高い。この発見から、袖のある上半衣と、裳裾に近いスカート状の下半衣が復元されている。

そもそも弥生時代には、地域や時期、身分によって、いろいろな衣服があったと考えられている。『魏志』倭人伝に記述された大人《たいじん》層の衣服の素材は、大麻・アカソ・苧麻《ちょま》製の麻布と絹と推測される。

布を染める染料には、イボニシなどの巻貝からとった貝紫が使われていたことが、吉野ヶ里で見つかった布の解析からわかっている。ほかにも、多彩な色で染め上げた衣服を纏っていたと考えられる。

縄文時代のアクセサリー

縄文時代には、耳飾り、ペンダント、腰飾り、櫛・かんざしなど、多様な装飾品が作られた。その材料は、木、碧玉、ヒスイ、琥珀、角、貝、骨、牙などである。

しかし、弥生時代以降、その種類は減っていく。明治時代に西洋文化が入ってくるまで、列島では装身具文化があまり発達しないことが知られているので、縄文時代が近代以前でもっとも多彩な装身具文化を持っていたと言っても差し支えないだろう。

なかでも縄文時代のイヤリングは、耳たぶにあけた孔に通してさげるピアス式である。当初は滑石や蛇紋岩製のきれいな石で作られていたが、その後、粘土で作り、焼き上げて仕上げるようになる。径が九センチメートルに及ぶものもあり、滑車形、漏斗形と呼ばれる精巧に透かし彫りされた耳飾りは圧巻である。

弥生時代になると、碧玉が出現するほか、大陸から新しい素材である金属・ガラスが、沖縄からは南海産の大型巻貝が入ってくる。こうして、材質が変わった縄文時代の伝統的アクセサリー（ガラス製管玉など）と、新素材かつ新しい形のアクセサリー（巻貝製貝輪）が生まれた。

同じ腕輪でも、縄文時代と弥生時代では着ける腕や性別も違ったようだ。縄文時代の二枚貝製貝輪は女性が着けることがほとんどだったが、弥生時代における南海産の大型巻貝製貝輪は、男も女も着けるようになる。また、縄文時代の女性は左腕に着けていたが、弥生になると男女とも右腕に着けるようになる。こうしてみると、縄文時代と弥生時代では、貝輪の意味が変質している可能性もある。

なお、古墳時代になると、弥生時代には少なかった耳飾りが、中国や韓半島の影響で盛んになる。古墳時代のアクセサリーにより詳細な関心を持つ読者は、高田貫太『アクセサリーの考古学』をお薦めする。巻末の主要参考文献一覧にも書誌情報を載せているので、ご一読願いたい。

入れ墨

最後に入れ墨のことを少し。土偶の模様から、日本列島では五〇〇〇年ほど前から入れ墨が始まったと類推されている。もっとも有名なのは、『魏志』倭人伝に書かれた黥面《げいめん》である。男は大人も子供も顔と体に入れ墨をして、海への潜水時に危険な魚などに襲われないように防いだとの記述がある。倭国の場合、入れ墨をみればどこの地方の者かわかったとさえ言われている。

古墳時代になると、入れ墨は男限定となる。入れ墨をしていたのは隼人や海人、馬や鳥を飼う人たちなど、特定の集団だったのではないかという説もある。

最新の研究成果については、設楽博己《したらひろみ》『顔の考古学』に詳しい。ほかにも、古代の装い全体を扱った春成秀爾《はるなりひでじ》『古代の装い』も名著である。

おわりに

本書では、横にボカシ、縦に移行期という軸を設定して、先史の移り変わりを一望してきた。

奇《く》しくも校正に取りかかっていた五月、三内丸山遺跡をはじめとする「北海道・北東北の縄文遺跡群」が世界遺産に登録される見通しとなったという報道が出て、世間を賑わしていた。これはまさしく、本書で扱った「北の文化」および「北のボカシ」の代表的な遺跡群である。これを機に、世界的にも類を見ない同地の特異な文化に、あらためて光があてられることを願ってやまない。

◇◇◇

私が移行期研究に携わるようになったのは、九州大学の修士課程在学中の一九八一年からである。当時は、一九七八年の板付《いたづけ》縄文水田の発見による時代区分論争が華やかなりしころで、いつから弥生時代とするのかをめぐり、九阪研究会などで特集が盛んに組まれていた。

当時、九州大学考古学研究室の主任教授であった岡崎敬先生の研究室では、佐賀にある宇木《うき》汲田《くんでん》貝塚などの遺跡から出土した土器や石器の実測作業を行っていた。私も修士論文を弥生開始期で書こうかな、などと考え始めていた時期である。指導は田崎博之さんであった。

その後、一九八四年から八五年にかけて、横山浩一先生の科学研究費で、宇木汲田貝塚や福岡の有田七田前《ありたななたまえ》遺跡の調査に参加し、移行期の遺跡を直接発掘する機会を得た。その際、板付縄文水田を発掘した山崎純男さんや、菜畑《なばたけ》遺跡を掘った中島直幸さんの指導も受けた。

はじめて時代区分論争について小文を書いたのは、九州大学医学部の永井昌文先生の退官を記念して作成された論文集でのことだ。当時、事務局をされていた田中良之さんから執筆の機会をいただいた。その論文で、私は「板付I式土器の成立をもって弥生時代とする」という立場から「水田稲作の開始をもって弥生時代とする」という立場に転向し、弥生早期説の支持者の一人となって現在に至る。

一九八八年に今の職場である国立歴史民俗博物館に異動した。当時の歴博の総合展示第一室は、モニュメント展示というやり方であった。時代が始まる展示コーナーの冒頭に、その時代のもっとも特徴的な考古資料をドンと設置するのである。たとえば縄文のコーナーの入り口には、全国の縄文土器が、弥生のコーナーの入り口には穀物倉である高床倉庫が、古墳のコーナーの入り口には箸墓古墳の巨大模型が、といった具合である。

当初より、展示を作り上げた白石太一郎先生や春成秀爾先生たちは、開館してから一〇年後には移行期に重点をおいた新展示にリニューアルすべきと考えておられたそうだ。しかし結局、全面的なリニューアルができたのは、二〇一九年三月になってからだった。

リニューアル後の展示は、時代と時代との境目が各テーマの入り口と一致しないという、まさに移行期に重点をおいた造りである（本書の章扉に歴博新展示の写真を掲載している）。リニューアルされた歴博の展示には、諸先生方の研究の上に、私たちが積み上げた最新成果のエッセンスが詰まっている。本書はその新書版だ。展示は本書と基本的に同じ構成なので、この本をガイドに、立体的で臨場感あふれる移行期展示を、ぜひ生でご覧いただければ幸いである。

この本では、筆者が専門としていない時代も扱っている（むしろ、そちらのほうが多い）。ゆえに、歴博で研究に勤しんでいる（あるいはかつて勤しんでいた）仲間の研究成果への全面的な依拠なしには完成し得なかった。中央大学の小林謙一さん、学習院女子大学の工藤雄一郎さん、東京都立大学の山田康弘さん、歴博の上野祥史さんと松木武彦さんには、文献を参考にさせていただいたのみならず、相談に乗ってもらったり、原稿のチェックをしていただいたりした。他にも、九州大学の先輩である木下尚子さんには、奄美・沖縄の部分をチェックしていただいた。記して感謝の意を表したい。もちろん、最終的な文責が筆者にあることは言うまでもない。
最後に、本書を刊行する機会を与えていただいた中央公論新社の楊木文祥さんに感謝します。

二〇二一年六月　コロナ禍の千葉にて

藤尾慎一郎

本書は、日本学術振興会科学研究費補助金基盤研究S「年輪酸素同位体比を用いた日本列島における先史暦年代体系の再構築と気候変動影響評価」中塚武研究代表（課題番号：17H06118）、および文部科学省科学研究費補助金新学術領域「考古学データによるヤポネシア人の歴史の解明」藤尾慎一郎研究代表（課題番号：18H05509）の成果の一部である。

図版出典一覧

序章

扉写真　最終氷期に生きた人びと　提供：国立歴史民俗博物館

第一章

扉写真　旧石器から縄文へ　提供：国立歴史民俗博物館
図1　最終氷期最寒冷期における日本列島の植生　原図：佐藤宏之『旧石器時代』敬文舎、二〇一九
図2－1　立切遺跡出土植物加工用石器　提供：鹿児島県立埋蔵文化財センター
図2－2　立切遺跡で見つかった調理場の跡　提供：鹿児島県立埋蔵文化財センター
図3　過去80万年の氷期・氷床の量の変動（海底堆積中の有孔虫の酸素同位体比変動より）　原図：工藤雄一郎
図4　縄文草創期～晩期の代表的な土器
①草創期　石小屋洞窟　隆線文土器　提供：國學院大學博物館
②早期　神奈川・夏島貝塚　提供：明治大学博物館
③前期　群馬・広面遺跡　提供：前橋市教育委員会
④中期　千葉・加曽利貝塚　提供：加曽利貝塚博物館
⑤後期　神奈川・堤貝塚　提供：茅ヶ崎市文化資料館
⑥晩期　青森・梘の木遺跡　提供：国立歴史民俗博物館

図5　青森・大平山元Ⅰ遺跡出土無文土器　提供：小川忠博
図6－1　局部磨製石斧　提供：小川忠博
図6－2　彫掻器、彫器、石刃　提供：小川忠博
図7　石刃製石器　提供：小川忠博
図8　無文土器の^{14}C測定結果と較正年代　原図：工藤雄一郎『縄文はいつから!?——地球環境の変動と縄文文化』新泉社、二〇一一
図9　晩氷期の気候変動　原図：佐藤宏之『旧石器時代』敬文舎、二〇一九
図10　東北アジアにおける最古の土器を出土した遺跡の分布　原図：佐藤宏之『旧石器時代』敬文舎、二〇一九
図11　大平山元Ⅰ遺跡復元画（石井礼子画）　提供：国立歴史民俗博物館
図12　縄文土器の出現年代観の変遷　原図：著者
図13　縄文要素の出現時期を示した較正曲線（IntCal04）　原図：小林謙一『縄文はいつから!?——地球環境の変動と縄文文化』新泉社、二〇一一
図14　石鏃の出現過程　原図：小畑弘己『縄文はいつから!?——地球環境の変動と縄文文化』新泉社、二〇一一（藤山龍造『環境変化と縄文社会の幕開け』雄山閣、二〇〇九より作成）
図15　遮光器土偶復元複製品（原品：東京国立博物館）　提供：国立歴史民俗博物館
図16　三重・粥見井尻遺跡出土土偶　提供：三重県埋蔵文化財センター
図17　沖縄諸島貝塚時代の土器編年と時期内変化の概要　原図：木下尚子
図18　沖縄・真志喜安座間原第一遺跡出土蝶形骨製品　引用：『じゃなⅠ』宜野湾市文化財調査報告書第12集、一九九〇
図19　縄文時代のはじまりをめぐる時代区分の比較　原図：小林謙一『縄文はいつから!?——地球環境の変動と縄文文化』新泉社、二〇一一（荒屋遺跡出土細石刃：鹿又喜隆、大平山元Ⅰ遺跡出土無文土器：谷口康浩、石小屋洞窟出土隆線文土器：國學院大學博物館、夏島貝塚出土撚糸文土器：明治大学博物館）

第二章

扉写真　縄文から弥生へ　提供：国立歴史民俗博物館
図１　最初に見つかった弥生式土器１号復元複製品（原品：東京大学総合研究博物館）　提供：国立歴史民俗博物館
図２　年代観の変遷　原図：著者
図３　板付Ｉ式土器（板付遺跡）　引用：山崎純男『最古の農村・板付遺跡』新泉社、二〇〇八
図４　夜臼式土器（有田七田前遺跡）　引用：山崎純男『最古の農村・板付遺跡』新泉社、二〇〇八
図５　１９６０～70年代の炭素14年代と補正値　原図：著者
図６　板付遺跡で見つかった最古の水田にともなう幹線水路　原図：山崎純男『最古の農村・板付遺跡』新泉社、二〇〇八
図７　佐賀・菜畑遺跡で見つかった水田の矢板列　提供：唐津市教育委員会
図８　菜畑遺跡で見つかった農工具類と武器　提供：唐津市教育委員会
図９　福岡・曲り田遺跡で見つかった鋳造鉄斧片　提供：大阪府立弥生文化博物館／九州歴史資料館
図10　板付Ｉ式甕（Ｄ）の成立過程　原図：著者
図11　縄文後・晩期における福岡・早良平野の遺跡分布　原図：著者
図12　弥生早期の福岡・早良平野の遺跡分布　原図：著者
図13　福岡・橋本一丁田遺跡出土の方形浅鉢　撮影：著者
図14　板付遺跡の発掘の全貌（早期～後期）　原図：山崎純男『最古の農村・板付遺跡』新泉社、二〇〇八
図15　弥生早期の水田構造　原図：山崎純男『最古の農村・板付遺跡』新泉社、二〇〇八
図16　環壕集落以前の集落（北台地）　原図：山崎純男『最古の農村・板付遺跡』新泉社、二〇〇八
図17　福岡・那珂環壕集落　提供：福岡市埋蔵文化財センター
図18　福岡・雑餉隈遺跡の木棺墓と副葬品の出土状況（小壺・磨製石剣・磨製石鏃）　原図：山崎純男『最古の農村・板付遺跡』新泉社、二〇〇八

図19　福岡・新町遺跡24号墓　提供：伊都国歴史博物館
図20　神奈川・中里遺跡の区画溝（奥）と方形周溝墓（手前）　提供：玉川文化財研究所
図21　淵の上遺跡出土の土偶形容器復元複製品（原品：東京国立博物館）　提供：国立歴史民俗博物館
図22　再葬墓（早川和子画）　提供：国立歴史民俗博物館
図23　青森・砂沢遺跡の水田跡　提供：弘前市教育委員会
図24　砂沢遺跡のまつり関係の資料複製品（原品：弘前市）　提供：国立歴史民俗博物館
図25　東北北部における文化要素の出現と消長　原図：山田康弘
図26　列島内諸文化の年表（縄文後・晩期〜弥生終末期）　原図：著者

第三章

扉写真　弥生から古墳へ　提供：国立歴史民俗博物館
図1　紀元前6〜後4世紀の中部日本における年輪セルロース酸素同位体比の変動　原図：樋上昇『新しい気候観と日本史の新たな可能性』臨川書店、二〇二一
図2　中国の洪水・干ばつ・反乱数の変遷と河内平野の対比編年　原図：樋上昇『新しい気候観と日本史の新たな可能性』臨川書店、二〇二一
図3　比恵・那珂遺跡群全体図（紀元前1〜1世紀）　提供：福岡市博物館
図4　比恵・那珂遺跡群全体図（3世紀）　提供：福岡市博物館
図5　福岡・那珂八幡古墳墳丘実測図と副葬されていた三角縁神獣鏡　提供：福岡市埋蔵文化財センター
図6　纒向地域の復元　原図：寺沢薫『奈良県立橿原考古学研究所論集6』吉川弘文館、一九八四
図7　纒向遺跡出土外来系土器の比率　原図：『激動の3世紀』大阪府立弥生文化博物館、一九九二
図8　3世紀の福岡平野の土器　提供：福岡市埋蔵文化財センター
図9　考古事象の年表（弥生中期〜古墳前期）　原図：著者

図10　第1群前方後円（方）墳と第2群前方後円墳　原図：『古墳時代像を見なおす』青木書店、二〇〇〇
図11　最古の王の副葬品復元複製品（原品：福岡市博物館）　提供：国立歴史民俗博物館
図12　前1世紀の九州の王墓　原図：『新・奴国展』福岡市博物館、二〇一五
図13　王（首長）墓の副葬品と格差（福岡県内）　原図：『新・奴国展』福岡市博物館、二〇一五
図14　弥生墳丘墓の形と大きさ（年代観は90年代のもの）　原図：『激動の3世紀』大阪府立弥生文化博物館、一九九二
図15　中国地方の大型墳丘墓　提供：福岡市博物館
図16　岡山・楯築墓の特殊器台　提供：岡山大学考古学研究室
図17　銅鐸から特殊器台へ　引用：寺沢薫『王権誕生』講談社、二〇〇〇
図18　楯築墓出土の弧帯石複製品（原品：鯉喰神社）　提供：国立歴史民俗博物館
図19　全国の纏向型前方後円墳の分布　原図：寺沢薫『王権誕生』講談社、二〇〇〇
図20　奈良・纏向石塚墳墓　提供：大阪府立弥生文化博物館
図21　奈良・ホケノ山古墳（北から）　引用：『ホケノ山古墳の研究』奈良県立橿原考古学研究所、二〇〇八
図22　奈良・ホケノ山古墳の石囲い木槨模式図　引用：『ホケノ山古墳調査概報』学生社、二〇〇一
図23　前方後円墳への過程　原図：寺沢薫『王権誕生』講談社、二〇〇〇
図24　弥生から古墳にかけての副葬品の移行　原図：上野祥史
図25　画文帯神獣鏡と三角縁神獣鏡の分布　原図：上野祥史『弥生時代って、どんな時代だったのか？』朝倉書店、二〇一七
図26　後漢後半の諸鏡　引用：上野祥史『弥生時代って、どんな時代だったのか？』朝倉書店、二〇一七
図27　青銅器と墳丘墓の文化圏（倭国乱の前後）　原図：『新・奴国展』福岡市博物館、二〇一五
図28　銅鏡に継承された弥生青銅器の二相　原図：吉田広『弥生時代って、どんな時代だったのか？』朝倉書店、二〇一七
図29　庄内、布留式甕の成立模式図　提供：大阪府立弥生文化博物館

図30　弥生から古墳へ　諸属性の変遷　原図：著者
図31　初期古墳の分布　原図：松木武彦

終章

扉写真　北の文化、南の文化　提供：国立歴史民俗博物館
図1　大型のヒラメを捕った道具（魚形石器）前4世紀　提供：国立歴史民俗博物館
図2　続縄文時代のサケの加工場復元模型　提供：国立歴史民俗博物館
図3　西ノ丸遺跡の環壕集落　提供：鹿児島県立埋蔵文化財センター
図4　大池遺跡で見つかった女性の墓（前14～前13世紀）　提供：竹中正巳
図5　高橋貝塚出土貝輪未製品　提供：鹿児島県立埋蔵文化財センター／河口コレクション
図6　広田遺跡出土貝製品（3世紀）　提供：国立歴史民俗博物館

図版作成　ケー・アイ・プランニング／市川真樹子

八木奘三郎（1896・1897）「日本の古墳時代」『史学雑誌』7-11/8-1.
山内清男（1937）「日本に於ける農業の起源」『歴史公論』6-1，pp.266-278.
横山浩一（1955）「古墳文化」『考古学研究の歴史と現状』日本考古学講座 2，河出書房，pp.77-92.
吉田広（2017）「青銅器のまつり」『弥生時代って，どんな時代だったのか？』朝倉書店，pp.88-113.
若狭徹（2021）『古墳時代東国の地域経営』吉川弘文館，p.328.
若林邦彦（2016）「集落研究からみた弥生から古墳時代の変化」『集落動態からみた弥生時代から古墳時代への社会変化』六一書房，pp.9-23.
若林邦彦（2020）「気候変動と古代国家形成・拡大期の地域社会構造変化の相関――降水量変動と遺跡動態から」『先史・古代の気候と社会変化』気候変動から読みなおす日本史 3，臨川書店，pp.101-129.
和田晴吾（2011）「古墳時代研究小史」『古墳時代（上）』講座 日本の考古学 7，青木書店，pp.54-99.
渡辺貞幸（1986）「古墳時代」『岩波講座 日本考古学 別巻 1』岩波書店，pp.73-92.

終章

石川日出志（2010）『農耕社会の成立』シリーズ日本古代史 1，岩波新書.
江浦洋（2012）「水田と畠の耕作」『時代を支えた生産と技術』古墳時代の考古学 5，同成社，pp.25-37.
木下尚子（2021）「貝殻集積からみた先史時代の貝交易」『国立歴史民俗博物館研究報告』228，pp.213-246.
黒崎直（1989）「農具の革新」『古墳時代の王と民衆』古代史復元 6，講談社，pp.61-65.
黒崎直（1989）「田に水を引く」『古墳時代の王と民衆』古代史復元 6，講談社，pp.71-78.
国立科学博物館・国立歴史民俗博物館・読売新聞東京本社文化事業部編（2005）『特別展「縄文 VS 弥生」』読売新聞東京本社.
設楽博己（2021）『顔の考古学』吉川弘文館.
高瀬克範（2017）「弥生文化の北の隣人――続縄文文化」『弥生時代って，どんな時代だったのか？』朝倉書店，pp.114-136.
高田貫太（2021）『アクセサリーの考古学』吉川弘文館.
林謙作（2000）「続縄紋とエピ縄紋」『倭人をとりまく世界――2000年前の多様な暮らし』歴博フォーラム，山川出版社，pp.96-102.
春成秀爾（1997）『古代の装い』歴史発掘 4，講談社.
福永伸哉（1989）「共同墓地」『古墳時代の王と民衆』古代史復元 6，講談社，pp.120-133.

主要参考文献

広瀬和雄（2011）「序論——前方後円墳とはなにか」『古墳時代（上）』講座 日本の考古学 7，青木書店，pp.3-53.
広瀬和雄（2013）『古墳時代像を再考する』同成社.
福永伸哉（2001）『邪馬台国から大和政権へ』大阪大学出版会.
福永伸哉（2005）『三角縁神獣鏡の研究』大阪大学出版会.
福永伸哉（2011）「総論——古墳時代研究と時間軸」『古墳時代史の枠組み』古墳時代の考古学 1，同成社，pp.1-6.
藤尾慎一郎（2015）『弥生時代の歴史』講談社現代新書.
藤尾慎一郎・坂本稔（2020）「岡山県内出土土器の年代学的調査——弥生時代後期～古墳時代前期を中心に」『岡山県古代吉備文化財センター紀要 1』，pp.59-69.
藤森栄一（1940）「石製坩に就いて」『考古学』11-8，pp.444-463.
北條芳隆（2000）「前方後円墳と倭王権」『古墳時代像を見なおす』青木書店，pp.3-25.
間壁忠彦・間壁葭子・藤田憲司（1977）「岡山県真備町黒宮大塚古墳」『倉敷考古館研究集報』13，pp.1-55.
松木武彦（2011）『認知考古学からみる古代——古墳とはなにか』角川選書.
松木武彦（2019）「弥生時代と古墳時代は何が違うのか」『ここが変わる！日本の考古学——先史・古代史研究の最前線』吉川弘文館，pp.110-114.
松木武彦・近藤康久（2020）「岡山平野における居住高度の通時的推移と気候変動——弥生・古墳時代を対象に」『先史・古代の気候と社会変化』気候変動から読みなおす日本史 3，臨川書店，pp.131-148.
三澤章（1937）「古墳文化と考古学」『日本歴史教程 2——国土統一より大化改新まで』白揚社，pp.19-70.
村上恭通（2000）「鉄器生産・流通と社会変革」『古墳時代像を見なおす』青木書店，pp.49-74.
森下章司（2011）「前・中期の実年代」『古墳時代史の枠組み』古墳時代の考古学 1，同成社，pp.213-221.
森下章司（2012）「鏡」『古墳時代（下）』講座 日本の考古学 8，青木書店，pp.454-477.
森本幹彦（2011）「集落空間の変化、集落フォーメーションの展開」『古墳時代への胎動』弥生時代の考古学 4，同成社，pp.211-226.
森本幹彦編（2015）『新・奴国展——開館25周年記念特別展』福岡市博物館展示図録.
森本六爾・小林行雄（1938）『弥生式土器聚成図録——正編解説』，p.119.
八木奘三郎（1906・1907）「中間土器（弥生式土器）の貝塚調査報告」『東京人類学会雑誌』248/250/251/256.
八木奘三郎（1900）「九州地方遺跡調査報告」『東京人類学会雑誌』175，pp.1-21.

pp.99-111.
寺沢薫（2000）『王権誕生』日本の歴史2，講談社.
寺沢薫（2011）「前方後円墳出現論――纒向型前方後円墳再論」『王権と都市の形成史論』吉川弘文館，pp.220-395.
富岡謙藏（1918）「九州北部に於ける銅剣銅鉾及び弥生式土器と伴出する古墳の年代について」『考古学雑誌』8-9，pp.501-524.
鳥居龍蔵（1917）「閑却されたる大和国」『人類学雑誌』32-9，pp.249-262.
内藤晃（1967）「弥生時代末期の墓制」『日本史研究』91，pp.67-70.
内藤晃（1970）「古墳の発生と終末」『原史文化（下）――古墳文化』新版考古学講座5，雄山閣，pp.183-199.
中塚武（2020）「先史・古代における気候変動の概観」『先史・古代の気候と社会変化』気候変動から読みなおす日本史3，臨川書店，pp.17-34.
中塚武（2021）「古気候復元の研究史と高分解能古気候学の急速な進展」「日本史の背後にある気候変動の概観」『新しい気候観と日本史の新たな可能性』気候変動から読みなおす日本史1，臨川書店，pp.21-46.
新納泉（1991）「権現山鏡群の型式学的位置」『権現山51号墳』，pp.176-185.
西川宏・今井尭・是川長・高橋護・六車恵一・潮見浩（1966）「瀬戸内」『古墳時代（上）』日本の考古学4，河出書房新社，pp.175-224.
西村歩（2011）「土師器の編年3――近畿」『古墳時代史の枠組み』古墳時代の考古学1，同成社，pp.81-94.
土生田純之（2006）「古墳時代論に向けて」『古墳時代の政治と社会』吉川弘文館，pp.2-30.
濱田耕作（1918）「河内国府石器時代遺跡発掘報告」『京都帝国大学文科大学考古学研究報告』2.
濱田耕作・梅原末治（1923）『近江国高島郡水尾村の古墳』京都帝国大学文学部考古学研究報告8，pp.1-101.
濱田竜彦（2021）「青谷上寺地遺跡SD38出土弥生時代後期人骨群に関する基礎研究――人骨群の形成時期と期間について」国立歴史民俗博物館研究報告，刊行時は校正中.
春成秀爾・小林謙一・坂本稔・今村峯雄・尾嵜大真・藤尾慎一郎・西本豊弘（2011）「古墳出現期の炭素14年代測定」『国立歴史民俗博物館研究報告』163，pp.133-176.
樋上昇（2020）「東海地方における弥生～古墳時代の遺跡変遷と気候変動」『先史・古代の気候と社会変化』気候変動から読みなおす日本史3，臨川書店，pp.221-243.
樋上昇（2021）「気候変動と先史・古代史研究――研究史の批判的整理」『新しい気候観と日本史の新たな可能性』気候変動から読みなおす日本史1，臨川書店，pp.61-66.
広瀬和雄（2003）『前方後円墳国家』角川選書.

白石太一郎・赤塚次郎・東潮・車崎正彦・高木恭二・辻秀人（1998）『古墳時代の考古学』シンポジウム 日本の考古学４，学生社.
白石太一郎（1999）『古墳とヤマト政権――古代国家はいかに形成されたか』文春新書，p.206.
末永雅雄・小林行雄・藤岡謙二郎（1943）『大和唐古弥生式遺跡の研究』京都帝国大学文学部考古学調査報告16.
末永雅雄・中村春寿・小林行雄（1938）「大和に於ける土師器住居址の新例」『考古学』9-10，pp.481-494.
杉原荘介（1939）「南関東を中心とせる土師部・祝部土器の諸問題」『考古学』10-4，pp.203-204.
清家章（2021）「古墳時代前期首長墳被葬者の親族関係――高松茶臼山古墳を中心に」『国立歴史民俗博物館研究報告』，刊行時は校正中.
高橋克壽（2011）「研究の流れ――戦後」『古墳時代史の枠組み』古墳時代の考古学１，同成社，pp.21-33.
高橋健自（1916・1917）「銅鉾銅剣考（1）～（5）」『考古学雑誌』6-11/6-12/7-2/7-3/7-5，pp.45-60/21-39/19-31/20-31/38-46.
高橋健自（1922）『古墳と上代文化』文化叢書９，国史講習会.
田中琢（1965）「布留式以前」『考古学研究』12-2，pp.10-17.
田辺昭三・佐原真（1966）「近畿」『弥生時代』日本の考古学３，河出書房新社，pp.108-140.
辻田淳一郎（2007）『鏡と初期ヤマト政権』すいれん舎.
辻田淳一郎（2013）「古墳時代の集落と那津官家」『自然と遺跡からみた福岡の歴史』福岡市，pp.200-217.
辻田淳一郎（2019）『鏡の古代史』角川選書.
都出比呂志（1977）「原始」『日本史研究の現状』岩波講座 日本歴史26 別巻３，pp.1-20.
都出比呂志（1979）「前方後円墳出現期の社会」『考古学研究』26-3，pp.17-34.
都出比呂志（1985）「前方後円墳の成立と箸墓古墳」『古墳の起源と天皇陵』帝塚山考古学研究所.
都出比呂志（1986）『竪穴式石室の地域性の研究』大阪大学文学部国史研究室.
都出比呂志（1989）『日本農耕社会の成立過程』岩波書店.
都出比呂志（1991）「日本古代の国家形成論序説――前方後円墳体制の提唱」『日本史研究』343，pp.5-39.
勅使河原彰（1995）『日本考古学の歩み』名著出版.
寺沢薫（1984）「纒向遺跡と初期ヤマト政権」『橿原考古学研究所論集』６，吉川弘文館，pp.35-72.
寺沢薫（1988）「纒向型前方後円墳の築造」『考古学と技術』同志社大学，

おす日本史，臨川書店，pp.35-59.
小林行雄（1941）「竪穴式石室構造考」『紀元二千六百年記念史学論文集』，pp.1147-1168.
小林行雄（1947）『日本古代文化の諸問題』高桐書院.
小林行雄（1951）『日本考古学概説』創元社.
小林行雄（1952）「同笵鏡による古墳の年代の研究」『考古学雑誌』38-3，pp.1-30.
小林行雄（1952）「古墳時代文化の成因について」『日本民族』，pp.113-129.
小林行雄（1955）「古墳発生の歴史的意義」『史林』38-1，pp.1-20.
小林行雄（1956）「前期古墳の副葬品にあらわれた文化の二相」『京都大学文学部研究紀要』４，pp.721-744.
小林行雄（1959）「古墳がつくられた時代」『日本３――古墳時代』世界考古学大系３，平凡社，pp.1-10.
小林行雄（1962）「考古学史――日本」『研究法・索引』世界考古学大系16，平凡社，pp.239-263.
小林行雄（1971）「解説」『考古学』論集　日本文化の起源１，平凡社，pp.25-86.
近藤義郎（1966）「古墳とはなにか」『古墳時代（上）』日本の考古学４，河出書房新社，pp.2-25.
近藤義郎・春成秀爾（1967）「埴輪の起源」『考古学研究』51，pp.13-35.
近藤義郎（1968）「前方後円墳の成立と変遷」『考古学研究』57，pp.24-32.
近藤義郎（1977）「古墳以前の墳丘墓」『岡山大学法文学部学術紀要』37，pp.1-21.
近藤義郎（1983）『前方後円墳の時代』岩波書店.
近藤義郎（1986）「前方後円墳の誕生」『変化と画期』岩波講座　日本考古学６，pp.172-226.
下垣仁志（2012）「古墳出現の過程」『古墳出現と展開の地域相』古墳時代の考古学２，同成社，pp.13-31.
下垣仁志（2018）『古墳時代の国家形成』吉川弘文館.
白石太一郎（1979）「近畿における古墳の年代」『考古学ジャーナル164』，pp.21-26.
白石太一郎（1984）「日本古墳文化論」『原始・古代１』講座　日本歴史１，東京大学出版会，pp.159-191.
白石太一郎（1985）「年代決定論２――弥生時代以降の年代決定」『研究の方法』岩波講座　日本考古学１，pp.218-242.
白石太一郎（1993）「古墳時代研究史」『古墳時代の研究１』雄山閣，pp.139-165.
白石太一郎（1993）「古墳成立論」『古代史総論』新版　古代の日本１，角川書店，pp.163-190.

の考古学——先史・古代史研究の最前線』吉川弘文館，pp.105-107.
上野祥史（2019）「南北朝時代に保有した鏡」『古墳と国家形成期の諸問題』山川出版社，pp.349-394.
梅原末治（1921）『佐味田及新山古墳研究』岩波書店.
梅原末治（1922）『鳥取県下に於ける有史以前の遺跡』鳥取県史蹟勝地調査報告.
梅原末治（1933）『讃岐高松石清尾山石塚の研究』京都帝国大学文学部考古学研究報告12.
梅原末治（1940）「上代古墳出土の古鏡に就いて」『鏡剣及玉の研究』吉川弘文館，pp.1-24.
梅原末治（1946）「先史時代文物に関する既往の所見の批判と新知見」『東亜の古代文化』養徳社.
梅原末治（1947）『日本の古墳墓』養徳社.
大塚初重（1967）「古墳の変遷」『古墳時代（上）』日本の考古学４，河出書房新社，pp.40-100.
大塚初重・井上裕弘（1969）「方形周溝墓の研究」『駿台史学』24，pp.39-110.
神澤秀明・角田恒雄・安達登・篠田謙一（2021）「香川県高松市高松茶臼山古墳出土古墳前期人骨の核 DNA 分析」『国立歴史民俗博物館研究報告』228，pp.369-373.
岸本直文（1989）「三角縁神獣鏡製作の工人群」『史林』72-5，pp.1-43.
岸本直文（2011）「古墳編年と時期区分」『古墳時代史の枠組み』古墳時代の考古学１，同成社，pp.34-44.
岸本直文（2020）「序章——倭王権と前方後円墳研究の課題」『倭王権と前方後円墳』塙書房，pp.3-22.
久住猛雄（2007）「「博多湾貿易」の成立と解体」『考古学研究』212，pp.20-36.
久住猛雄（2008）「福岡平野——比恵・那珂遺跡群」『集落からよむ弥生社会』弥生時代の考古学８，同成社，pp.240-263.
久住猛雄（2017）「列島最古の「都市」——福岡市比恵・那珂遺跡群」『総括シンポジウム「古墳時代における都市化の実証的比較研究——大阪上町台地・博多湾岸・奈良盆地」資料集』大阪文化財研究所.
車崎正彦（2008）「三角縁神獣鏡の年代と古墳出現の年代」『史観』159，pp.92-112.
車崎正彦（2012）「古墳の出現」『古墳時代（下）』講座　日本の考古学８，青木書店，pp.509-538.
小出義治（1959）「土師器考」『國學院雑誌』60-11.
小林謙一・藤尾慎一郎・松木武彦（2021）「先史時代（縄文・弥生・古墳）の年代と時代区分」『先史・古代の気候と社会変化』気候変動から読みな

学会.
八木奘三郎（1906・1907）「中間土器（弥生式土器）の貝塚調査報告」『東京人類学会雑誌』248/250/251/256.
山崎純男（1980）「弥生文化成立期における土器の編年的研究——板付遺跡を中心としてみた福岡・早良平野の場合」『鏡山猛先生古稀記念古文化論攷』，pp.117-192.
山崎純男（1990）「環濠集落の地域性——九州」『環濠集落とクニのおこり』季刊考古学31，pp.57-61.
山崎純男（1999）「福岡・早良平野における弥生時代開始期の遺跡」『板付周辺遺跡調査報告書』20，福岡市埋蔵文化財調査報告書601，pp.5-18.
山崎純男（2008）『最古の農村・板付遺跡』新泉社.
山田康弘（2014）「縄文との境」『弥生ってなに?!——2014年企画展示図録』国立歴史民俗博物館.
山内清男（1925）「石器時代にも稲あり」『人類学雑誌』40-5，pp.181-184.
渡部義道ほか（1936）『日本歴史教程——原始社会の崩壊まで』白揚社.

第三章

赤塚次郎（1988）「東海の前方後方墳」『古代』86，pp.84-109.
石野博信（1985）『古墳文化出現期の研究』学生社.
岩崎卓也（1970）「考古学研究の現状と問題点」『東京教育大学文学部紀要』76，pp.1-34.
岩崎卓也（1988）「古墳出現論」『古墳時代』論争・学説 日本の考古学５，雄山閣，pp.15-34.
上野祥史（2008）「ホケノ山古墳と画文帯神獣鏡」『ホケノ山古墳の研究』奈良県立橿原考古学研究所，pp.255-261.
上野祥史（2011）「青銅鏡の展開」『弥生時代の考古学４』同成社.
上野祥史（2017）「弥生時代から古墳時代へ——時代を越えた鏡の視点」『弥生時代って，どんな時代だったのか？』国立歴史民俗博物館研究叢書1，朝倉書店，pp.147-164.
上野祥史（2018）「古墳時代における鏡の分配と保有」『国立歴史民俗博物館研究報告』211，pp.79-110.
上野祥史（2019）「青銅器と鉄器のかがやき」『ここが変わる！ 日本の考古学——先史・古代史研究の最前線』吉川弘文館，pp.94-96.
上野祥史（2019）「中国王朝と弥生列島」『ここが変わる！ 日本の考古学——先史・古代史研究の最前線』吉川弘文館，pp.102-104.
上野祥史（2019）「墳墓と王の姿」『ここが変わる！ 日本の考古学——先史・古代史研究の最前線』吉川弘文館，pp.98-101.
上野祥史（2019）「考古学からみた邪馬台国の時代」『ここが変わる！ 日本

学考古学研究報告』2.
林謙作（1993）「クニのない世界」『みちのく弥生文化——平成5年春季特別展』大阪府立弥生文化博物館図録6，pp.66-76.
春成秀爾（1969）「中・四国地方縄文時代晩期の歴史的位置」『考古学研究』15-3，pp.19-34.
弘前市教育委員会（1991）『砂沢遺跡発掘調査報告書』.
広瀬和雄（1993）「東北における水田稲作の始まり」『みちのく弥生文化——平成5年春季特別展』大阪府立弥生文化博物館図録6，pp.50-58.
藤尾慎一郎編（1987）「福岡市早良区有田七田前遺跡1985年度発掘調査」『九州文化史研究所紀要』32，pp.65-90.
藤尾慎一郎（1988）「縄文から弥生へ——水田稲作の開始か定着か」『日本民族・文化の生成1』六興出版，pp.437-452.
藤尾慎一郎（1993）「生業からみた縄文から弥生」『国立歴史民俗博物館研究報告』48，pp.1-64.
藤尾慎一郎（2003）『弥生変革期の考古学』同成社.
藤尾慎一郎（2009）「弥生開始期の集団関係——古河内潟沿岸の場合」『国立歴史民俗博物館研究報告』152，pp.373-400.
藤尾慎一郎（2015）『弥生時代の歴史』講談社現代新書.
藤尾慎一郎（2019）「弥生長期編年にもとづく時代と文化」『再考！ 縄文と弥生——日本先史文化の再構築』吉川弘文館，pp.159-185.
藤尾慎一郎（2021）「気候変動と水田稲作のはじまり」『新しい気候観と日本史の新たな可能性』気候変動から読みなおす日本史1，臨川書店，pp.73-79.
藤尾慎一郎（2021）「「初期青銅器時代」の提唱——鉄器出現以前の弥生時代」『国立歴史民俗博物館研究報告』，刊行時は校正中.
藤田等（1956）「農業の開始と発展——特に石器の生産をめぐる問題」『私たちの考古学』3-1，pp.4-11.
藤本強（1982）「続縄文文化と南島文化」『続縄文・南島文化』縄文文化の研究6，雄山閣，pp.4-7.
藤本強（1988）『もう二つの文化』東京大学出版会，pp.73-79.
森貞次郎（1960）「島原半島（原山遺跡・山ノ寺遺跡・礫石原遺跡）、唐津市（女山遺跡）」『九州考古学』10，pp.6-10.
森貞次郎・岡崎敬（1961）「福岡県板付遺跡」『日本農耕文化の生成』東京堂，pp.37-78.
森岡秀人（2007）「弥生時代の中にみられる画期」『季刊考古学』100，雄山閣，p.51.
森岡秀人（2011）「列島各地における中期と後期の断絶」『多様化する弥生文化』弥生時代の考古学3，同成社，pp.176-193.
森本六爾・小林行雄（1938）『弥生式土器聚成図録——正編解説』東京考古

岩波書店，pp.139-188.
佐原真（1968）「日本農耕起源論批判――『日本農耕文化の起源』をめぐって」『考古学ジャーナル』23，pp.2-11.
佐原真（1975）「農業の開始と階級社会の形成」『原始および古代』岩波講座 日本歴史1，岩波書店，pp.114-182.
佐原真（1983）「弥生土器入門」『弥生土器Ⅰ』ニュー・サイエンス社，pp.1-24.
設楽博己（2000）「縄文系弥生文化の構想」『考古学研究』47-1，pp.88-100.
設楽博己（2013）「縄文時代から弥生時代へ」『原始・古代1』岩波講座 日本歴史1，岩波書店，pp.65-99.
設楽博己（2020）「食料生産と土器組成」『生産の考古学3』六一書房，pp.47-85.
下條信行（1995）「瀬戸内――リレー式に伝わった稲作文化」『弥生文化の成立――大変革の主体は「縄紋人」だった』角川書店，pp.131-140.
白石太一郎（1993）「弥生・古墳文化論」『古代1』岩波講座　日本通史2，岩波書店，pp.245-285.
末永雅雄・小林行雄・藤岡謙二郎（1943）『大和唐古弥生式遺跡の研究』京都帝国大学文学部考古学報告.
鈴木信（2009）「続縄文文化と弥生文化」『弥生文化の輪郭』弥生時代の考古学1，同成社，pp.129-147.
高田貫太（2019）『「異形」の古墳』角川選書.
武末純一（1991）「近年の時代区分論争――特に弥生時代の開始を中心に」『日本における初期弥生文化の成立』文研出版，pp.173-185.
Cheon, S-H.（2009）The Transition of regional relationship between Korean peninsula and the western Japan in the Mumon Period. *Korean Antiquity No.73*, pp.33-55. (in Korean)
鳥居龍蔵（1917）「閑却されたる大和国」『人類学雑誌』32-9，pp.249-262.
直良信夫・小林行雄（1932）「播磨国吉田史前遺跡研究」『考古学』3-5，pp.140-165.
中塚武（2020）「先史・古代における気候変動の概観」『先史・古代の気候と社会変化』気候変動から読みなおす日本史3，臨川書店，pp.17-34.
中西靖人（1992）「農耕文化の定着」『近畿1』新版 古代の日本5，角川書店，pp.93-118.
中山平次郎（1917）「九州北部に於ける先史原史両時代中間期間の遺物に就て」『考古学雑誌』7-10，pp.8-3.
中山平次郎（1923）「焼米を出せる竪穴址」『考古学雑誌』14-1，pp.10-21.
中山平次郎（1932）「福岡地方に分布せる二系統の弥生式土器」『考古学雑誌』22-6，pp.1-28.
濱田耕作（1918）「河内国府石器時代遺跡発掘報告」『京都帝国大学文科大

日本の考古学2，青木書店，pp.355-372.
山田康弘（2019）「縄文時代・文化のはじまりとひろがり」『ここが変わる！ 日本の考古学――先史・古代史研究の最前線』吉川弘文館，pp.33-36.
山内清男（1969）「縄紋草創期の諸問題」『Museum』224，pp.4-22.
山内清男・佐藤達夫（1962）「縄紋土器の古さ」『科学読売』12-13，pp.84-88.
山原敏朗（2008）「更新世末期の北海道と完新世初頭の北海道東部」『縄文化の構造変動』六一書房，pp.35-52.

第二章

青森県教育委員会（1985）『垂柳遺跡』青森県埋蔵文化財調査報告書88.
石川日出志（2000）「東北日本の人びとの暮らし」『倭人をとりまく世界――2000年前の多様な暮らし』山川出版社，pp.68-86.
石川日出志（2010）『農耕社会の成立』シリーズ日本古代史1，岩波新書.
岡本孝之（1990）「縄文土器の範囲」『古代文化』42-5，pp.11-15.
岡本孝之（2015）「弥生文化の拡大と限界」『異貌』32，pp.76-85.
乙益重隆（1961）「熊本県斎藤山遺跡」『日本農耕文化の生成』東京堂，pp.119-132.
賀川光夫（1967）「縄文晩期農耕の一問題――いわゆる扁平石器の用途」『考古学研究』13-4，pp.10-17.
河村好光（2018）「日本諸島における弥生時代」『考古学研究』65-3，pp.61-80.
九州大学文学部考古学研究室（1966）「北部九州（唐津市）先史集落遺跡の合同調査――昭和40年度日仏合同調査概報」『九州考古学』29・30，pp.1-16.
篠田謙一・神澤秀明・角田恒雄・安達登（2021）「愛知県清須市朝日遺跡出土弥生人骨のミトコンドリアDNA分析」『国立歴史民俗博物館研究報告』228，pp.277-285.
甲元眞之（1991）「東北アジアの初期農耕文化」『日本における初期弥生文化の成立』文研出版，pp.555-613.
小林行雄（1932）「安満B類土器考――北九州第二系弥生土器への関連を論ず」『考古学』3-4，pp.3-12.
小林行雄（1932）「播磨国吉田史前遺跡研究」『考古学』3-5，pp.2-27.
小林行雄（1933）「畿内弥生式土器の一二相」『考古学』4-1，pp.2-6.
小林行雄（1937）「弥生式文化」『日本文化史大系』誠文堂新光社，pp.214-253.
近藤義郎（1962）「弥生文化論」『原史および古代』岩波講座 日本歴史1，

木下尚子（2021）「貝殻集積からみた先史時代の貝交易」『歴博研究報告』282，pp.213-246.
工藤雄一郎（2012）「おわりに――炭素14年代測定および古環境研究の進展と「縄文はいつから!?」」『縄文はいつから!?――地球環境の変動と縄文文化』歴博フォーラム，新泉社，pp.205-218.
小林謙一（2011）「定住化のはじまり」『縄文はいつから!?――地球環境の変動と縄文文化』歴博フォーラム，新泉社，pp.59-87.
小林謙一・工藤雄一郎・国立歴史民俗博物館編（2011）「Ⅳ　討論」『縄文はいつから!?――地球環境の変動と縄文文化』歴博フォーラム，新泉社，pp.179-218，参照部分はp.184.
小林達雄（1974）「縄文土器の起源」『考古学ジャーナル』100，pp.26-30.
近藤義郎（1965）「後氷期における技術的革新の評価について」『考古学研究』12-1，pp.10-15.
佐藤宏之（1992）『日本旧石器文化の構造と進化』柏書房.
佐藤宏之（2008）「縄文化の構造変動」『縄文化の構造変動』六一書房，pp.1-9.
佐藤宏之（2019）『旧石器時代』敬文舎.
杉原荘介・戸沢充則（1971）「貝塚文化――縄文時代」『市川市史１』，吉川弘文館，pp.143-302.
芹沢長介（1960）「縄文土器の起源」『石器時代の日本』築地書館，pp.101-116.
芹沢長介（1962）「旧石器時代の諸問題」『原始および古代』岩波講座　日本歴史１，岩波書店，pp.77-107.
芹沢長介（1974）『最古の狩人たち』古代史発掘１，講談社.
谷口康浩（2004）「縄文時代」『現代考古学事典』同成社，pp.243-250.
谷口康浩（2010）「縄文時代の開始――「草創期」再考」『縄文文化の輪郭――比較文化論による相対化』縄文時代の考古学１，同成社，pp.79-97.
辻誠一郎（2001）「シンポジウム「21世紀の年代観――炭素年から暦年へ」」『第四紀研究』40-6，pp.433-434.
堤隆（1999）「晩氷期へと突入する縄文草創期」『考古学ジャーナル』442，pp.43-44.
樋泉岳二（2018）「遺跡出土脊椎動物遺体からみた奄美・沖縄の動物資源利用」『奄美・沖縄諸島先史学の最前線』南方新社，pp.109-128.
堂込秀人（2007）「琉球列島の旧石器時代遺跡」『考古学ジャーナル』564，ニューサイエンス社.
夏木大吾（2020）「北海道　大正３遺跡とタチカルシュナイ遺跡」『上黒岩岩陰と縄文草創期』季刊考古学　別冊32，雄山閣，pp.86-89.
藤尾慎一郎（2002）『縄文論争』講談社選書メチエ.
宮田栄二（2010）「九州の旧石器・縄文移行過程」『旧石器時代　下』講座

主要参考文献

序章

近藤義郎（1985）「時代区分の諸問題」『考古学研究』32-2，pp.23-33.
林謙作（1993）「クニのない世界」『みちのく弥生文化――平成５年春季特別展』大阪府立弥生文化博物館図録６，pp.66-76.
藤本強（1982）「続縄文文化と南島文化」『続縄文・南島文化』縄文文化の研究６，雄山閣，pp.4-7.

第一章

安里嗣淳（2011）「沖縄の貝塚」『先史時代の沖縄』南島文化叢書25，第一書房，pp.113-130.
雨宮瑞生（1993）「南九州縄文時代草創期研究の現状」『南九州における縄文時代草創期の諸問題』宮崎考古学会・南九州の縄文時代草創期を考える会，pp.5-16.
伊藤慎二（2011）「先史琉球社会の段階的展開とその要因――貝塚時代前Ｉ期仮説」『先史・原史時代の琉球列島――ヒトと景観』考古学リーダー19，六一書房，pp.43-60.
稲田孝司（1986）「縄文文化の形成」『変化と画期』岩波講座　日本考古学６，岩波書店，pp.65-117.
今村啓爾（2004）「日本列島の新石器時代」『東アジアにおける国家の形成』日本史講座１，東京大学出版会，pp.35-63.
岡本明郎（1962）「日本における土器出現の自然的・社会的背景について」『考古学研究8-4』，pp.10-16.
小野昭（1998）『更新世ー完新世移行期の比較考古学　発表要旨』シンポジウム，国立歴史民俗博物館春成秀爾研究室，p.53.
小畑弘己（2011）「弓矢のはじまり――石器からみた旧石器時代の終焉と縄文時代のはじまり」『縄文はいつから!?――地球環境の変動と縄文文化』歴博フォーラム，新泉社，pp.19-35.
北川浩之（1994）「^{14}C 年代が正確な年代に直結した」『科学朝日』54-11，pp.33-34.
木下尚子（1992）「南島の古代貝文化」『Museum』491，pp.4-15.
木下尚子（2005）「縄文時代二つの装身文化――九州・奄美・沖縄の装身具比較」『九州の縄文時代装身具』第15回九州縄文研究会沖縄大会，pp.44-52.

編集協力　国立歴史民俗博物館

藤尾慎一郎（ふじお・しんいちろう）

1959年，福岡市生まれ．広島大学文学部史学科卒業．九州大学大学院文学研究科博士課程単位取得退学．博士（文学）．現在，国立歴史民俗博物館教授．専門は先史考古学．

著書『縄文論争』（講談社選書メチエ，2002）
『弥生変革期の考古学』（同成社，2003）
『〈新〉弥生時代』（吉川弘文館，2011）
『弥生文化像の新構築』（吉川弘文館，2013）
『弥生時代の歴史』（講談社現代新書，2015）
『ここが変わる！　日本の考古学』（編著，吉川弘文館，2019）ほか

日本《にほん》の先史時代《せんしじだい》
中公新書 *2654*

2021年8月25日発行

著　者　藤尾慎一郎
発行者　松田陽三

本文印刷　暁　印　刷
カバー印刷　大熊整美堂
製　　本　小泉製本

発行所　中央公論新社
〒100-8152
東京都千代田区大手町1-7-1
電話　販売　03-5299-1730
　　　編集　03-5299-1830
URL　http://www.chuko.co.jp/

Published by CHUOKORON-SHINSHA, INC.
Printed in Japan　ISBN978-4-12-102654-5 C1221

中公新書刊行のことば

いまからちょうど五世紀まえ、グーテンベルクが近代印刷術を発明したとき、書物の大量生産は潜在的可能性を獲得し、いまからちょうど一世紀まえ、世界のおもな文明国で義務教育制度が採用されたとき、書物の大量需要の潜在性が形成された。この二つの潜在性がはげしく現実化したのが現代である。

いまや、書物によって視野を拡大し、変りゆく世界に豊かに対応しようとする強い要求を私たちは抑えることができない。この要求にこたえる義務を、今日の書物は背負っている。だが、その義務は、たんに専門的知識の通俗化をはかることによって果たされるものでもなく、通俗的好奇心にうったえて、いたずらに発行部数の巨大さを誇ることによって果たされるものでもない。現代を真摯に生きようとする読者に、真に知るに価いする知識だけを選びだして提供すること、これが中公新書の最大の目標である。

私たちは、知識として錯覚しているものによってしばしば動かされ、裏切られる。私たちは、作為によってあたえられた知識のうえに生きることがあまりに多く、ゆるぎない事実を通して思索することがあまりにすくない。中公新書が、その一貫した特色として自らに課すものは、この事実のみの持つ無条件の説得力を発揮させることである。現代にあらたな意味を投げかけるべく待機している過去の歴史的事実もまた、中公新書によって数多く発掘されるであろう。

中公新書は、現代を自らの眼で見つめようとする、逞しい知的な読者の活力となることを欲している。

一九六二年一一月

地域・文化・紀行

- 560 文化人類学入門（増補改訂版） 祖父江孝男
- 2315 南方熊楠《みなかたくまぐす》 唐澤太輔
- 2367 食の人類史 佐藤洋一郎
- 92 肉食の思想 鯖田豊之
- 2129 カラー版 地図と愉しむ東京歴史散歩 竹内正浩
- 2170 カラー版 地図と愉しむ東京歴史散歩 都心の謎篇 竹内正浩
- 2227 カラー版 地図と愉しむ東京歴史散歩 地形篇 竹内正浩
- 2346 カラー版 地図と愉しむ東京歴史散歩 お屋敷のすべて篇 竹内正浩
- 2403 カラー版 地図と愉しむ東京歴史散歩 地下の秘密篇 竹内正浩
- 2327 カラー版 イースター島を行く 野村哲也
- 2092 カラー版 パタゴニアを行く 野村哲也
- 1869 カラー版 将棋駒の世界 増山雅人
- 2117 物語 食の文化 北岡正三郎
- 596 茶の世界史（改版） 角山栄
- 1930 ジャガイモの世界史 伊藤章治
- 2088 チョコレートの世界史 武田尚子
- 2438 ミルクと日本人 武田尚子
- 2361 トウガラシの世界史 山本紀夫
- 2229 真珠の世界史 山田篤美
- 1095 コーヒーが廻り世界史が廻る 臼井隆一郎
- 1974 毒と薬の世界史 船山信次
- 2391 競馬の世界史 本村凌二
- 650 風景学入門 中村良夫
- 2344 水中考古学 井上たかひこ

中公新書

自然・生物

s1

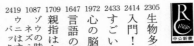

中公新書

世界史

2253 禁欲のヨーロッパ 佐藤彰一
2409 贖罪のヨーロッパ 佐藤彰一
2467 剣と清貧のヨーロッパ 佐藤彰一
2516 宣教のヨーロッパ 佐藤彰一
2567 歴史探究のヨーロッパ 佐藤彰一
1045 物語 イタリアの歴史 藤沢道郎
1771 物語 イタリアの歴史 II 藤沢道郎
2508 貨幣が語るローマ帝国史 比佐 篤
2413 ガリバルディ 藤澤房俊
2595 ビザンツ帝国 中谷功治
2152 物語 近現代ギリシャの歴史 村田奈々子
2440 バルカン―「ヨーロッパの火薬庫」の歴史 M・マゾワー 井上廣美訳
1635 物語 スペインの歴史 岩根圀和
1750 物語 スペインの歴史 人物篇 岩根圀和
1564 物語 カタルーニャの歴史（増補版） 田澤 耕

2582 百年戦争 佐藤 猛
1963 物語 フランス革命 安達正勝
2286 マリー・アントワネット 安達正勝
2466 ナポレオン時代 A・ホーン 大久保庸子訳
2529 ナポレオン四代 野村啓介
2318 2319 物語 イギリスの歴史（上下） 君塚直隆
2167 イギリス帝国の歴史 秋田 茂
1916 ヴィクトリア女王 君塚直隆
1215 物語 アイルランドの歴史 波多野裕造
1420 物語 ドイツの歴史 阿部謹也
2304 ビスマルク 飯田洋介
2490 ヴィルヘルム2世 竹中 亨
2583 鉄道のドイツ史 鴋澤 歩
2546 物語 オーストリアの歴史 山之内克子
2434 物語 オランダの歴史 桜田美津夫
2279 物語 ベルギーの歴史 松尾秀哉
1838 物語 チェコの歴史 薩摩秀登

2445 物語 ポーランドの歴史 渡辺克義
1131 物語 北欧の歴史 武田龍夫
2456 物語 フィンランドの歴史 石野裕子
1758 物語 バルト三国の歴史 志摩園子
1655 物語 ウクライナの歴史 黒川祐次
1042 物語 アメリカの歴史 猿谷 要
2209 アメリカ黒人の歴史 上杉 忍
2623 古代マヤ文明 鈴木真太郎
1437 物語 ラテン・アメリカの歴史 増田義郎
1935 物語 メキシコの歴史 大垣貴志郎
1547 物語 オーストラリアの歴史 竹田いさみ
2545 物語 ナイジェリアの歴史 島田周平
1644 ハワイの歴史と文化 矢口祐人
2561 キリスト教と死 指 昭博
2442 海賊の世界史 桃井治郎
518 刑吏の社会史 阿部謹也
2658 物語 パリの歴史 福井憲彦

世界史

1353 物語 中国の歴史　寺田隆信
2392 中国の論理　岡本隆司
2303 殷―中国史最古の王朝　落合淳思
2396 周―理想化された古代王朝　佐藤信弥
2542 漢帝国―400年の興亡　渡邉義浩
12 史記　貝塚茂樹
2099 三国志　渡邉義浩
7 宦《かん》官《がん》(改版)　三田村泰助
15 科《か》挙《きょ》　宮崎市定
1812 西《せい》太《たい》后《こう》　加藤　徹
2030 上海　榎本泰子
1144 台湾　伊藤　潔
2581 台湾の歴史と文化　大東和重
925 物語 韓国史　金　両基
1367 物語 フィリピンの歴史　鈴木静夫

1372 物語 ヴェトナムの歴史　小倉貞男
2208 物語 シンガポールの歴史　岩崎育夫
1913 物語 タイの歴史　柿崎一郎
2249 物語 ビルマの歴史　根本　敬
1551 海の帝国　白石　隆
2518 オスマン帝国　小笠原弘幸
1858 中東イスラーム民族史　宮田　律
2323 文明の誕生　小林登志子
2523 古代オリエントの神々　小林登志子
1818 シュメル―人類最古の文明　小林登志子
1977 シュメル神話の世界　岡田明子　小林登志子
2613 古代メソポタミア全史　小林登志子
1594 物語 中東の歴史　牟田口義郎
2496 物語 アラビアの歴史　蔀　勇造
1931 物語 イスラエルの歴史　高橋正男
2067 物語 エルサレムの歴史　笈川博一
2205 聖書考古学　長谷川修一

2647 高地文明　山本紀夫

中公新書

日本史

d2

608/613	中世の風景（上下）	阿部謹也・網野善彦 石井 進・樺山紘一
1503	古文書返却の旅	網野善彦
1392	中世都市鎌倉を歩く	松尾剛次
2336	源頼政と木曽義仲	永井 晋
2526	源 頼朝	元木泰雄
2517	承久の乱	坂井孝一
2461	蒙古襲来と神風	服部英雄
2653	中先代の乱	鈴木由美
1521	後醍醐天皇	森 茂暁
2601	北朝の天皇	石原比伊呂
2463	兼好法師	小川剛生
2443	観応《かんのう》の擾乱《じょうらん》	亀田俊和
2179	足利義満	小川剛生
978	室町の王権	今谷 明
2401	応仁の乱	呉座勇一
2058	日本神判史	清水克行
2139	贈与の歴史学	桜井英治
2481	戦国日本と大航海時代	平川 新
2343	戦国武将の実力	小和田哲男
2084	戦国武将の手紙を読む	小和田哲男
2593	戦国武将の叡智	小和田哲男
1213	流浪の戦国貴族 近衛前久	谷口研語
1625	織田信長合戦全録	谷口克広
1782	信長軍の司令官	谷口克広
1907	信長と消えた家臣たち	谷口克広
1453	信長の親衛隊	谷口克広
2421	織田信長の家臣団―派閥と人間関係	和田裕弘
2503	信長公《しんちょうこう》記《き》―戦国覇者の一級史料	和田裕弘
2555	織田信忠―天下人の嫡男	和田裕弘
2645	天正伊賀の乱	和田裕弘
2622	明智光秀	福島克彦
784	豊臣秀吉	小和田哲男
2557	太閤検地	中野 等
2265	天下統一	藤田達生
2357	古田織部	諏訪勝則